未来を拓く「自分流」研究

―がんの制圧から人工知能まで―

帝京大学先端総合研究機構
浅島誠・岡ノ谷一夫ほか17人 編

帝京選書
001

はじめに

帝京大学は2026年6月に創立60周年の節目を迎えます。その記念事業の一環として、2023年10月に帝京大学出版会を創設しました。そして今回、『未来を拓く「自分流」研究——がんの制圧から人工知能まで——』が出版される運びとなりました。新しい挑戦への第一歩として、こうして形になったことを大変うれしく思います。

混沌《こんとん》とする社会の中での大学の果たす役割として、多様な知や研究成果を積極的に社会に還元していくことが求められています。帝京大学の掲げる「自分流」の哲学、それにもとづいた「実学・国際性・開放性」の教育研究指針をさらに追求し、「知の発見・探求・創造・発信・共有」をすることで、広く社会に貢献することを強く願っています。

本書は先端総合研究機構に所属する先生方が執筆しています。先生方の最先端の研究成果を表す本書が、読者にとってさまざまな事柄への興味を喚起する糸口となり、そしてより深い思考への手引書になればと思います。

これからも本学は総合大学として学内外でさらなる新しい知の可能性を探索し、その成果を独自の切り口にもとづく書籍のシリーズ化を通して広く社会に発信していきます。読者の皆さまには、そこから自由に知のエッセンスを感じ取っていただければ幸いです。

終わりに、この選書刊行に携わられた全ての方々にお礼申し上げます。

帝京大学理事長・学長
冲永　佳史

II 世界を知る、学ぶ

III

からだを守る、理解する 149

I

ものをつくる、究める

胎児外科から8K医療へ

オープンイノベーション部門 特任准教授
山下 紘正

医療工学は着実に進化を続け、現在では8Kカメラなど様々な技術が活用されている。医療機器のさらなる小型化が進めば手術において革新的な応用が期待される。先進的なデバイスを開発して医療に役立てる研究が進められている。

私はアカデミック機関における研究と、企業における開発の両方を経験してきた立場から、様々な医工連携、産学連携により、胎児外科から8K（2K＝1920×1080ピクセルの16倍、超高解像度）医療の実現において取り組んできたモノづくりを紹介したい。私自身は工学の出身であり、専門は医療工学や超高解像度映像である。具体的には内視鏡や顕微鏡などの手術システムやデバイス、超音波ナビゲーションシステムなど、多岐にわたる研究開発を行ってきた。学部4年生で初めて研究室に配属された頃は、海外製の手術ロボットが登場し始めた時期であった。また、欧米から胎児治療という考え方を日本に持ちこんだ外科医との医工連携が始まりつつある時期でもあった。もっと手軽に扱え、患者への侵襲を最小限に抑えられるような手術デバイスを作れないだろうか、というところから私のモノづくり研究は始まった。

1．胎児治療

生まれる前は皆、母親のお腹の中での成長段階にあり、心臓や肺などの臓器は未発達、未成熟な状態である。この期間に、子宮内での何らかの偶発的な原因により臓器が十分に育たない状態で生まれてくる、いわゆる先天性疾患と呼ばれる病気がある。近年、超音波診断技術の発展により、どこが未発達なのか、何が原因なのかなど、出生前におよそ診断がつくようになってはいるものの、従来は生まれてきてから治療をするのが一般的であった。しかし、出生時点で一部臓器の成長が不完全であるため治療成績も上がりづらく、医療費も高額になるという疾患も多く、欧米を中心として、診断がついた胎児に対して、出生前に治療ができないだろうか、という胎児治療という考え方が広がっていった。「胎児治療」とは、胎児に対して可能な限り早期に治療を施し、可能な限り成長した臓器を持った新生児として出生させたい、というコンセプトである[1]。

1-1. 内視鏡下での胎児外科治療

従来の外科用内視鏡はハイビジョン解像度（いわゆる2K＝1920×1080ピクセル）が主流であり、最近は2Kの4倍である4K解像度も増えつつある。一方、最高の解像度を有する映像技術はNHKにより放送用に開発が進められていた8Kであった。カメラに用いられるイメージセンサやモニタの横方向の画素数が約8000であったことから8Kと呼ばれている。8Kの解像度は横7680ピクセル、縦4320ピクセルである。画素密度が同じであれば、従来の4K解像度の4倍、2K解像度の16倍広い面積を表現することができ、撮影範囲が同じであれば、従来の4K解像度の4倍、2K解像度より16倍高密度な画像を得ることができる。

それに比べて胎児外科治療における内視鏡は非常に細いこともあり、低解像度の画像で手術が行われている。これには子宮内で手術を行う故の難しさが関連している。内視鏡や手術器具で不用意に子宮に刺激を加えてしまうと早産につながる可能性が高まる。胎児が成長しきる以前の、妊娠中期19週から25週に手術をするのが主流だが、この時期の胎児は成長途中であり、非常に体が脆弱で、体表はゼラチン状であったりする。また、胎盤に触れてしまうと大出血に繋がり、羊水内が真っ赤となり内視鏡では何も見えなくなってしまう。子宮への刺激を最小限に抑えるために非常に細い内視鏡しか使用できず、光ファイバを束ねたファイバスコープが使われることが多い。また、治療のための手術器具も可能な限り細いものでなければならない。大人に対する内視鏡手術と比べると多くの制約があり、それが胎児への内視鏡手術を難しくしている要因となっている。

1-2. 内視鏡手術用ロボットマニピュレータ

大学の学部4年生で研究室に配属された当時は、内視鏡外科手術用のロボットが国内で評価され始めた頃であった。ロボット技術と医療応用の両方に興味を持っていた私は、内視鏡手術用ロボットマニピュレータ（ロボットハンドやロボットアームを指し、人の手で操縦するものを含む）の研究開発を卒業論文のテーマに選んだ。最初は16㎜×16㎜でまだ太く、多関節のロボットの指のようなものから始めた。修士論文では、当時の国立成育医療センターの医師との共同研究に加わることになった。この病院は出生前の胎児や妊婦、出生後の新生児・小児の診断や治療が専門であり、胎児や母体に対して低侵襲な、極細の内視鏡手術器具を作るというテーマを得た。卒業論文の内容を推し進め、一般の大人の内視鏡手術であれば使える程度の外径10㎜のマニピュレータを開発した[2]。しかし胎児外科治療向けにはまだまだ太く、博士課程に進学した最初の1年半で外径5㎜まで細くし、組織焼灼用のレーザ照射機能や、電気メス機能を持たせた多関節マニピュレータの開発に至った。最終的には外径を3・5㎜まで細くすることができ[3]、この延長上で、産官学連携によって一つの製品化を達成することができた（**図1**）。但し当時は繰り

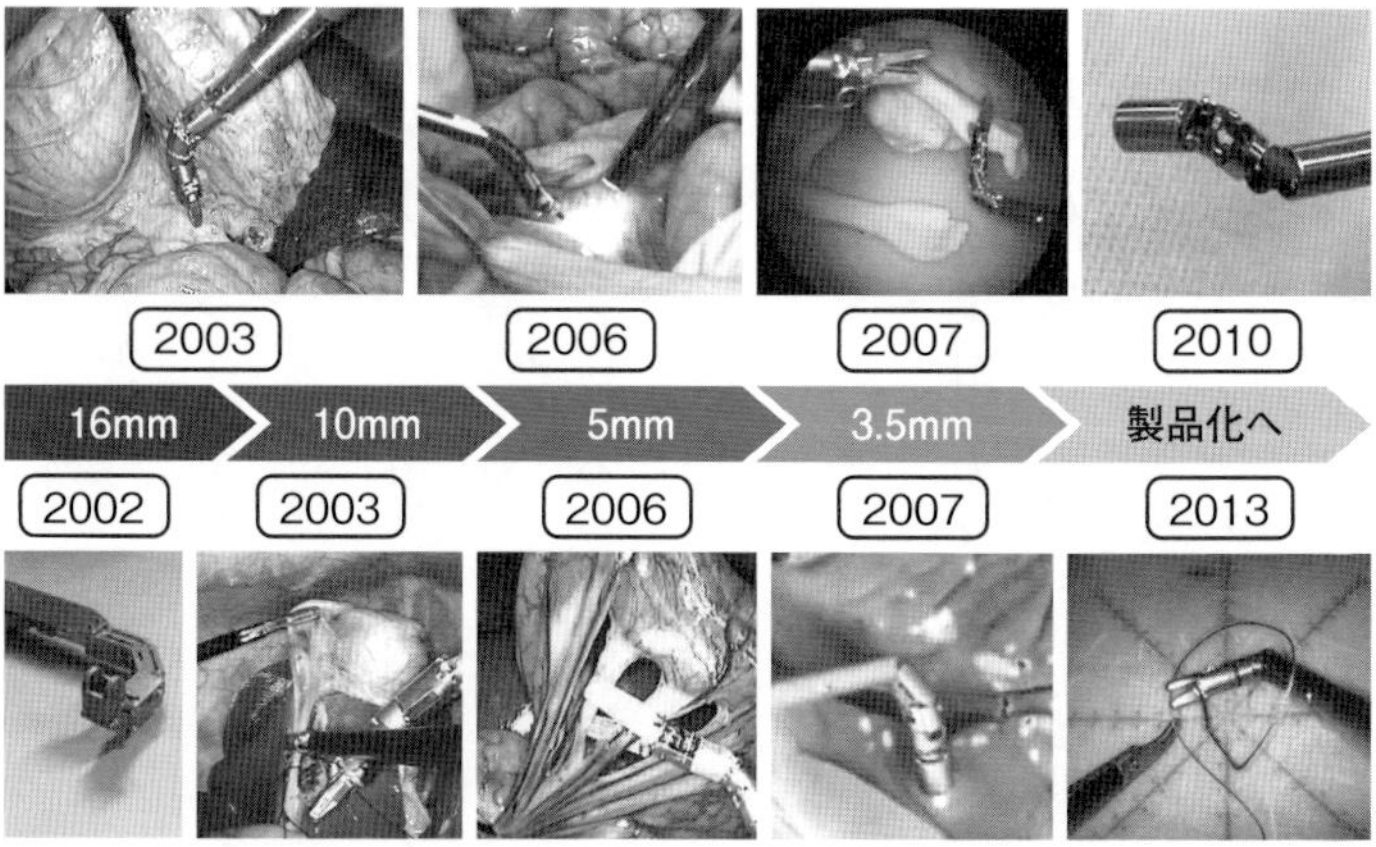

図1　内視鏡手術用多自由度ロボットマニピュレータの細径化の変遷

返し使用時の耐久性のデータが不十分であり、実際の臨床で使用されることはなかった。

1-3. 集束超音波による低侵襲治療デバイス

胎児や母体へのダメージを極限まで減らし、出血をゼロに抑えた治療をしたいという課題に対しては、集束超音波（High Intensity Focused Ultrasound：ＨＩＦＵ）と呼ばれる技術も活用した。画像診断用の超音波よりも強力な超音波をすり鉢状のトランスデューサ（入力された電気信号を超音波に変換し、出力する装置）からある一点（焦点）に照射することにより、超音波エネルギーによる熱が発生し、体組織に対しては凝固や穿孔を行えるようになる。

成長段階にある胎児の横隔膜に穴が開き、胃や小腸、肝臓などの腹腔内の臓器が心臓や肺がある胸腔内に入り込むことで肺が押しつぶされてしまう、先天性横隔膜ヘルニアという疾患がある。この疾患に対しては、胎児鏡下気管閉塞術という治療法が取られている。胎児の口から内視鏡を使って小さなバルーンカテーテルを気道内に挿入して閉塞させる。胎児の気管を塞ぐことで、成長に伴って肺の中で産生される肺水により肺が拡張され、その圧力で肺が元の大きさに戻ろうとするため、胸腔内に入り込んだ内臓が正常な腹腔内に押し戻されるという機序を利用したものである。但し、出生直後に肺呼吸に切り替わる前に、このバルーンによる気管閉塞を解除しなければならず、出生直前に再び子宮内に内視鏡を挿入してバルーンを除去することは困難であるため、ＨＩＦＵを外から照射して非侵襲にバルーンを割る、という手法に挑戦した（図2）。

バルーン内に封入する液体として、ｄ-Ｌｉｍｏｎｅｎｅ（リモネン）のエマルション溶液を選択した。リモネンは柑橘系由来の精油であり、バルーンの材料であるラテックスを溶かす性質がある。エマルションの作成には当時の帝京大学薬学部丸山一雄教授と鈴木亮准教授、日油株式

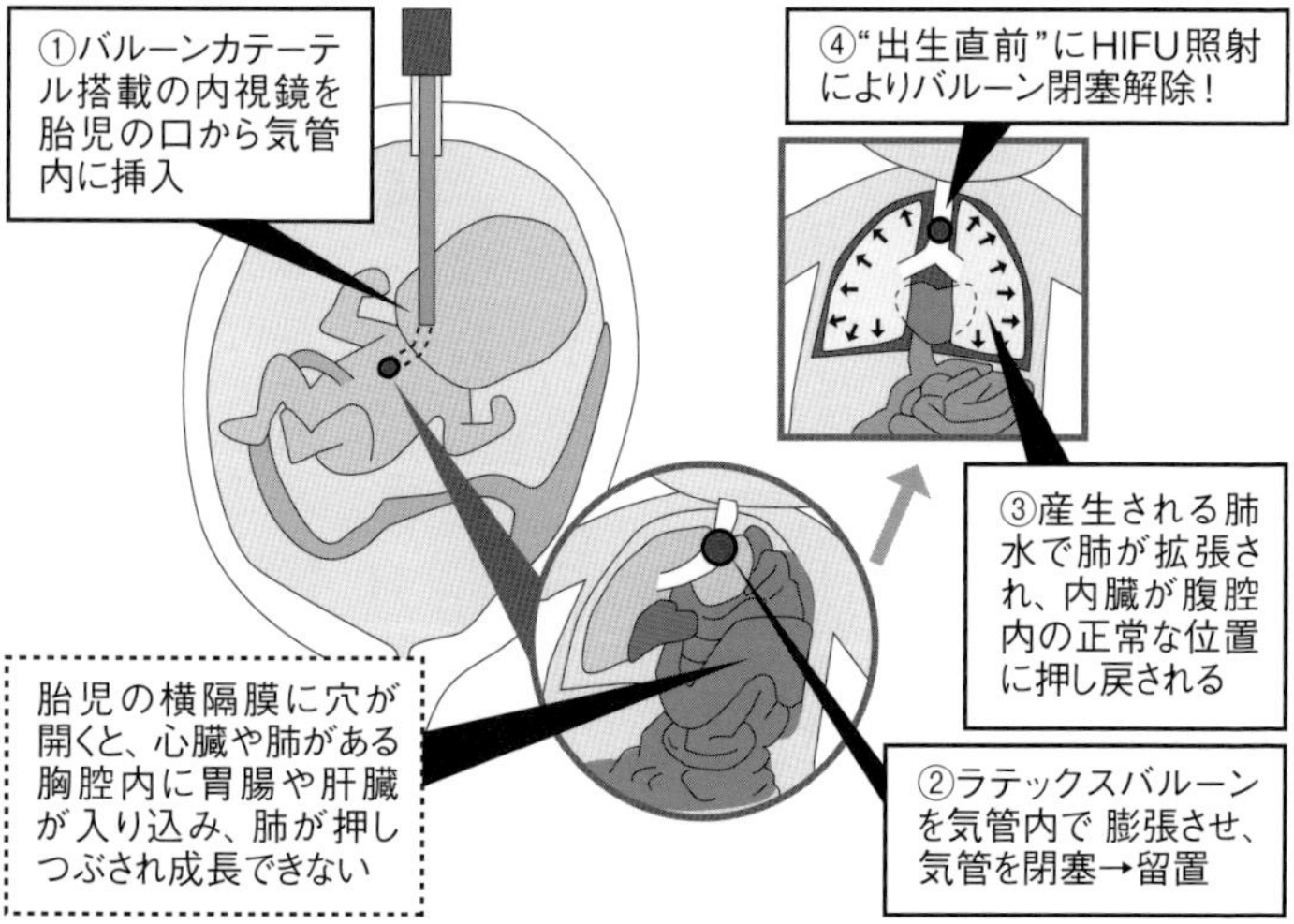

①バルーンカテーテル搭載の内視鏡を胎児の口から気管内に挿入
④"出生直前"にHIFU照射によりバルーン閉塞解除！
③産生される肺水で肺が拡張され、内臓が腹腔内の正常な位置に押し戻される
胎児の横隔膜に穴が開くと、心臓や肺がある胸腔内に胃腸や肝臓が入り込み、肺が押しつぶされ成長できない
②ラテックスバルーンを気管内で膨張させ、気管を閉塞→留置

図2　先天性横隔膜ヘルニアに対する胎児鏡下気管閉塞術とHIFUによる気管閉塞バルーン解除

（国立成育医療研究センター提供）

会社より協力を得た。エマルションにＨＩＦＵを照射するとカプセル状の構造が破壊され、内包されていたリモネンがバルーン内に拡散し、ラテックスが溶けることでバルーンが割れる、という手法であり、当時の帝京大学と共同での特許出願に至っている。本溶液は滅菌可能で、ヒトの体温付近で数週間留置しても変性しないという特性を備えており、ＨＩＦＵ照射後数秒以内に確実にバルーンを割ることができるようになった[4]。現在は、将来に実際の胎児へ使用されることを目指し、更なる研究が国内で継続されている。

2．8Ｋ映像技術の医療応用

様々な治療用デバイスの開発と並んで、子宮内の様子をもっとよく見たい、今まで見づらかったところを見たいというニーズも高まってきた。

2-1．8Ｋカメラの小型軽量化

従来の手術室では20から30インチ程度のモニタに表示された内視鏡画像を見ながら手術を行っている。８Ｋの場合は術者の目の前に大きなモニタが置かれ、患者の内視鏡画像が大きく表示されていても画素構造が全く見えないというレベルの画質になる（図3）。最初に8Kで内視鏡手術を評価した医師は、自分自身が患者の腹腔内に入って術野を見ているような感覚に陥る、とのコメントを残している。

8Kカメラの開発はNHKにより2002年から始まった。最初は80kgの非常に大きなカメラであり、40kgに軽量化されたところで、2009年に、国立成育医療センターにて動物の開腹手術の撮影に使用された。その後放送用の機能を除き2・5kgまで小型軽量化したところで、2013年に外科手術用の内視鏡（腹腔鏡）として、動物の腹腔内を8Kで観察・

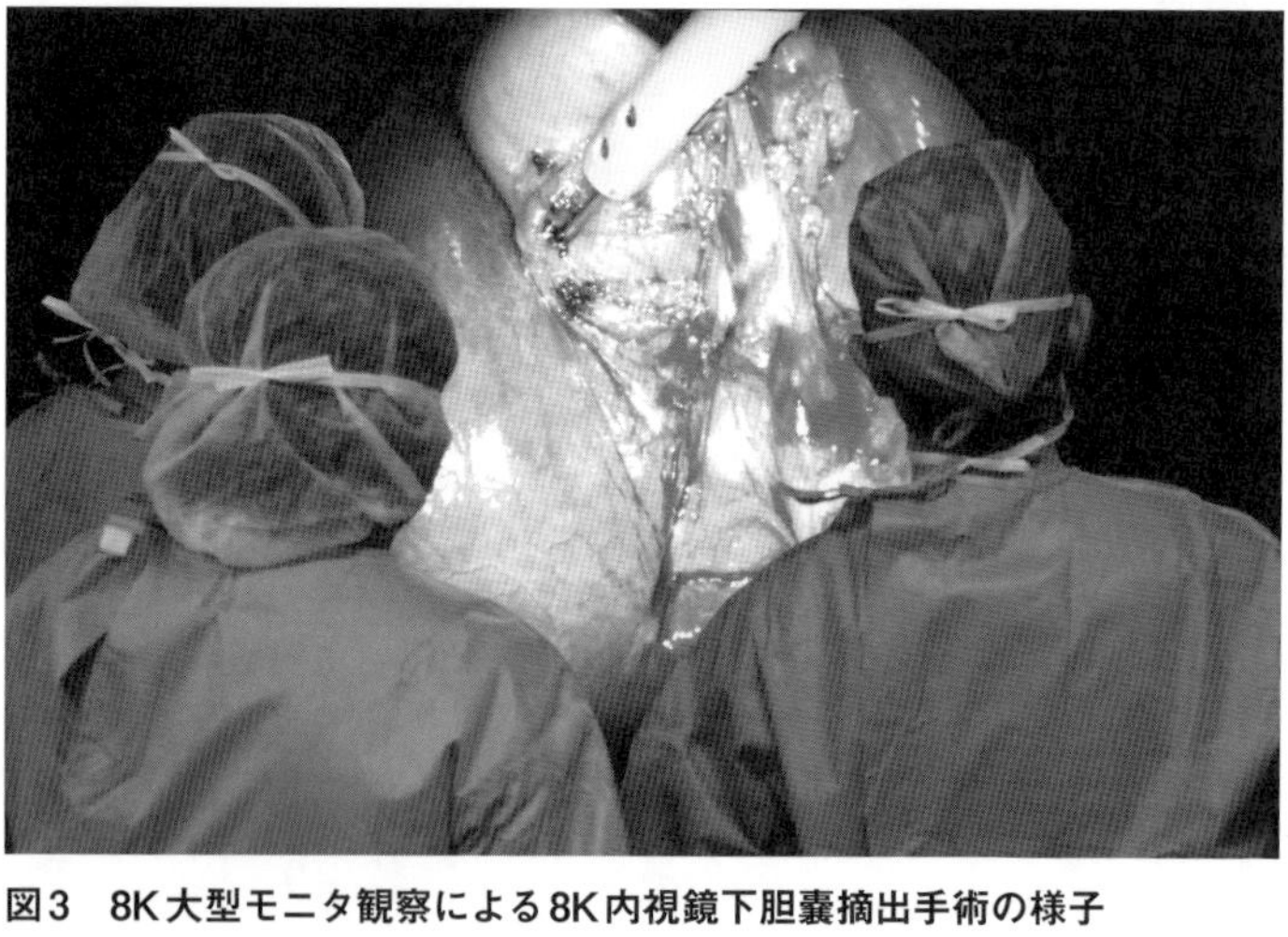

図3　8K大型モニタ観察による8K内視鏡下胆嚢摘出手術の様子

撮影する実験の実施に至った。２０１４年にはさらに２・２kgへ小型軽量化し、ヒトの腹腔鏡手術[5]、ならびに顕微鏡手術での評価を行った。顕微鏡手術への応用では、眼科用の手術顕微鏡のカメラポートに８Ｋカメラを接続したため、通常の顕微鏡手術を行うのに支障はなかった。しかし腹腔鏡手術への応用では２・２kgの８Ｋカメラを手術の間手で持ち続けたため、実用化は遠いだろうと思われていた。そこで８Ｋカメラのケーブルに空冷用のチューブを内蔵し、冷却用の空気を循環させることで排熱を行なう独自のスリットレス・ファンレスの冷却機

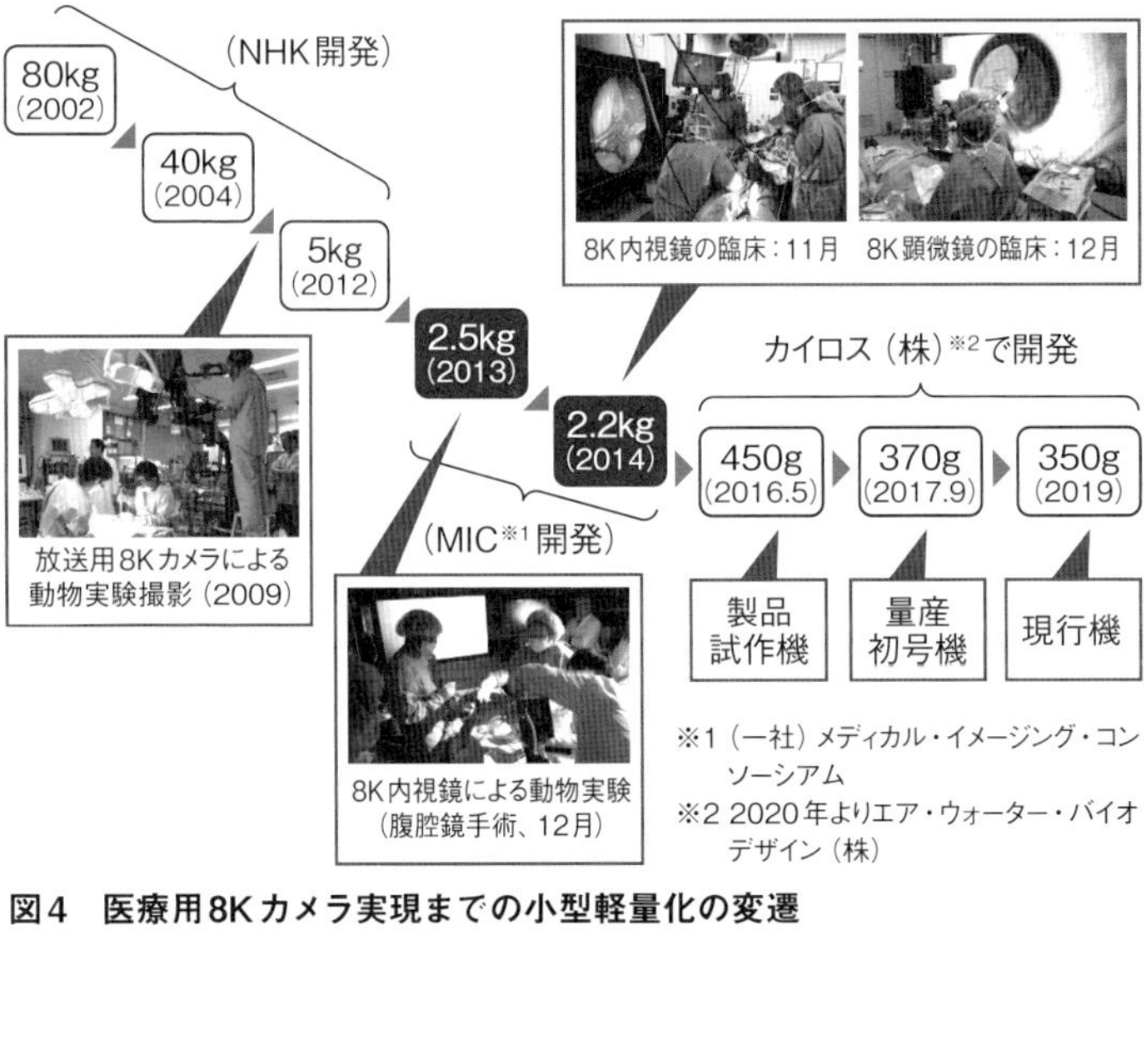

※1（一社）メディカル・イメージング・コンソーシアム
※2 2020年よりエア・ウォーター・バイオデザイン（株）

図4　医療用8Kカメラ実現までの小型軽量化の変遷

構を、私と当時の仲間とで考案したことで、2016年には450g、2017年には370g、最終的に2019年には350gを達成した（図4）[6]。

2-2. 8K内視鏡の利点

2017年9月にはベンチャー企業であるカイロス株式会社にて、私は開発メンバーの責任者として、クラスIの医療機器として製品リリースを果たした。8K内視鏡の利点としては、大きな8Kモニタで細かいところまで見えるというほかに、デジタルズームで4倍まで拡大表示ができる点が挙げられ、手術中に見たいところを拡大して見ることが可能となる。従来はよく見たければ内視鏡の先端を術野に近づけなければならなかったが、8K内視鏡であれば先端を術野から離した状態でデジタルズームすることで、手術空間を広く取りながら拡大視を得ることができる。内視鏡先端のレンズが汚れることが減るため、内視鏡を引き抜いて汚れを取り、再び挿入するという煩わしさの解消につながる。

2-3. 顕微鏡観察への応用

内視鏡応用と並行して顕微鏡観察への応用にも取り組んだ。8K顕微鏡システムでは大口径のマクロレンズを搭載し、デジタルズームと大型8Kモニタを活用することで、実サイズの300倍まで拡大表示を行うことができる。ラットの細いリンパ管を8Kデジタル顕微鏡システムで撮影すると、30㎝離れた位置から拡大倍率を上げていくことで、太さ0・3㎜程度のリンパ管上に更に細い血管が走っている様子が確認できた（図5）[7]。通常は顕微鏡を直接観察している執刀医や助手しか見ることができないミクロな世界を大きな8Kモニタに表示することで、執刀医や助手だけでなく、他の医療スタッフや若手の

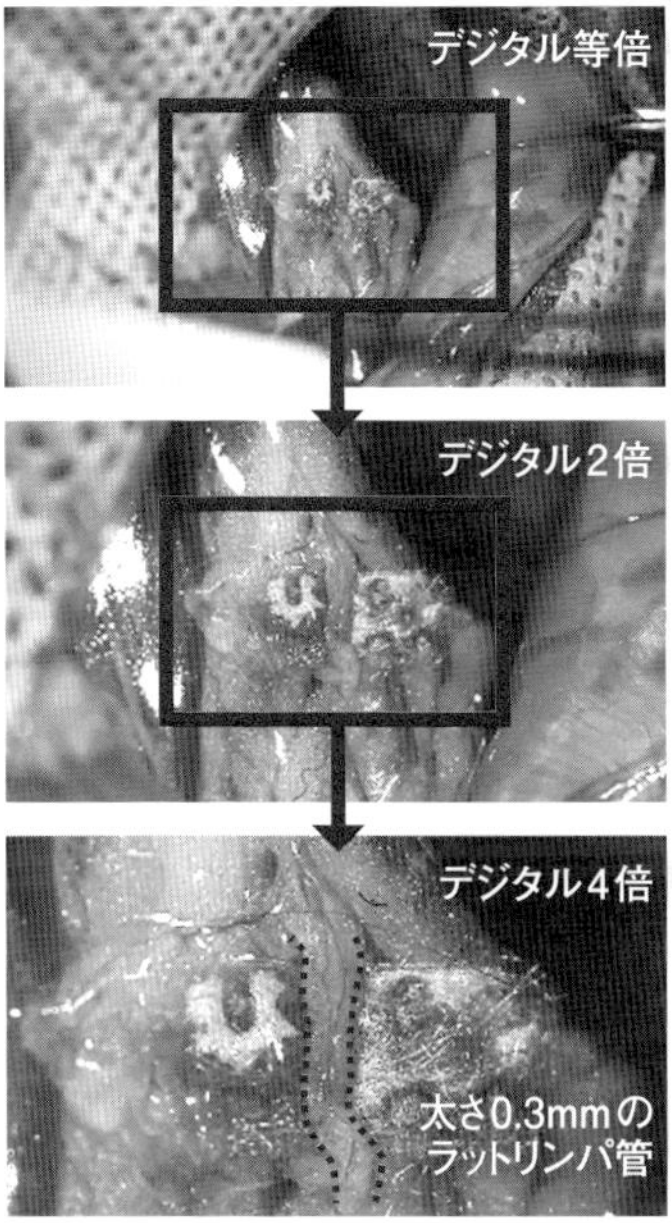

図5　8Kデジタル顕微鏡システムによるラットリンパ管の超拡大視

医師、学生などの教育効果も高いと期待されている。

2-4. 遠隔医療への8Kの導入

ネットワーク速度の向上に伴い、遠隔医療に8Kを導入したいというニーズが高まってきている。徳島県では、直線距離で68km離れた2つの県立病院の間でリアルタイムに8K内視鏡画像を伝送する実証実験が行われた。徳島県立三好病院の手術室で、8K内視鏡による手術トレーニング映像を8Kエンコーダで圧縮し、10Gbpsのローカルケーブル TVネットワークを経由して、徳島県立中央病院の会議室に伝送した。8Kデコーダで復号した8K内視

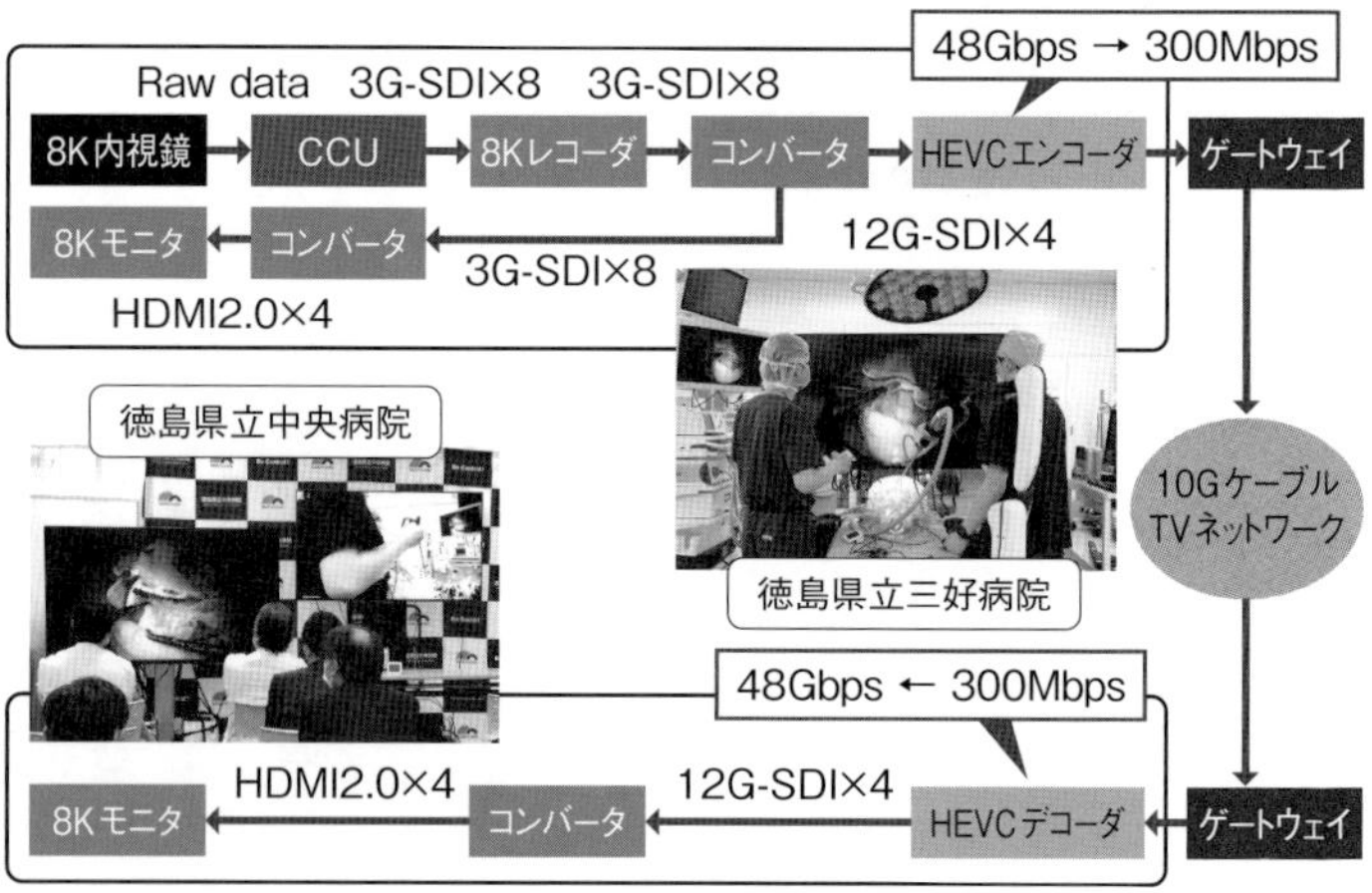

図6　徳島県における8K内視鏡画像の高圧縮・低遅延遠隔伝送実証実験

鏡映像を8Kモニタに表示し、徳島県立中央病院の専門医が8K内視鏡映像を見ながら、徳島県立三好病院の術者を指導するというシナリオを試みた（図6）。8K内視鏡の映像がネットワークを介して8Kモニタに表示されるまでの遅延時間は150㎳程度であり、通常のテレビ電話と比べても遜色のないレベルでの遠隔指導を行うことができた[8]。

3. おわりに

私がこれまで医療応用を中心に行ってきたモノづくり研究開発は、様々な助成金の下、数多くの大学や研究機関、企業との産官学連携や、病院との医工連携なくては決して成り立たないものであった。技術が高度になればなるほど、また、規模が大きくなればなるほど、単独での実現は困難であり、多種多様な連携が必要であった。現在私は帝京大学と企業とのクロスアポイントメント協定（研究者等が大学、公的研究機関、企業の中で、二つ以上の機関に雇用されつつ、一定のエフォート管理の下で、それぞれの機関における役割に応じて研究・開発及び教育に従事することを可能にするもの）により、企業に所属しながら本学での研究職を兼務している立場である。本学で行われている多彩な研究を豊富なシーズととらえ、企業のシーズやニーズと掛け合わせていくことで、今後の新たな医工連携や産学連携を生み出す場にできると期待している。

参考文献

[1] 千葉敏雄：胎児外科，日本評論社，2007

[2] 山下紘正，金大永，波多伸彦，土肥健純：多節スライダ・リンク機構を用いた腹部外科手術用鉗子マニピュレータの開発，日本コンピュータ外科学会誌，5 (4)，421-427，2004

[3] Hiromasa Yamashita, Kiyoshi Matsumiya, Ken Masamune, Hongen Liao, Toshio Chiba, Takeyoshi Dohi: Miniature bending manipulator for fetoscopic intrauterine laser therapy in twin-to-twin transfusion syndrome, Surgical Endoscopy, 22, 430-435, 2008

[4] Shinsuke ANDO, Kazuo MARUYAMA, Ryo SUZUKI, Ubaidus SOBHAN, Takashi MOCHIZUKI, Hiromasa YAMASHITA, Toshio CHIBA, Akira TOKI: Non-touch, Quick Removal of an Occluding Intratracheal Balloon Using High Intensity Focused Ultrasound and Limonene Emulsion, The Showa University Journal of Medical Sciences, 30-3, 351-357, 2018.

[5] 山下紘正：超高解像度8K映像技術の臨床応用の試み－世界初の8K腹腔鏡下胆嚢摘出手術の実施―，映像情報メディカル，47(9)，886-891，2015

[6] 山下紘正：8K超高解像度映像技術の医療応用：8K硬性内視鏡システムの実現へ，映像情報industrial 50 (2)，59-64，2018

[7] Hiromasa Yamashita, Eiji Kobayashi: Mechanism and design of a novel 8K ultra-high-definition video microscope for microsurgery, Heliyon 2021:7(2) e06244

[8] Hiromasa Yamashita, Yasushi Hara, Shigehiro Fuseya, Yasuhisa Kato, Mina Yamazaki, Takashi Kodama, Satoru Furuyama, Hironori Sakou, "8K-UHD medical image remote transmission with low latency encoding and decoding," Proc. SPIE 12444, Ultra-High-Definition Imaging Systems VI, 124440A, 14 March 2023

山下 紘正（やました・ひろまさ）

東京大学大学院情報理工学系研究科知能機械情報学専攻博士課程修了。東京大学大学院情報理工学系研究科知能機械情報学専攻助教、国立成育医療研究センター臨床研究センター医療機器開発部、法政大学デザイン工学部兼任講師、日本大学総合科学研究所准教授、カイロス株式会社（現 エア・ウォーター・バイオデザイン株式会社）等を経て現職（エア・ウォーター株式会社との兼務）。専門は医療工学分野、超高解像度映像、内視鏡・顕微鏡手術システム、手術ロボット・マニピュレータ。

設計とものづくりの面白さ

社会連携部門 教授
田沼 唯士

現在の日本のものづくりには、付加価値の高い製品を生産することが求められている。この要求に応えるには、ユーザー視点での設計が不可欠だ。そのためには、概念設計やCAEを含めた新しい設計プロセスの理解が必要になる。

近年、日本の産業競争力が低下しているといわれている。わが国の製造業の技術力が総じて低下しているとは思えないが、価格競争力の低下などによって、海外市場で製品競争力が低下していることは否めない。大学の研究者には従来にも増して、持続可能な豊かさを社会にもたらす研究成果の発信と、創造的で付加価値の高い仕事を自ら作り出せる力を育む教育が求められている。

1. 私と蒸気タービン

私は大学と大学院で機械工学を学んだ。空気や水などの流れを利用する機械の研究に興味を持ち、学部3年生から所属する研究室として流体力学研究室を選んだ。ここで、航空エンジン、ガスタービン、蒸気タービンなどの主要な構成要素である翼列を設計するための理論（翼列理論）を学んだ。この研究に面白さを感じて、就職先に東京芝浦電気株式会社（現在の株式会社東芝）を選び、当時、世界で唯一のタービン専門工場といわれたタービン工場に配属された。そこで、火力発電用、原子力発電用、地熱発電用の蒸気タービン翼の開発設計、水素燃焼ガスタービン、ヘリウムガスタービンなどの次世代タービンの研究開発などを担当した。2010年からは帝京大学に職を得て、機械工学分野を中心に蒸気タービンを含む分野横断型の研究と教育に従事している。

私の専門分野の一つの、蒸気タービンについて簡単に説明する。図1（a）はバイオマス発電所用の20MWクラス蒸気タービンの組み立て中の写真である。バイオマス発電とは、木材などのバイオマス燃料を用いる発電方式で、ボイラー、蒸気タービン、発電機などで構成される。木材を伐採した後に植林して二酸化炭素を吸収することで、カーボンニュートラルな再生可能エネルギーのサイクルを繰り返すことができる。図1（b）は蒸気タービンの主要な構成要素である静翼と動翼を模式的に表している。多数の翼が周方向に均一に固定されている構造を翼列と呼んでいる。静翼列は車室（蒸気通路を覆う容器）に固定され、高温高圧の蒸気を増速して、乱れの少ない整流された旋回流れを下流に流出させる。動翼列はローター（車軸）に固定されて文字通り回転している。動翼列は静翼列

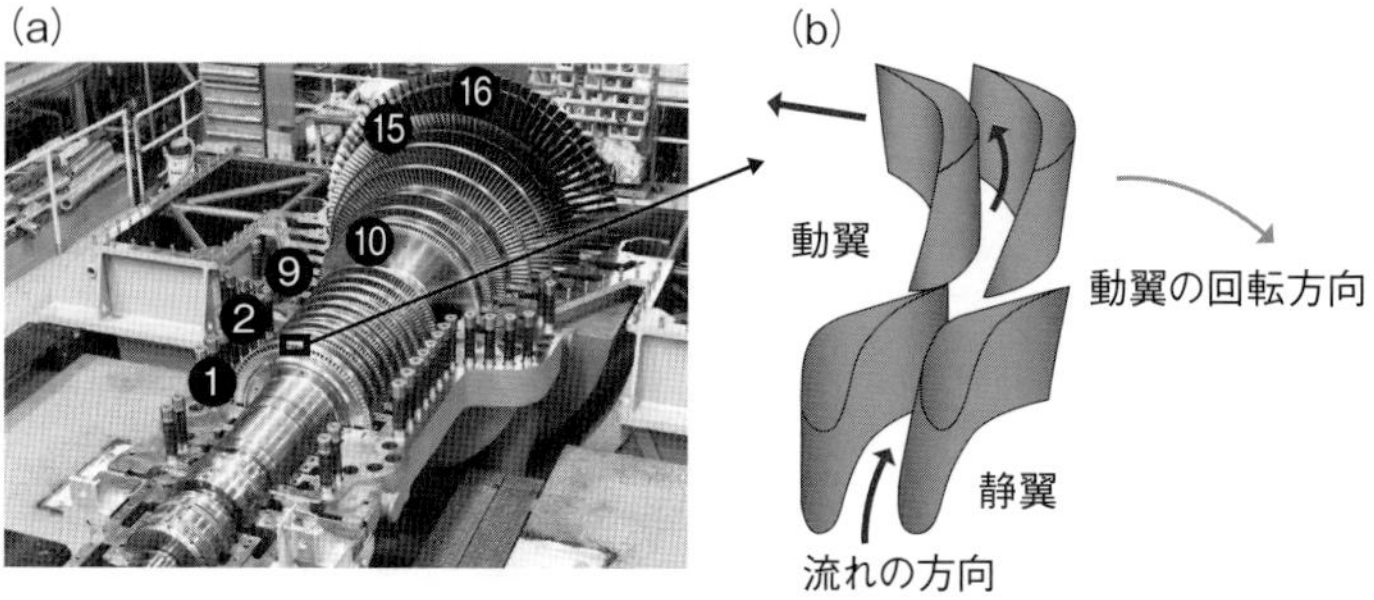

図1 (a) バイオマス発電所用20MWクラス蒸気タービン

蒸気タービンでは、二枚貝のように上下に分かれた堅い容器（車室）が回転部分（ローター）を覆っている。この写真は車室の上半分と静翼を外した状態で、ローターと車室下半分の形状が分かる。車室水平面の連結ボルトの一部が見えている。写真で四角く囲んだ部分が図1 (b) の動翼列に相当する。（写真はJFEエンジニアリング株式会社製蒸気タービン）

図1 (b) タービン静翼列と動翼列

この図は動翼と静翼の蒸気の通路の部分だけを模式的に表している。静翼は上下の車室に別々に固定された半円盤に、動翼のように植え込まれるか溶接で固定されている。

から流出した旋回流れの衝動力（動翼を直接押す力）と反動力（動翼の入り口から出口の間で増速した蒸気の流れから受け取る反力）をローターの回転トルクに変換する。一組の静翼列と動翼列を「タービン段落」と呼び、図1（a）のタービンは16段落（部分的に段落番号を記載）、大型機では30段落近くで構成される。蒸気タービンの機能は、高温高圧蒸気の熱と圧力のエネルギーを一つまたは複数の段落に連続して供給することでローターを回転させる「連続した仕事」（仕事率 W：ワット）に変換することである。タービン入り口の蒸気条件は機種によっては600℃、30MPa（大気圧の約300倍）を超える。蒸気タービンの設計技術はその後開発されたガスタービンと航空エンジンにも引き継がれ、さらに進化して現在でも高効率化に向けた研究開発が進められている。

2. 機械工学と設計

私は現在、学部3年生を対象とした「総合機械工学」の講義を担当している。この講義では、機械工学が社会でどのように使われているか、どんな役に立っているのか、なぜ必要なのかの解説に重点を置いている。特にものづくりに必要な設計とはどのようなものかを、蒸気タービンから家庭用掃除機までの、機械系の技術者が設計を担当している機械の実例を使って教えている。

従来の機械系の大学学部教育は、材料力学、機械力学、熱力学、流体力学と制御・計測、燃焼工学、機構学、材料、加工、図学などの専門科目を個別に学ぶことがほとんどだった。これに対して、私が担当する「総合機械工学」では、例えば、製造が完了した蒸気タービンの長翼の外径などの計測値から運転中の外径を計算する課題、水力発電所のダム（上部調整池）の水面から水車までの標高差（落差m）から水車の車室（ダムからの水を羽根車に導く渦巻型の流路）に使用する鋼材の必要厚みを計算する課題など、設計の現場で扱う題材を用いて講義と演習を行っている。学生の記憶力をテストする目的ではないので、関連する材料力学や流体力学の基礎式の要点を解説した後に、学生は自分で対象をモデル化して、必要な方程式を導く。例えば、それが積分方程式であれば、非積分関数を積分可能な近似関数に置き換えて積分方程式を解いて、関数電卓でも計算できる陽関数（y＝f（x））のように右辺の計算だけで答えyが求まる関数f（x））を導く。

「総合機械工学」の最初の講義では、企業における機械系技術者の仕事の範囲を簡単に説明して、実際のものづくりの現場で機械工学がどのように活用されているかを紹介している。その後のアンケートでは、学生が一様に機械系技術者の仕事の範囲が思っていたより広いことに驚き、多くの学生が設計に興味を持ったと回答する。この傾向は年度が替わっても大きくは変わっていない。

日本の大学の工学部は明治政府が設立した工部省工学寮(後の工部大学校)が源流になっている。工部大学校には機械科、造船科があり、英国から招聘《しょうへい》された教師団が指導したとされているので、シラバスは英国式であったと思われる。英国の辞書(Oxford Advanced Learner's Dictionary, Cambridge Academic Content Dictionary)の「工学、engineering」の説明は明確で、「科学を応用して機械製品、建物、橋などを設計して作る活動または学問」と定義している。一方、わが国の辞書では「生産力を向上させるための応用的科学技術」(広辞苑から一部を抜粋)などと抽象的になっていて分かりにくい。

それでは、工学は科学を応用する学問、すなわち応用科学だと言ってよいかというと、それは工学の一面に過ぎない。科学が発達して、蒸気タービンのような原動機の設計と製造が始まったのは産業革命を経てからであるが、同じ原動機でも風車や水車は紀元前から灌漑《かんがい》などに使用されていたといわれている。機械要素のネジは紀元前のプラトンが生きた時代に発明されたといわれており、木に絡まるツタや巻貝の形をヒントに考案されたとの説がある。もう少し時代が下って、紀元前200年代にアルキメデスが考案したと伝えられるスクリューポンプはネジ状の構造を回転させて水をくみ上げる揚水ポンプである。これらの歴史から、機械工学につながるものづくりの活動が2000年以上前から続いているといってよいだろう。

生きるための必要性と好奇心から自然を観察する科学的な活動と、観察から得られた情報をヒントにして、道具を作り、機械を作った工学的な活動は、どちらも人間が生存を続け、社会を形成するために必要な活動である。従って、「工学」、「機械工学」、「設計」の目的は「人間が生存するため」であり、現在も続く自然災害をはじめとする危機を乗り越えるためには、ただ生存するだけでなく、「人間社会がより豊かになる」ことも目的にする必要がある。自然観察から得た知識に加えて、道具を作り、機械を設計するためには、気付きや工夫が必要であり、この創造的な活動が「設計」の醍醐《だいごみ》味ではないだろうか。

3. 設計に必要な要素と視点

人間の生存と社会の繁栄を目指す設計には図2に示す四つの要素が必要である。図2

はスタンフォード大学のトム・ケリー、デイヴィッド・ケリー〔1〕の図を基に作成して、大学での講義に使用している。

技術者はどうしても技術の範囲で設計を始めてしまうが、設計の目的を確認することから設計をスタートしたい。すなわち、「設計の対象となる製品またはサービスは、人間にとって必要で有用だろうか、顧客にとって魅力的だろうか、顧客と社会に価値をもたらすだろうか」との問いが設計の開始に当たって必要である。

製品の設計はビジネス活動であり、財務と納期の視点で経済的実現性を検

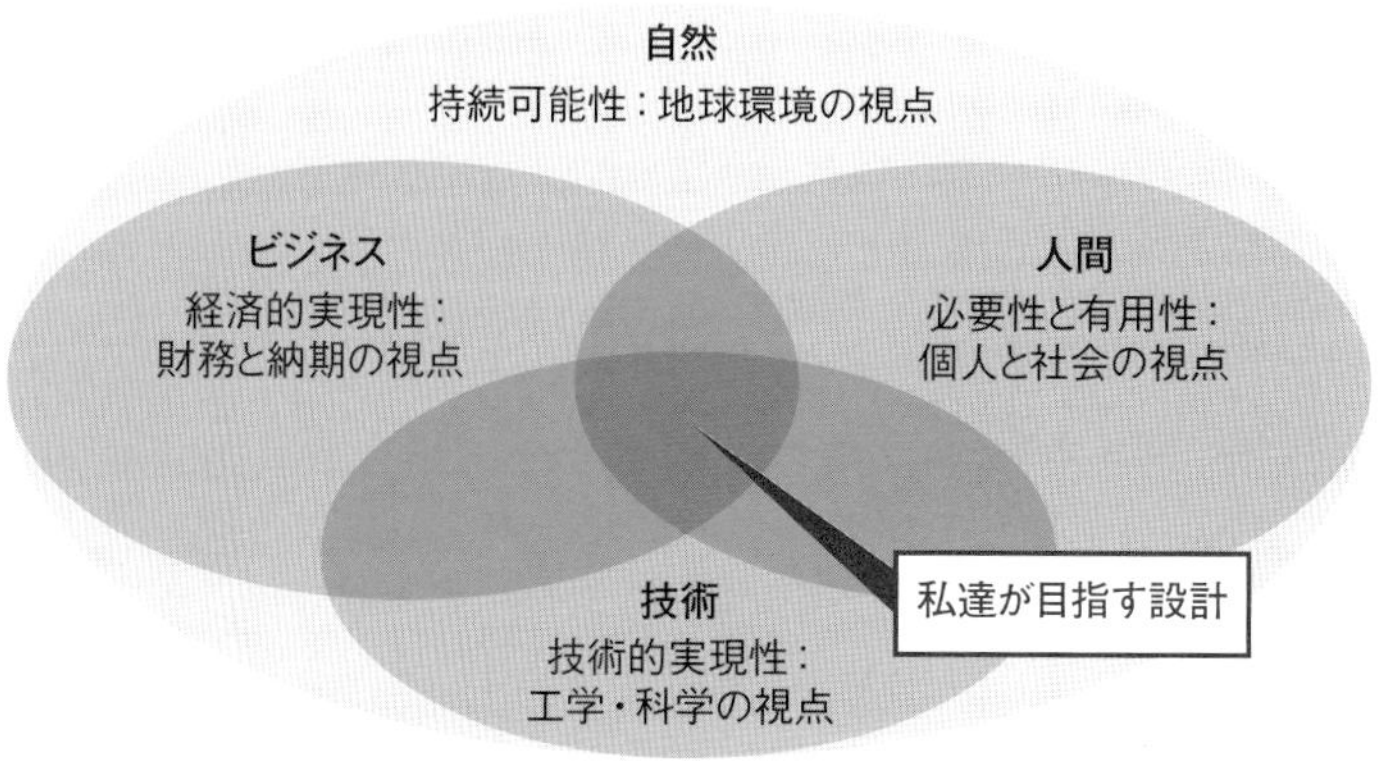

図2　設計に必要な要素と視点

設計の対象となる製品の機能指標（自動車では燃費、加速性能など）は性能や品質と呼ばれる。性能／品質とコスト、納期のバランスがとれた製品を設計することが、「良い設計」であり、そのためには人間にとっての必要性と有用性、ビジネスとしての経済的実現性、そして技術的実現性の全てを備えている必要がある。さらに、鉱物資源の採鉱から製造、使用、廃棄までを含めて地球環境に配慮した持続可能性が確保されている必要がある。

討しておく必要がある。近年増加している自然災害や企業自身ではコントロールできない外部環境による事業継続に関わるリスクに備えるために、従来以上の資金的な余裕が企業には求められている。製造原価（コスト）低減だけを追求するのではなく、製品性能の向上と納期短縮で客先にとっての製品価値を上げることで、価格を上げることを可能にする戦略を持ちたい。

新規性の高い製品は、技術的実現性の明確な見通しがなくても、設計を開始することがある。この場合には、先行基本設計の段階で研究開発計画を作成して、研究開発を開始することが多い。これによって技術的実現性を確保できる新技術や新材料の開発のめどが付けば、設計を継続することができる。

素材生産の段階から製品のライフサイクルを通じて、持続可能性が確保されることが現在のものづくりの前提となる。そのためには国際規格の認証制度を活用することが効果的である。環境管理に関するＩＳＯ１４０００シリーズとエネルギーマネジメントシステムに関するＩＳＯ ５０００１などの国際規格がある。

4. 製品の企画と設計のプロセス

蒸気タービンなどの大型機械システムの設計を例に、製品の企画と設計のプロセスを表1を用いて説明する。

人間・ビジネス・技術・自然の全ての視点から必要性を確認してプロジェクトを開始するプロセスが1と2であり、人間の視点で「必要性」の内容を突き詰めて、欲しい「機能」を見いだしていくプロセスが3から4の機能展開のプロセスである。プロセス5の先行基本設計では、まず一次元設計でエネルギー（例えばエンジンなら出力）、質量、容積、回転数などの一次元量（スカラー量）の主要項を設定する。一次元設計の結果を基にして仮に形状を決めて形状データを作成する。これを用いて、CAE（Computer-aided Engineering 計算機援用工学）によるコンピューターシミュレーションで求めた予測性能と、原価計算で見積もった製造原価からライフサイクルコスト最小化を目標として形状の最適設計を行う。ライフサイクルコストとは製品の購入、使用、修理、廃却（リサイクル）の全ての過程で発生する費用の総額を指す。製品が自動車の場合を例とすると、材料の鉄に必要な鉄鉱石などの採鉱から製鉄、加工、使用時に必要なガソリンの採掘・精製・流通費用、廃棄・リサイクルまでに必要な全ての費用のことである。現在では道路整備や道路標識などの安全対策費用といった社会的費用も含める方向になりつつある。受注生産の場合は、客先の提示した仕様を基に先行基本設計を行って性能、価格、納期を提案する。そのために、受注前に1から6のプロセスを完了して競争力がある提案をす

	企画と設計のプロセス	代表的な手法・ツール	DR
1	プロジェクトの目的・対象製品の設定	SWOT 分析	
2	優先される設計判断基準の設定	Project Priority Matrix	
3	機能展開 1：顧客の声の収集	QFD　市場調査	
4	機能展開 2：構造・工程・材料・サービス展開	QFD　ベンチマーク（他社調査）	○
5	先行基本設計・見積設計・研究開発開始	一次元設計 CAE CAD 原価計算	○
6	設計フロー・工程表・体制表・標準 / 法規確認	設計標準 標準工数表 PLM ISO 等	
7	設計の仕様とクライテリアの決定	特許調査 特許検討（TRIZ 等）	○
8	基本設計・大物素材の準備	一次元設計 CAE CAD 特許検討	○
9	詳細設計・調達設計・治工具設計	CAE CAD BOM　品質工学	○
10	特許申請	特許創出（TRIZ 等）	
11	製造	図面　製造手順書 CAM	
12	品質検査・性能試験	CAT	

表1　製品の企画と設計のプロセスと手法・ツール

手法・ツールの略称の意味を以下に示す。

DR：設計審査、SWOT 分析: 設計主体（企業）の内外環境分析・検討手法、QFD：品質機能展開、CAE：計算機援用工学（ソフト）、CAD：計算機支援設計/製図（ソフト)、PLM: 製品のライフサイクルを通じた設計管理手法、TRIZ：発明的問題解決理論、BOM：部品情報表（設計から製造への情報管理ツール)、CAM：計算機支援製造（ソフト)、CAT：計算機支援試験（システム/ソフト)

る必要がある。市場と客先の動向から今後必要とされる製品を設定して、プロセス5の先行基本設計までを複数の製品について、あらかじめ実施しておくことが理想的である。これによって受け身の設計から脱却して、創造的で利益を生むものづくりをすることができる。そのために重要なプロセスが、一次元設計とCAEを効果的に使った、先行基本設計である。先行基本設計を行う過程で、新しい技術や材料の研究開発の必要性が明確になる。研究開発に十分な時間を確保するためには、前述した通り、客先から新規案件が提示される前に、プロアクティブに先行基本設計を始めることが重要である。

5. 概念設計の重要性

設計プロジェクトの開始から基本設計までは概念設計(Conceptual design, Preliminary design)のカテゴリーに含まれる。表1のプロセス1から8に相当する。通常はプロセス6で応札して受注が決まると、7、8のプロセスに進む。この時点で、仕様と納期が確定するので、調達に時間がかかる大物素材を予約して、社内外の製造機械と人員の時間枠を確保する。これによって使用できる材料と製造機械が決まるので、材料強度と加工公差が決まり、材料許容応力（材料断面の単位面積当たりに負荷できる最大の力）などの設計クライテリア（荷重限界値、安全係数などの基準）が決まり、これを用いて基本設計が行われる。

　製品による収入（例えば発電システムの場合は累積発電量kWhの売電収入の累計）からライフサイクルコストを引くと客先が得る価値（利益）となる。従って、製品のライフサイクルコストを最小化することが、設計の成功の指標

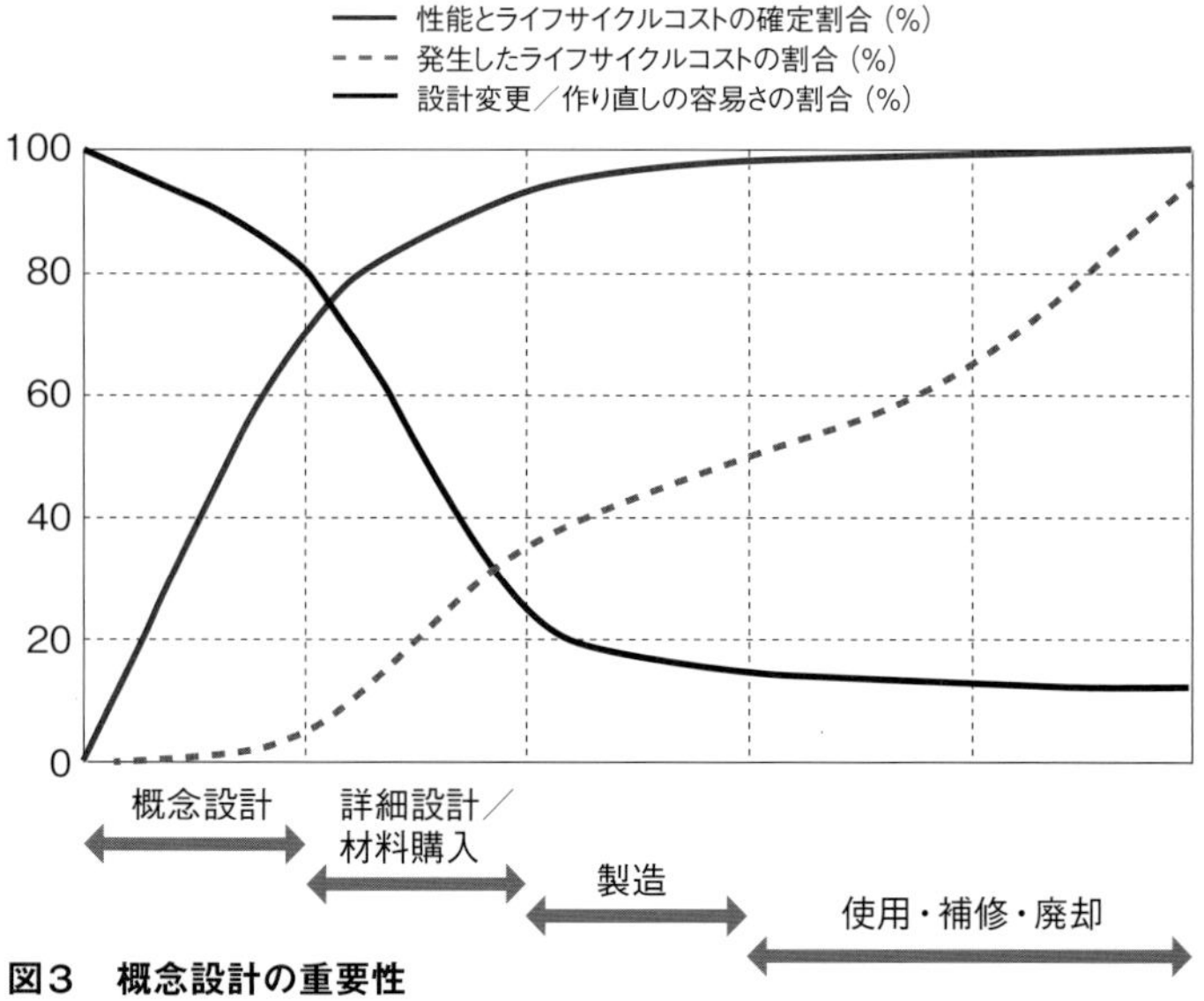

図3　概念設計の重要性

横軸に設計開始から製品の廃却までの時間の進行（比例尺ではない）、縦軸に発生コスト累計のライフサイクルコストに対する割合などを表す。受注生産される大型機械だけでなく、量産される汎用品においても概念設計の重要性は変わらないといわれている。

となる。図3はWolters[2]の論文の図を基に、私の蒸気タービン設計の経験からの修正を加えて作成した。横軸に設計開始から製品の廃却までの時間の進行（比例尺ではない）、縦軸に発生コスト累計のライフサイクルコストに対する割合などを表す。概念設計の完了時点では発生費用（点線）は設計人件費程度の少額だが、基本設計が完了すると形状がほぼ決まっているので製品の性能、コスト、納期はほぼ確定している。従って、ライフサイクルコストの約7割はこの時点で確定する。一方で、素材などの調達開始は基本設計が完了してからなので、概念設計の期間中は設計変更が容易で、必要があれば何度でも設計をやり直して設計の最適化を図り、製品の性能を向上させて付加価値を高めることができる。

6. 一次元設計とCAE

概念設計は、「必要性」などの思いから実現したい「機能」を見いだして、製品の形を決めていく創造性のある作業である。しかし、形のない機能という概念から頭の中だけで形を思いつくことは容易ではない。私たちは意識的にせよ無意識にせよ、私たちの周りの自然の造形にヒントを得て道具を作り、機械を作ってきたのではないだろうか。いったん形を着想した後は、手近の材料で試作を繰り返して、求める機能を実現できる機械を作ってきたと考えられる。

現代の私たちは、主に一次元設計の手法とCAEと呼ばれるコンピューター解析のツール群を用いて、試作に相当する部分をコンピューター上で行っている。図4に翼列設計に用いられているコンピューター解析の実例を示す[3]。CAEのツール群の中には流体力学、材料力学などの解析ソフトウエアがある。図4は蒸気タービンなどの翼列を通過する流れを解析するCFD（Computational Fluid Dynamics：数値流体力学）を用いた

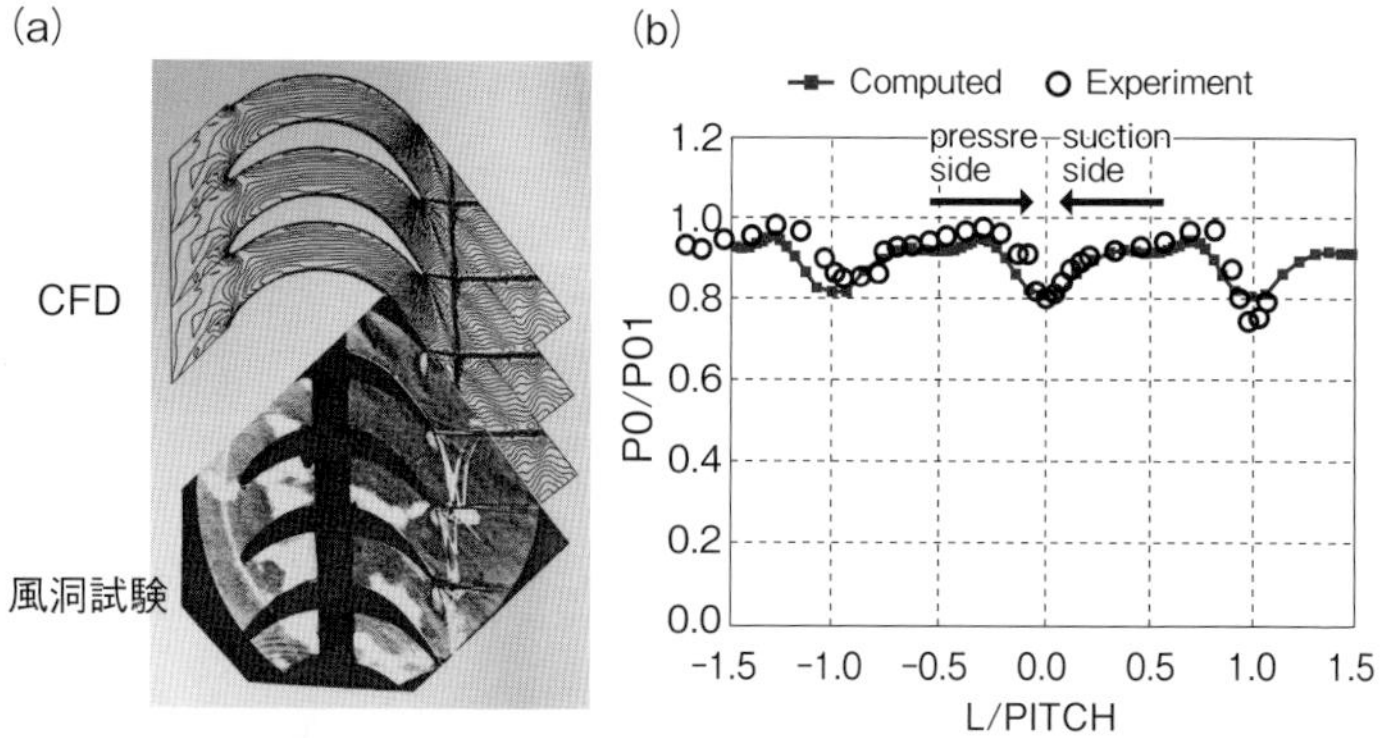

図4　翼列設計に用いられているコンピューター解析

図4 (a) 翼列CFD解析の結果（密度分布等高線　上）と蒸気風洞シュリーレン写真（密度勾配の可視化　下）

図4 (b)　翼列下流全圧分布の解析結果と蒸気風洞での計測結果の比較

数値解析結果を実験結果と比較して示している。図4（a）の上の図は翼列CFD解析結果の密度分布を等高線表示した図で左側から右側に蒸気が流れている。下の図は同じ条件で実施した蒸気風洞試験で撮影したシュリーレン写真で、蒸気の密度勾配を濃淡で表している。翼列下流は超音速流れになっているので、CFD結果では、衝撃波の発生を示す密度の不連続面が、黒い線状になった過密化した等高線群として可視化されている。シュリーレン写真でも衝撃波が白い線状の領域として観察され、解析結果と実験結果がよく一致していることが分かる。図4（b）は（a）と同じ翼列の下流側で解析結果から求めた全圧（流体の圧力と速度のエネルギーを合計した量）を風洞試験で実測された全圧分布と比較した図である。解析結果と実験結果がよく一致している。翼の設計では、全圧低下ができるだけ少ない形状を求めることで、エネルギー損失の少ない良好な蒸気タービン翼を設計することができる。現在では風洞試験を省略して、CFD解析によって短時間で最適な翼列を設計できるようになった。

シュリーレン写真は流れの密度勾配を色や濃淡で可視化する実験手法である。超音速流れで翼後縁から発生する衝撃波が解析でも実験でも明瞭に可視化されている。

縦軸は局所全圧（P0）を翼列入り口全圧（P01）で割って無次元化している。この値が1より小さくなるのは、翼表面で発生する流れの摩擦や翼の後縁から発生している衝撃波によって圧力と速度のエネルギーが熱に変化したからである。熱になってもエネルギーは保存されるが動翼を回転させる仕事に変換することができない。

7. この章のまとめ

本章では、私の専門の機械工学分野のものづくりにおいて、製品の付加価値を高めて持続可能な成長を続けるために必要な、設計に関する技術と教育について解説した。特に、企業における機械製品の研究開発と設計、大学における研究と教育の経験に基づいて、私が重要だと考える設計の方法のエッセンスをできるだけ平易に述べたつもりである。設計の醍醐味とものづくりの面白さを、少しでも伝えることができれば幸いである。

参考文献

[1] トム・ケリー, デイヴィッド・ケリー, 千葉敏生訳, クリエイティブ・マインドセット, 日経BP社, 2014, pp 36 – 40.

[2] Wolter J. Fabrycky, Benjamin S. Blanchard, Life-Cycle Cost and Economic Analysis, Prentice Hall International Series in Industrial and Systems Engineering, 1991. 引用載録：日本機械学会, 機械工学便覧， デザイン編　設計工学, DVD-ROM版, 2013, pp β 1-85.

[3] 田沼唯士、富永純一、宮部正洋、井關崇司、火力発電プラントの基礎理論　第III章　流体力学の基礎理論、火力原子力発電技術協会　火原協会講座39、2020, pp 51-52.

田沼 唯士（たぬま・ただし）

東北大学大学院工学研究科機械工学専攻博士前期課程修了。東京芝浦電気株式会社（現 株式会社東芝）、横浜国立大学客員教授 工学部生産工学科、帝京大学 ジョイントプログラムセンター教授、文部科学省　研究振興局技術参与（兼務）等を経て現職。専門は機械工学分野　数値流体力学の製品設計及び医学応用研究　設計法の研究。機械工学、特に流体力学と関連力学分野を基盤とする設計に関する分野。再生可能エネルギー利用発電用原動機等を中心としたエネルギーシステムの研究、流体力学の医学・歯学分野への応用研究、持続可能な産業振興のための設計教育の研究に従事。

未来の手術ロボット

オープンイノベーション部門 特任教授
光石 衛

ＡＩを用いた手術支援システムや遠隔手術支援システムなど、臨床現場のニーズを最先端の機械工学分野のシーズに結び付けた研究が進んでいる。ここでは「未来の手術ロボット」の変遷と展開について探っていきたい。

未来の手術ロボット（第１世代）

未来の手術ロボットとして第1世代から第3世代までを考える。第1世代では、医師による判断と治療が行われる。その例としては、微細手術、骨の新しい切除方法を搭載した人工関節置換術支援システム、遠隔手術などがある。

微細手術ロボット

・眼科手術支援ロボット

微細手術の具体例としては、脳の1㎜以下の血管を吻合する、眼底の直径70μm（1μmは1㎜の1／1000）の血管に（中空の）針を刺して薬液を注入する、小児外科で鶏卵大の狭い空間で食道を他の部位と縫い合わせるという手術がある。

眼科領域で網膜硝子体手術と呼ばれるものの一つに、眼底にある血管に針を刺す手術がある。血管の直径が70μmで、手の震え、すなわち振戦が100μm程度あると血管に針を刺すことは難しいので、ロボットなどの支援が必要になる。上手な医師でも手振れが50μm程度はあるのでこのような支援システムがあると有用である。

ロボットの作り方はいろいろあるので、**図1**に示すものが唯一の解というわけではない。以前はマスター・スレーブ・システムと呼ばれていたが、スレーブという言葉が適切ではないという理由で、最近ではリーダー・フォロワー・システムと呼ばれることも多い。医師がリーダー側を動かすとそれに伴って実際に手術を行うフォロワー側が動く。理論的には動作倍率は何倍でも可能であるが、各手術に適した倍率があり、例えば、眼科手術の場合は40対1としている。すなわち、リーダー側を40㎜動かすとフォロワー側が1㎜動く。このシステムを用いて70μmの血管に針を刺し薬液を注入することに成功している。

構築したシステムでどの程度の精度で位置決めができるであろうか。例えば、ある場所で2分間、位置姿勢を保持する場合、手技では１４０μm程度の振動があった。動作倍率を1／40としていても、機械も振動してしまうので、フォロワー側では実際には１４０μmの約1／10の15μm程度の振動であった。70μmの血管に対して、振動が15μm程度であれば、針を挿入して薬液を注入することが可能である。このような手術支援システムは、眼底にある網膜上の

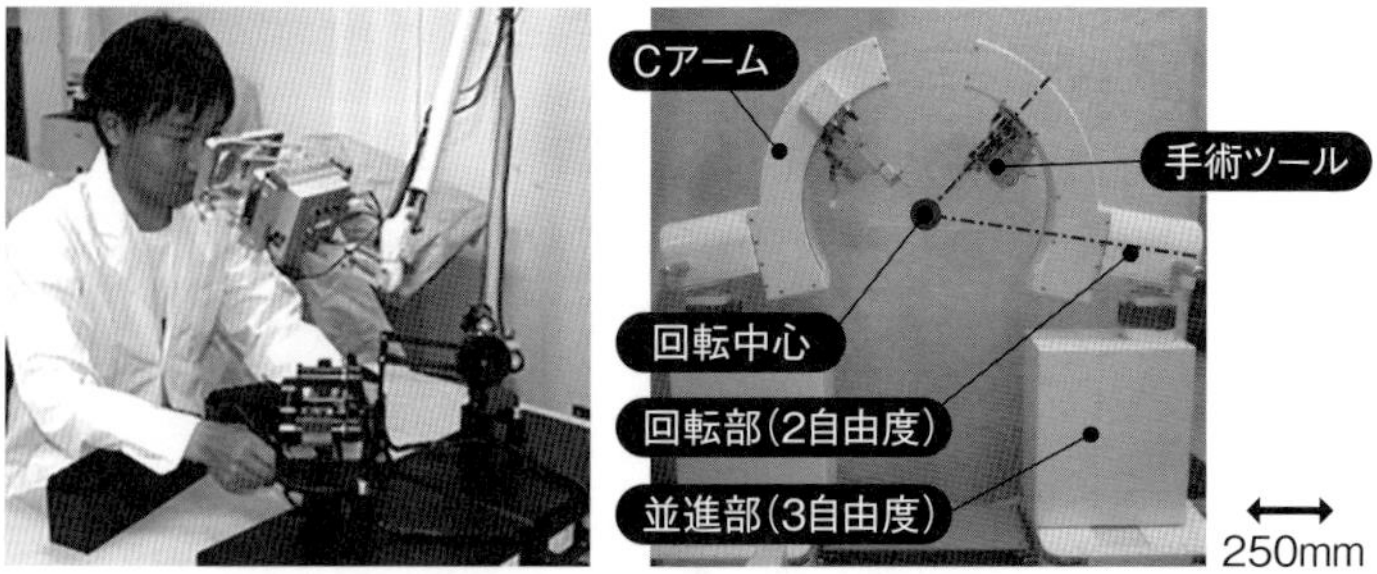

(a)リーダー・マニピュレータ　(b)フォロワー・マニピュレータ

図1　眼科手術支援システム。医師がリーダー側を動かすとそれに伴って実際に手術を行うフォロワー側が動く

血管が血栓により閉塞した際に薬液を注入して治療したいというニーズに応えることが可能である。

・**脳神経外科手術支援ロボット**

私はＩｍＰＡＣＴ（内閣府、革新的研究開発推進プログラム、ＰＭ〈プログラムマネージャー〉：東京大学 原田香奈子准教授）と呼ばれる研究プログラムに参加し、いわゆる産業用ロボットを使って手術ロボットを作成した[1]。

開発したシステムでは、二つの操作モードを設けた。一つは、操作者がロボットのすぐそばで、ロボットに直接触れながら動作させる「ダイレクト・コントロール・モード」である。操作者からの力をセンサーが検出してロボット全体を動作させる。

もう一つは「遠隔操作モード」で、リーダー・フォロワー型で動作させることが可能である。遠隔操作の方が難しいと思うかもしれないが、制御の観点からは遠隔操作の方が簡単である。ダイレクト・コントロール・モードの場合には操作者が入力側を動かそうとするとロボット自身も動いてしまうので制御の観点からは難しい。

開発したシステムの屈曲鉗子は、筆者の研究室（東京大学大学院工学系研究科時代）で博士課程を修了して現在九州大学に着任している荒田純平教授と協力して開発した。開発した鉗子の直径は3・5㎜であり、広く普及している手術支援ロボット「ダビンチ」の鉗子（例えば、直径8㎜）に比べると細い。直径が2㎜の屈曲鉗子も作ることができる。鉗子の径が小さいほど良いと思うかもしれないが、臓器が大きい場合は細い鉗子では臓器を傷つけてしまう可能性があるため、細ければ良いというわけではない。

安全性を高める機能は、（株）デンソーと協力して実現した。通常のロボットの外側にカバーを設け、その裏側に加速度センサーを装着し、術者などの衝突を検知するとすぐに止まるようにした。逆に、衝突がなければセンサーが誤検知することなく動き続ける。加速度センサーからの情報がどのようなパターンであれば人と接触したものであるかを学習することによって衝突を検知する。

安全性について、左右の鉗子同士が衝突しないことも重要である。従来型の制御では物体の周りに仮想的なバリアを設け、相手の物体が近づいてくるとバリアの外に出ていくようにする。しかし、そのような制御方法では近づく物体がバリア領域に入っては出されるということを繰り返し、振動が発生しやすくなる。そこで、バリアの接線方向には動きやすくし、バリアの中心方向には動きにくくするという制御をすると滑らかに衝突を回避することができる。

人工関節置換術支援システム

全自動型の場合にはロボットは理想的な動作を実現することが可能であるが、想定外の事態が発生したときには安全性が低い。人工関節置換術のために骨を切除する際、例えば、面の精度の実現はロボットに任せ、安全性を確認しつつ刃物を動かすことは医師が行うというような半自動型ロボットが良いのではないかということを筆者らは提案している。手術ロボットを販売するためには、認可が必要である。全自動型システムはどのような動作をするか分からないので危険であるとして、認可を得るのが難しい。このことからも、半自動型が有利と考える。

ロボットの手先に装着した刃物を小さく切った皮膚の開口部から侵入させ、手先を高精度に制御するとともに、骨を切除する際の加工条件、すなわち、刃物をどれくらいの回転数、速度で動かすと熱をあまり出さずに切ることができるかという条件に関する研究を行っている（図2）。例えば、骨の温度が、60℃以上になると骨の組織がダメージを受け、再生に時間を要するようになり、入院期間が長くなる。

遠隔手術

遠隔手術が使われる場面としては、へき地・離島での地域医療格差の是正、在宅医療、被災地、チームワーク医療、宇宙空間などが考えられる。**図3**は2000年に描いており、その後、被災地を加えた[2]。現在、JAXA(国立研究開発法人宇宙航空研究開発機構)と共同研究を行っている。微小重力では骨密度が減少し、老化と同じ現象が現れる。マウスを宇宙ステーション内で地球上から操作して解剖したいという要望がある。地上と宇宙

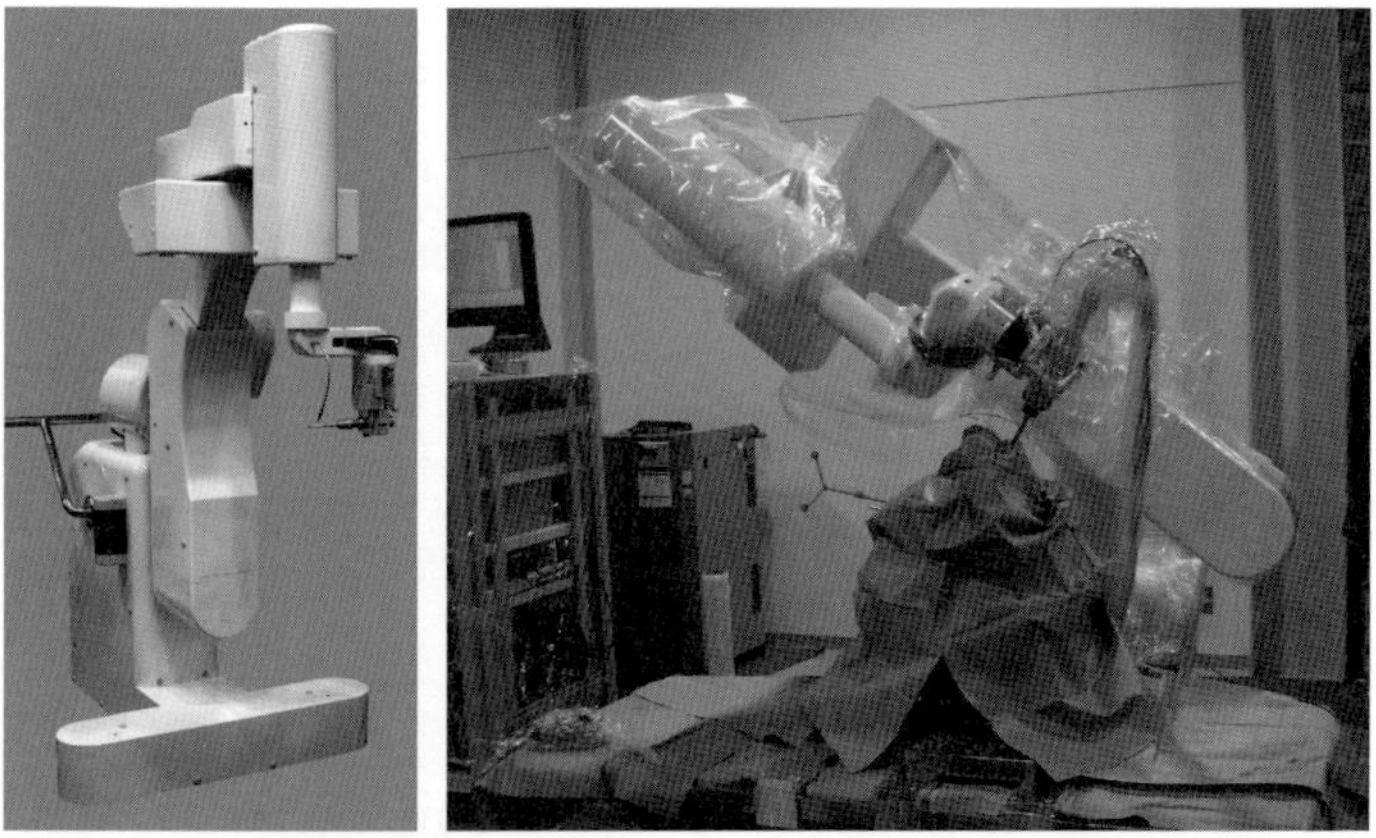

図2　人工関節置換術支援システム。ロボットの手先に装着した刃物を小さく切った皮膚の開口部から侵入させ、手先を高精度に制御する

ステーションとの間の通信では、時間遅れが6~7秒あり、しかも変動するので、時間遅れの問題を克服する必要がある。

図4は内臓系の低侵襲手術支援システムで、リーダー・フォロワー型である。上側が実際に手術をするフォロワー側で、下側は術者が操作するリーダー側である。

2006年および2008年に福岡とタイのバンコクとを結んでブタを用いた遠隔手術実験を行った。時間遅れがどれくらいになるか、ブロックノイズ(データ圧縮されたデジタル画像に現れる

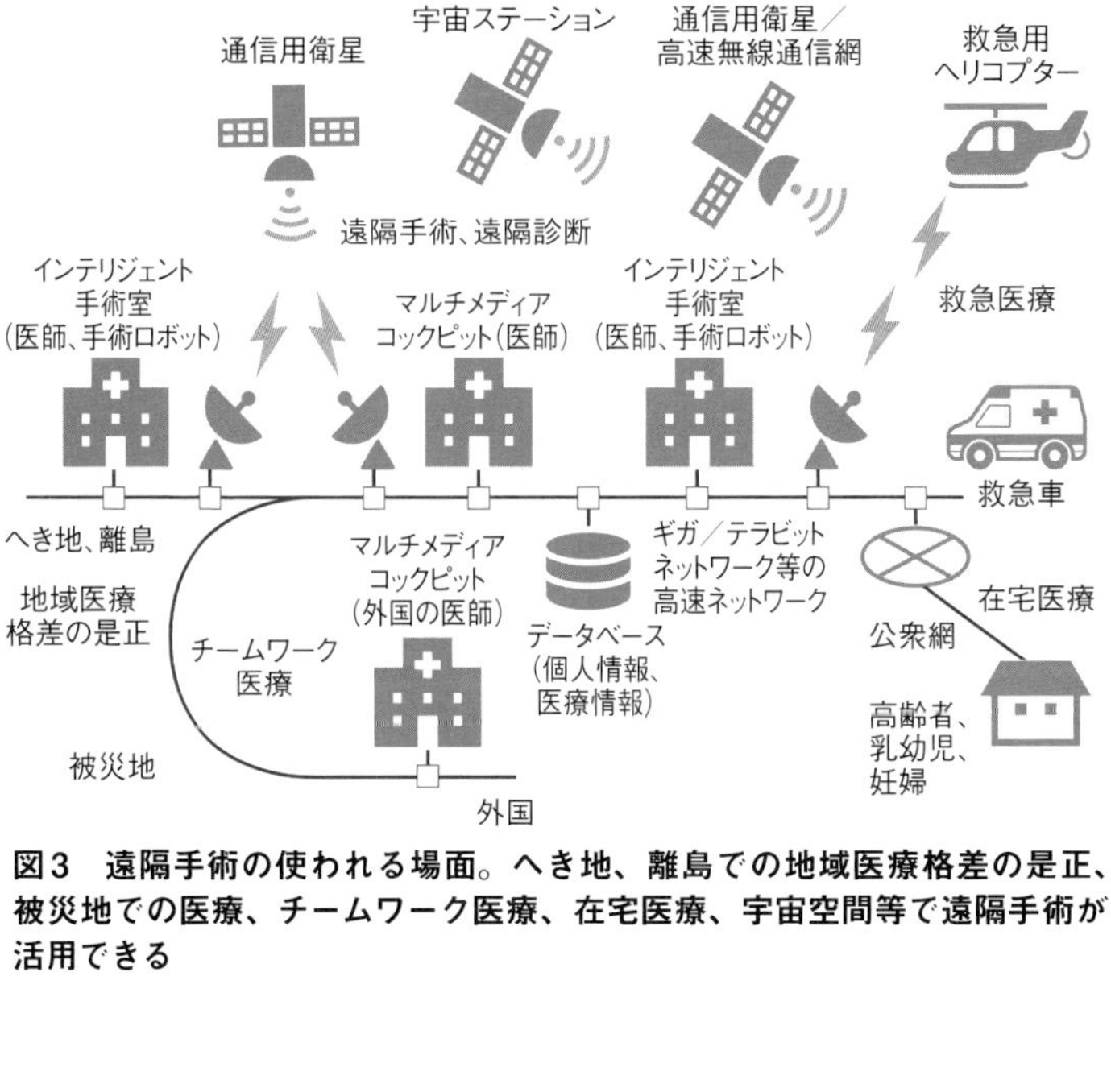

図3 遠隔手術の使われる場面。へき地、離島での地域医療格差の是正、被災地での医療、チームワーク医療、在宅医療、宇宙空間等で遠隔手術が活用できる

ゆがみで、格子状の色みの段差が生じる）が出るかどうかなどについての実験を行った。画像の伝送にＨ・２６４というプロトコルを使うと、ブロックノイズが出ることがなく、また、時間遅れも片道１５１ミリ秒と従前より小さくなった。操作をして画像で結果が見えるまでの時間が３００ミリ秒（０・３秒）を超えると操作性が低下するといわれている。

　画像情報に比べて力情報は情報量が小さいので、力情報

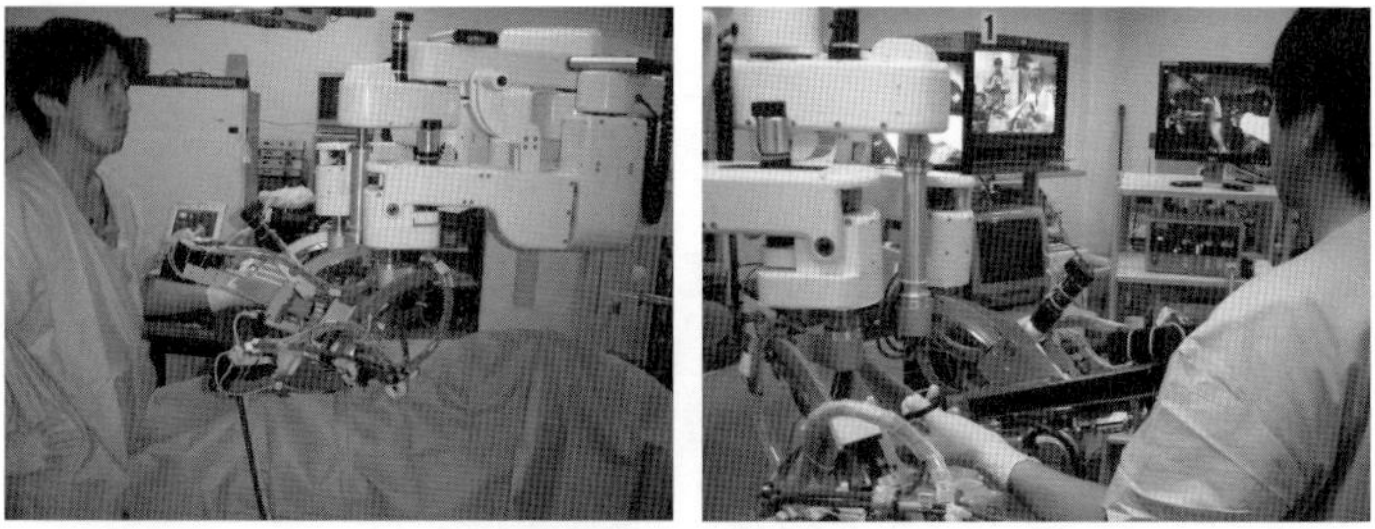

(a)フォロワー・マニピュレータ

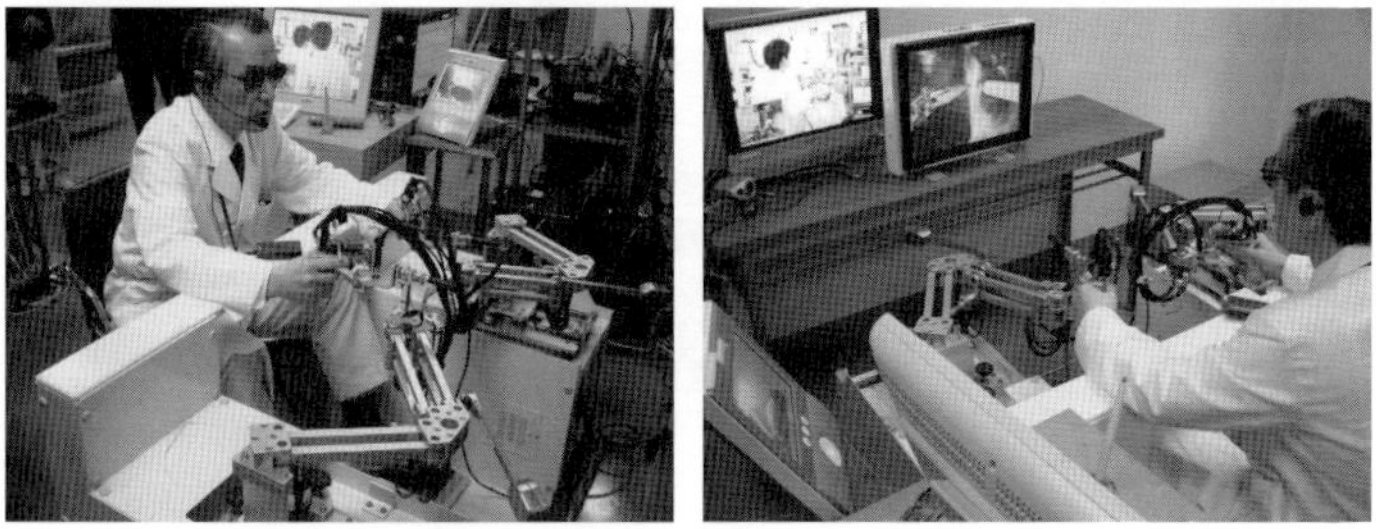

(b)リーダー・マニピュレータ

図4　内臓系遠隔低侵襲手術支援システム。(a) が実際に手術をするフォロワー側で、(b) は術者が操作するリーダー側である

を早く操作者側に返すことができる。普段、例えば、地球の裏側で開催されているスポーツの試合をＴＶなどで観戦する際には、画像情報と音声情報とが同期されて放送されている。遠隔手術において、画像情報が提示される前に力情報だけ提示されるとどのようなことが起きるか。例えば、対象物をできるだけソフトに把持して移動するタスクを行う際に、対象物に作用させる力、および作業の遂行時間を測定した。どの実験条件でも画像は０・４秒遅れるとした。図5（ａ）、（ｂ）のグラフの一番左側は力情報も０・４秒遅れる場合であり、一番右側は、力情報は全く時間遅れなしとした場合である。把持力は、力情報が早く提示される際の方が明らかに小さい。把持力は手術においては、血管や臓器を傷つけないために重要で、力情報だけでも早く提示されると、より安全な手術ができる可能性

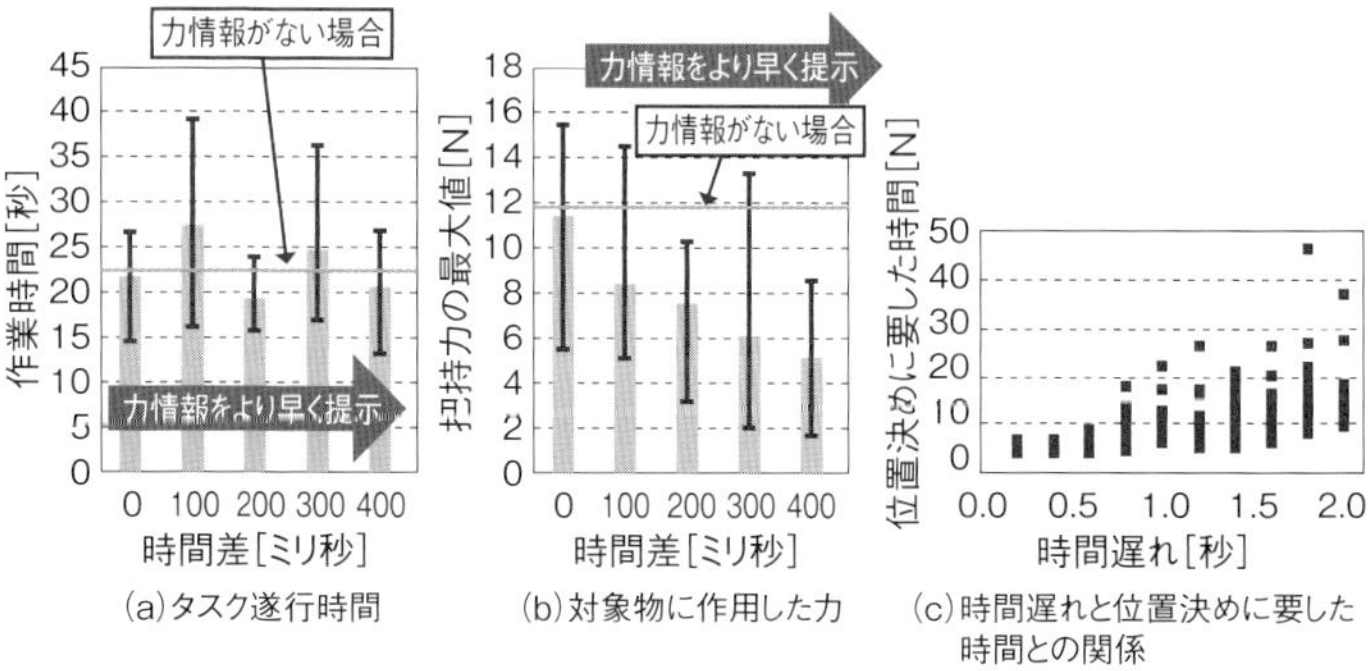

(a)タスク遂行時間

(b)対象物に作用した力

(c)時間遅れと位置決めに要した時間との関係

図5　時間遅れに関する実験結果

がある。一方で、作業時間は力情報を早く提示してもあまり変わらない。手術ロボットで力情報の提示が必要かどうかが長年議論になっているが、安全な手術をするには、力情報がある方が良いとこの実験からは言うことができる。ただし、手術時間は変わらないのではないかということが予想される。

時間遅れが0・3秒以上になると、操作性が低下すると前に記した。図5（c）は、横軸が時間遅れで、縦軸はある場所から別の場所にロボット先端を移動させるために要した時間である。予想では、時間遅れが大きくなるほど、要する時間が単純に増加するということであった。しかし、実際には要する時間の分散値（ばらつき）が増えるという結果となった。必要とする時間が短い人もいれば長い人もいるという結果であった。

未来の手術ロボット（第2世代）

第2世代では、診断と治療が一体化する。その例としては、集束超音波（HIFU：High Intensity Focused Ultrasound）による診断治療がある。最初に周波数の高い超音波によりマイクロバブルを発生させ、次に周波数の低い超音波を与えて、マイクロバブルを破壊する。その際に大きいエネルギーが発生する。これは、キャビテーションと呼ばれており、船のスクリューなどで発生するとスクリューが傷つくので普通は避けるようにするが、それを逆手にとって結石を破壊しようとする技術である。

一方、超音波による衝撃波で結石を破壊する方法があり、これは既に商品化されている。しかし、衝撃波の場合には、結石が均等に割れるとは限らず、大きな塊が残ってしまう可能性がある。ここで紹介する集束超音波を使うと、結石は細かい粒になるので、尿と共に簡単に体外に排出される。ただし、破壊に時間を要する。例えば、腎臓にある結石は呼吸とともに4㎝程度動くが、その間ずっと呼吸を止めておくことはできないので、呼吸と一緒に動く臓器（例えば、腎臓）を追跡する必要がある。

追跡にはテンプレートマッチング（画像処理、あるいはコンピュータービジョンの一手法で、テンプレートと呼ばれる検出したい画像をあらかじめ用意し、得られた画像と照らし合わせて当該箇所を検出する方法）を使用する。ある時刻の画像のみによるテンプレートを用いるとノイズを含んでいるので、追跡に失敗することが多くなる。一方、ノイズを低減したテンプレートを用いると、安定して追跡することが可能であった。

未来の手術ロボット（第3世代）

第3世代の手術ロボットでは、診断と治療の自動化、すなわち、医用画像から自動的に病理診断を行い、治療も自動的に行うことが期待される。また、血管の中を移動するマイクロロボットの開発も期待される。マイクロロボットについては、これまでに拡大モデルを作成し、外部磁場を使って制御した。模擬血管の中で対象物体を上下左右に動かすことができている。また、屈曲した管で血流などの流れがあっても物体を前に進めることに成功している。管が屈曲しているので磁場の方向および強度を切り替えながら対象物体を進めている。

血管内で進むロボットを作ることができれば、例えば、カテーテル手術でその先端を血管の分岐点でうまく選択させることが可能となる。

ＡＩ組み込み型手術支援ロボット

血管を吻合する時に、血管と平行方向に運針する必要がある。このような操作を支援するために、バーチャルフィクチャー（仮想治具）という手法を用いている。血管と平行方向には動きやすく、逆に横方向には動きにくくする。このような力をリーダー側に提示する。これは、「ロボットアシスタンス」の例である。また、血管に針を刺す一連の操作を自動的に行うのが、「タスクオートノミー」である。

例えば、血管の吻合を自動化するためには、鉗子、血管、針、糸などを認識する必要がある。これらを認識するためにＡＩで学習させる際には、例えば何万枚というオーダーの多くの画像が必要である。しかし、Ｗｅｂ上でも手術画像は必ずしも多くはなく、特にロボット手術の画像はそれほど多くない。そこで、筆者らはシミュレーターを用いて画像を作成した。シミュレーションなので、画像上でどこが何であるかがあらかじめ分かっており、鉗子、血管、針、糸などに情報付けをするアノテーションを行う必要がないというメリットがある。

筆者らは、鉗子、血管の検出にはU‐Netという方法を使用した。例えば、シミュレーションによる画像を47,000枚、実画像を200枚使用した。実画像にはアノテーションが必要で、手作業で行った。左右の鉗子の認識率は95%程度、血管の認識率は90%程度であった。しかし、針の認識率は高くなかったので、FasterR‐CNNという方法を適用し、約90%の認識率を得た。

手術支援システムにAIを組み込む際には、自律レベルを考える必要がある。自動運転のレベル分けが参考になる。手術ロボットの自律レベルについては、有名な論文がある[3]。レベル分けは、レベル0(No autonomy)からレベル5(Full autonomy)となっており、レベル1、2に先に記したロボットアシスタンス、タスクオートノミーがある。

最近は、AIのいわゆるELSI(Ethical, Legal and Social Issue:倫理的、法的、社会課題)問題が議論されている。AI医療システムは、医師の職業観、使命感、充足感にも影響する可能性がある。例えば、現在では医師の判断を教師データとして扱っているが、将来AI医療システムが普及し、その方が診断精度が高くなった時に、医師の判断をいつまでも教師データとすることができるかどうかという課題がある。また、優秀な医師以上の正答率があることが統計的に示されているＡＩ診断システムに対して、医師が異なる判断をすることが可能かどうか、そのような判断をして結果的にはＡＩ診断システムの方が正しかった時に、その医師は訴訟に勝てるかというような課題もある。

手術ロボットの活躍が期待される場面

さまざまな手術ロボットが開発されているが、医師ができる手術をロボットで行ってもあまり有効ではない。それは、例えば、手術室で手術ロボットのセットアップに時間を要するからである。役立つのは次のような場面である：(ｉ) 狭い箇所での手術、(ii) 微細手術、(iii) 正確な手術、(iv) 遠隔手術。

手術ロボットを市場に出そうとすると、いわゆる魔の川（基礎研究から開発に進む際の障壁）、死の谷（開発から実用化に至る困難）、ダーウィンの海（市場投入から産業化までの関門）を越えなければならない。また、認可を得るためにはＰＭＤＡ（独立行政法人医薬品医療機器総合機構）に安全性および有効性を示すデータを提出する必要がある。以前は、動物を使ってデータを出していたが、動物も個体によって状態が異なるなどの理由で実験に困難が伴う。そこで、患者モデルが重要になる。

眼科用のモデルを東京大学の新井史人教授と共同して作成してきた。安全性・有効性を示すデータを提出しなければ、手術ロボットを研究開発してもすぐには製品にならない点がこの分野の難しいところである。

図6は、工学知と医学知の融合を示す。ナノ診断・医療、バイオインフォマティクス、再生医療関係の研究が最近は多いが、低侵襲手術、救急医療、在宅医療・福祉、遠隔医療、チームワーク医療を対象とするロボティック医療も今後発展が期待される。

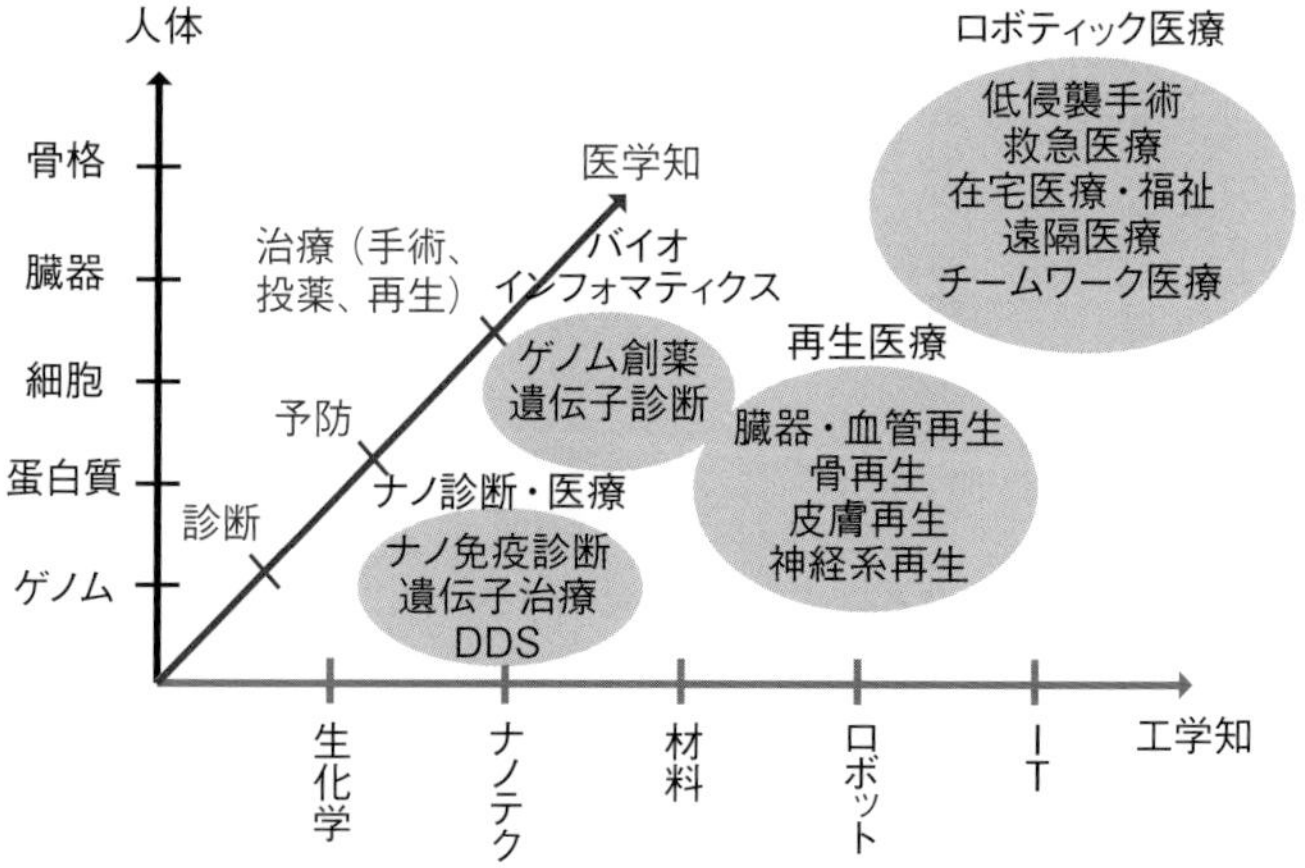

図6　医学知と工学知の融合

参考文献

[1] https://www.jst.go.jp/impact/bionichumanoids/index.html（2023年9月23日アクセス）

[2] 光石衛 (2000) 21世紀のロボティック医療への期待. 日本ロボット学会誌 18(1):2-7.

[3] Yang GZ, Cambias J, Cleary K, Daimler E, Drake J, Dupont PE, Hata N, Kazanzides P, Martel S, Patel RV, Santos VJ, Taylor RH (2017) Medical robotics—Regulatory, ethical, and legal considerations for increasing levels of autonomy. Sci. Robot., 2(4), eaam8638.
DOI: 10.1126/scirobotics.aam8638

光石 衛（みついし・まもる）

独立行政法人大学改革支援学位授与機構理事、早稲田大学次世代ロボット研究機構客員上級研究員（研究院客員教授）、日本学術会議会長、東京大学名誉教授。専門はロボティクス、生産工学。2023年には精密工学会沼田記念論文賞を受賞した。

がんの完治に向けた「3本の矢」

健康科学研究部門 教授
岡本 康司

現在有力ながんの治療法には分子標的療法とがん免疫療法があるが、依然として多くのがんはこれらの治療法に抵抗性を示す。そこで、がん細胞の治療抵抗性を解明する方法論を進展させ、新たな治療法の確立を目指す研究を進めている。

最初にがんとはどういうものであるかについて説明する。次に、この10年間でがんの治療法が大きく進展したことについて説明する。特に、分子標的療法とがんの免疫療法という強力な治療法が登場してきたことについて触れる。その後、私の専門分野に関連したがん組織中の細胞間ネットワークについて説明し、その解明からどのように治療法を開発し、今後どのような方向性を持つべきかについて説明したい。

1．がん細胞とは何か

初めに、がん細胞とは何かという問いに対して、一言で言えば増殖の制御機構が壊れてしまった細胞と言えるだろう。つまり、正常な細胞は体の中で行儀よく振るまい、細胞の外からの増殖因子などの増殖シグナルと、逆に働く抑制シグナルのバランスをチェックして、増殖するか否かを判断する。しかし、がん細胞になると、そのような外からのシグナルを無視し、一方的に増殖を続けるようになる（図1）。

なぜこのようなことが起こるのか、その根源は遺伝子の変異にあると考えられている。私たちの体を構成する細胞の振る舞いは、親から受け継いだDNAとそれを取り巻くタンパク質から構成され

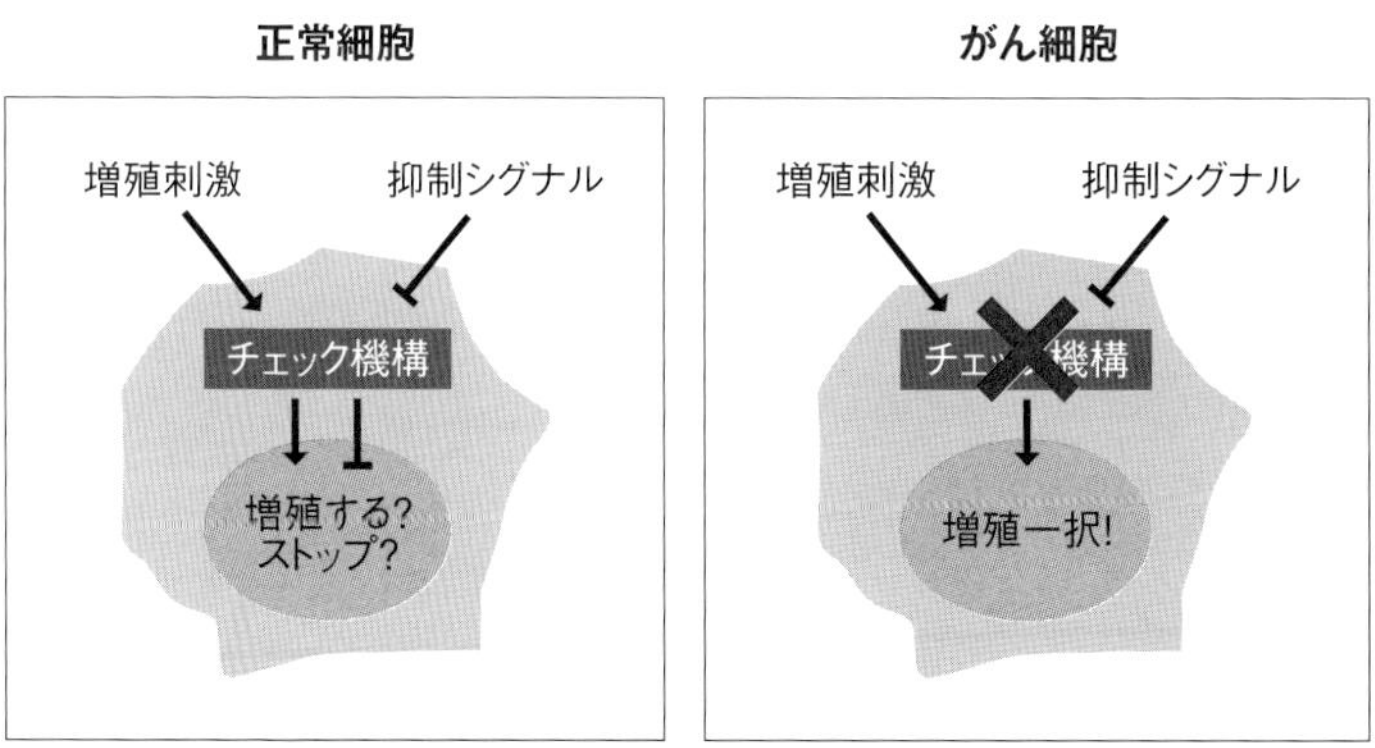

図1　がん細胞では増殖制御機構が破綻する

る複合体（クロマチンとよばれる）からの指示、つまり遺伝子発現の情報によって制御されている。がんでは細胞増殖を制御する遺伝子に特定の変異が入ることで、増殖刺激が絶えず与えられ、細胞は増殖を続ける。クロマチン構造内のDNAに内包された遺伝情報の全体はゲノムと呼ばれるが、上記の理由から、がんはゲノムの病気とも言われる。

では、がんで変異を受けるのはどういう遺伝子か。その多くは細胞増殖を制御する遺伝子であることは予想できる。細胞増殖を制御するシグナル経路についての典型例を説明すると、まず細胞は外部からのタンパク質からなる増殖制御因子を受け取り、それに伴い細胞膜上のリセプター（増殖因子からのシグナルを受け取る細胞表面の受容体）が活性化し、次に細胞内のシグナル分子が刺激を受ける。これらのシグナル分子が細胞核内の転写因子の活性化を促進し、さまざまな遺伝子発現が誘導される。このようにして誘導された遺伝子が最終的には細胞増殖制御につながる。これが一般に考えられている細胞増殖シグナル経路であるが、実際これらの制御因子に対応する遺伝子の多くにがん変異が入っていることがわかっている。

たとえばRASと呼ばれる重要な細胞内シグナル因子があるが、がんの多くではRASの12番目または13番目のアミノ酸に対応する場所にゲノム変異が起こる。その結果、

RASタンパクの一つのアミノ酸が他のアミノ酸に置き換えられ、重要な機能的な差異が生じる。すなわち、正常な細胞ではRASタンパクは活性化型と非活性型の2つの形態をもち、それによりシグナル分子のスイッチのオンオフが制御されるが、ここに変異が入ると、活性化型に固定される。その結果、変異型RASでは恒常的に増殖シグナルが入ることになる。

別の重要な知見として、がんの進展は段階的に起きると考えられている。言い換えれば1個の分子だけの変異でがんが発生することはまれであり、いくつかの変異が重ならないとがんにはならない。がんの中でも進展度や悪性度に違いがあり、過形成と言われる前がん状態や、がんがより進展した進行がんなどの違いがあるが、そのような差異はかなりの程度、がん変異の蓄積を反映していると考えられる。

ではどれだけの変異の数が蓄積すればがんになるか。がんの種類により異なるが、推定では2個から8個程度の間のアミノ酸変異が1細胞中で起こった場合であると言われている。つまり、多くの場合は長い年月をかけて、場合によっては何十年もかけて、これらの変異が蓄積した結果、がんに至ると考えられる。

がんの完治を目指す上で克服しなければいけない重要な特性として、転移能と治療抵抗性がある。つまり、がんが大きくなっても手術で完全に切除できれば致死的ではない。しかしながら、がん細胞が浸潤して他の臓器に転移し始めると、外科手術で完全に除去することは困難となる。またはがん細胞が抗がん剤に対して抵抗性を獲得すると、がんの増殖を止められなくなる。がん細胞が獲得するこの2つの特性が、がんを致死的な病気としているのである。

2. がんの有力な治療法の登場

研究者はがんの脅威をどのように抑えようとしているか、ここではがんの治療抵抗性に焦点を当てて、最近登場した2つの有力な治療法について説明する。まずは、分子標的療法について解説する。図2は、がん進展の時間的な経過を示したものである。先に説明したようにがんの発生は段階的に起きるが、生じたゲノム変異が細胞の生存にとって有利になると、変異を持たないがん細胞より早く増殖するようになる。これは自然界で起こる自然淘汰と同じように、生存競争の中でより強靭ながん細胞が生き残り増えていることを意味する。こうした変化をもたらすがん変異の多くはドライバー変異と呼ばれるが、そのような変異を獲得した細胞ががん細胞の多数を占めることになる。がん組織においては、新たなドライバー変異が現れるたびに、このプロセスが繰り返されていると考えられる。そこで自然の発想として、ドライバー変異を持つ細胞を攻撃すればがんは抑えられるのではないか、という考え方が出てくる。ドライバー変異が必ずしも薬の標的になるわけではないが、例えば細胞の表面に位置してい

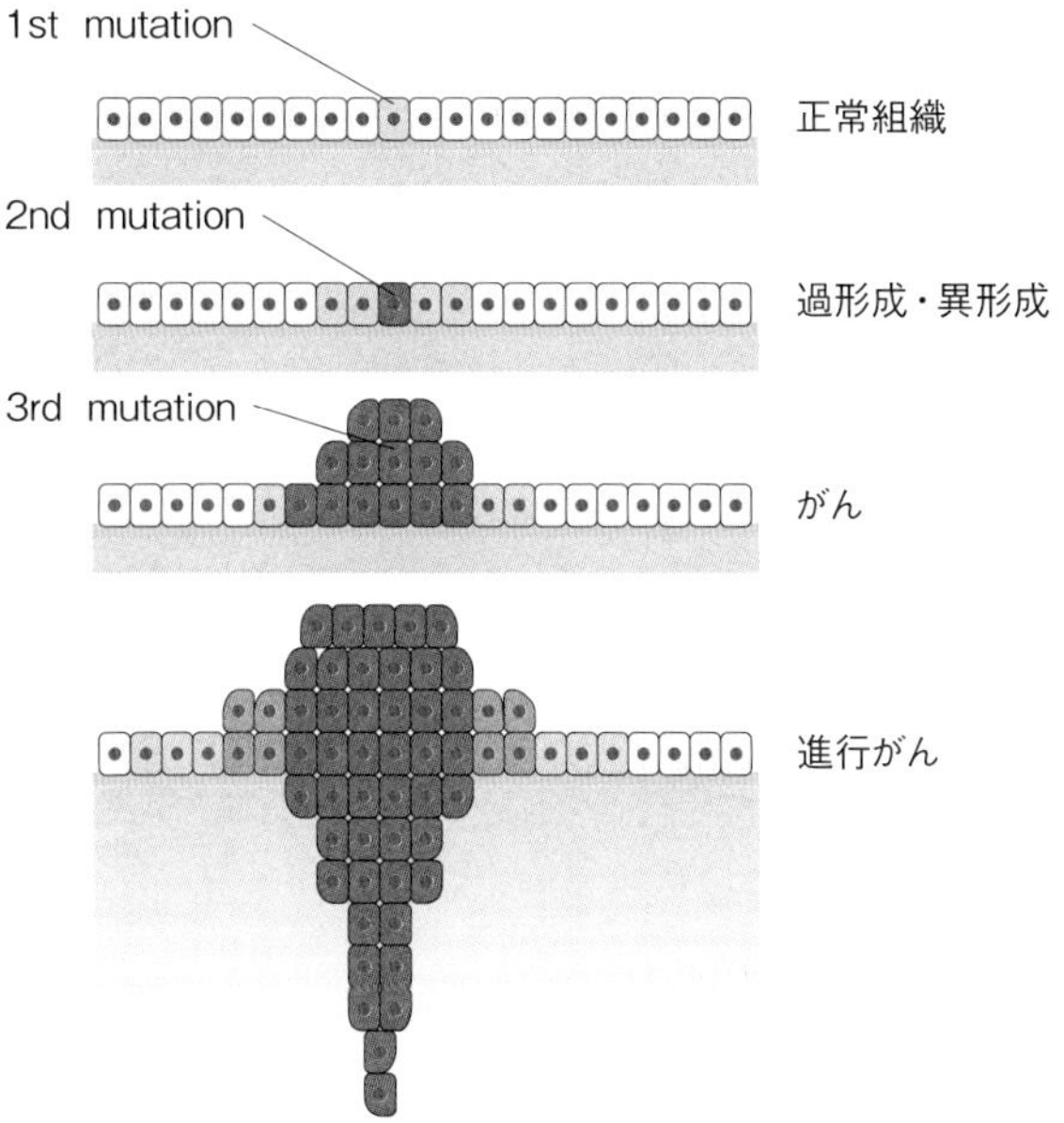

Alberts B, Molecular Biology of Cell, 4th Edition
Garland Science, New York (2002), Figure 23-11より改訂

図2 がん進展に伴うがん遺伝子変異

る、または酵素活性を持っているならば、理論上は抑制することが可能である。このように特定の分子を標的とした治療法が分子標的治療で、2000年代から登場してきたこの治療法により、がんは根治できるのではないかと期待されてきた。

では、実際に分子標的療法の効果はどの程度であったであろうか。その前に治療効果の判定法について説明すると、新しい抗がん剤が有効どうかを判断する時は、時間を横軸に、患者の生存率を縦軸にプロットしたグラフを作成し、それを既存の抗がん剤治療法を用いた場合のグラフと比較する。生存率が有意に上昇していれば、それはより良い治療法であると見なされ新たな標準療法（現時点で利用できる最良の治療法）となる。一般的な傾向として、分子標的療法では治療直後の生存率は向上するが、長期的な生存率への寄与は既存の抗がん剤とそれほど変わらない（図3、左図）。これを説明するために、時間を横軸に、腫瘍の増殖を縦軸に考えてみることにする。分子標的薬により一時的に腫瘍は小さくなり、X線やCTなどの画像診断では消失する場合もあるが、次第に分子標的薬に耐性を持つ残存がん細胞が増えてくるため、多くの場合転移再発してしまい、長期的な予後改善につながらないのである（図3、右図）。これまで全く効かなかったものが一時的にせよ効いたことは大きな進歩であるが、完全な治癒を目指すにはまだ解決すべき問題が存在すると考えられる。

現在、盛んに行われている分子標的治療として、肺がんの例を説明する。肺がんでは増殖因子であるＥＧＦファミリーのリセプターに遺伝子変異を持つがんが多いため、変異型ＥＧＦリセプターを標的とした分子標的薬が開発されている。大抵の場合、これらの分子標的薬は最初非常に効果があるが、やがてＥＧＦリセプター遺伝子の別の部位に変異が生じて効かなくなる。そこで新たな変異に対応した次世代の標的薬を投与すると再び効果が出るが、今度はリセプターの別の部位に変異が入る、あるいはＥＧＦシグナルをバイパスする別の遺伝子の増幅などが出現する。こういうがん細胞との戦いが繰り返されて最終的にはがんの勝利に終わることが多い。つまり、がんの生存シグナルを抑制しても、がんは別の変異などによりシグナルを再活性化し、生き延びてしまう

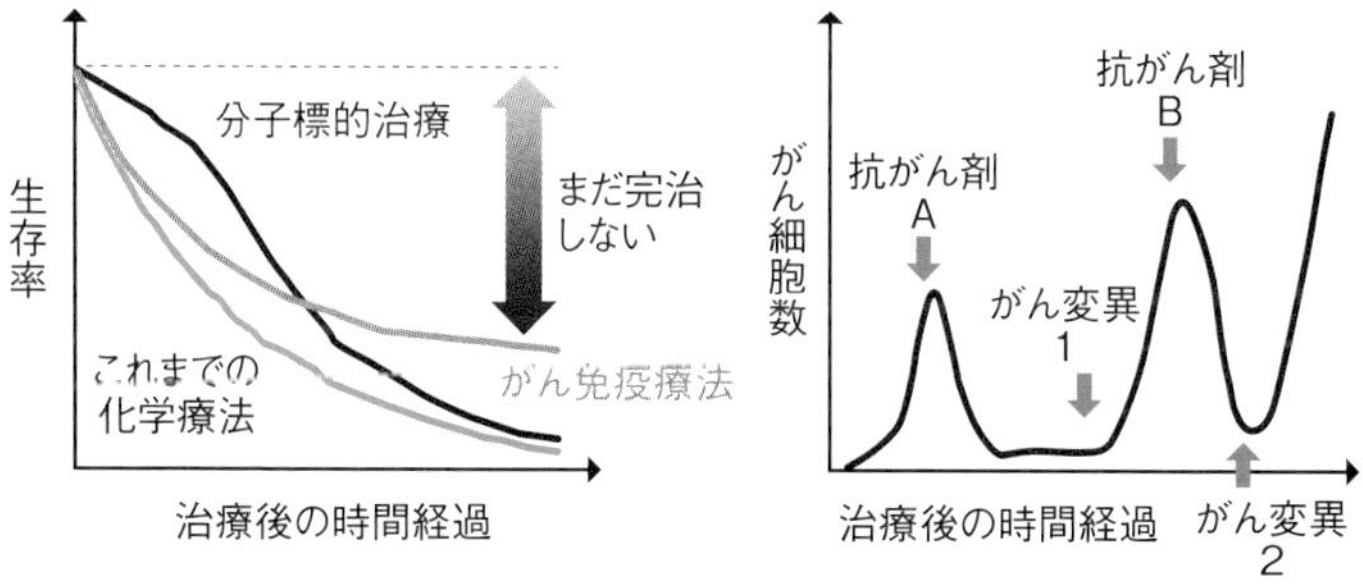

図3　最新のがん治療後の臨床経過

のである。

次に2つ目の有力な治療法であるがんの免疫療法を紹介する。これは分子標的治療に次いで登場してきたものであり、その開発は大きな期待と希望のもとに急速に進んでいる。この治療法の説明の前に、治療の背景となるがん細胞を取り囲む細胞環境について説明する。がん細胞はさまざまな宿主由来の細胞に囲まれて存在し、それらの細胞どの相互作用ががん細胞の生存と増殖に大きな役割を果たしている。つまり、がん細胞は、リンパ球、マクロファージなどの免疫系の細胞、内皮細胞（血管の内表面を構成する細胞）、線維芽細胞（結合組織の構成、維持に働く細胞）等のさまざまな宿主由来の細胞と共生している。これらの細胞の中には、がんの生存と増殖を支援する細胞も存在するが、反対にがんを抑制する細胞も存在する。特にT細胞の一部やNK細胞といった免疫細胞は、がん細胞の監視や駆除に重要な役割を果たすことが知られている。

免疫系はウイルスやバクテリアなどの異物を生体から排除するシステムであるが、がん細胞の排除にも機能する。生体内でがん細胞が発生すると、抗原提示細胞といわれる細胞ががん変異タンパク断片を細胞表面に提示し、これが異物であることを、攻撃能力を持つT細胞に伝える。その結果、T細胞は活性化しがん変異を持つ細胞を攻撃する。ところがこの免疫システムが過剰に活性化すると、誤って宿主の細胞を攻撃する可能性がある。つまりこのシステムは両刃の剣であり、その機能は微妙なバランスの上に成り立っている。そのバランスを調整しているのがPD-1タンパクなどのシグナルで、これらはT細胞の活性化を抑制し、体内の免疫バランスを維持する。興味深いことに、がん細胞の多くはPD-1などのシグナル経路を活性化していることが明らかになってきた。つまり、がん細胞は生体の免疫制御機構を利用し、T細胞から「見えない」状態になることで、宿主の免疫監視機構から逃れているのである。

では、どうすればがん細胞が免疫監視機構から「見える」ようになるのか。PD-1のような免疫寛容をもたらすシグナルを中和抗体などで抑制すれば、がん細胞は再び免疫系から見えるようになり、がん細胞を撲滅することが可能になる。これがいわゆる「がん免疫療法」で、どれくらいがん治療に役立ったかであるが、先ほど示した生存曲線に重ねてみると図3のようになる。分子標的治療とは異なり、全体の約3割に長期的な延命効果が認められている。しかし逆に言えば、現時点ではまだ多くの症例で十分な効果が得られていないとも言える。分子標的治療とがん免疫療法の研究は日進月歩で進んでおり、今後生存率が大幅に上昇する可能性はある。しかしながら現状では、がん完治を目指すのであれば、別の新しいブレークスルーが必要だと言えるだろう。

3. がん治療のブレークスルーを探して

そこで問題となるのは、何が新たながん研究のブレークスルーに繋がるかである。ここから我々のグループの研究に関連するが、がん微小環境での細胞ネットワークが鍵になると考えている。先ほど説明したように、がんはさまざまな細胞の混じった組織で、がん細胞以外には内皮細胞、リンパ球、マクロファージのような免疫系細胞に加えて、後述するCAFなどの細胞が混在している（図4）。がん微小環境には、リンパ球の一種である活性化T細胞のようながんを攻撃する細胞もいれば、逆にがんを助けるような細胞も存在している。

興味深いことにこれらの細胞には、がん細胞によってその性質が変えられた細胞が存在する。例えば、正常組織中には線維芽細胞と呼ばれる細胞が存在し、増殖制御因子や細胞外物質の分泌などを介してさまざまな組織の維持を担っているが、がん細胞は線維芽細胞に働きかけてその生物学的特性を変化させる。このようにして生じた細胞はがん関連線維芽細胞（cancer-associated fibroblasts、略してＣＡＦ）と呼ばれるが、ＣＡＦはがんの生存に有利な環境を作るように働くことが知られている。おそらくマクロファージや他の宿主由来の細胞についても同じような特性変化が起きていると推測される。つまりがん細胞は周りの細胞の特性変化を起こして、がん細胞の共犯者に仕立て上げているのである。

がん細胞によって作り替えられた微小環境が、治療抵抗性に関わっている可能性は大きいように思われる。先ほどご説明した肺がんの分子標的療法を例に取ると、がん細胞は新たな変異が起きるまでの期間、如何にして生き延びているのであろうか。これは推測であるが、がん細胞と共犯になっている細胞のネットワークに依存して生き延びているのではないか。そうであるとすれば、がん組織内の細胞間のネットワークを理解することで、治療抵抗性の本態が

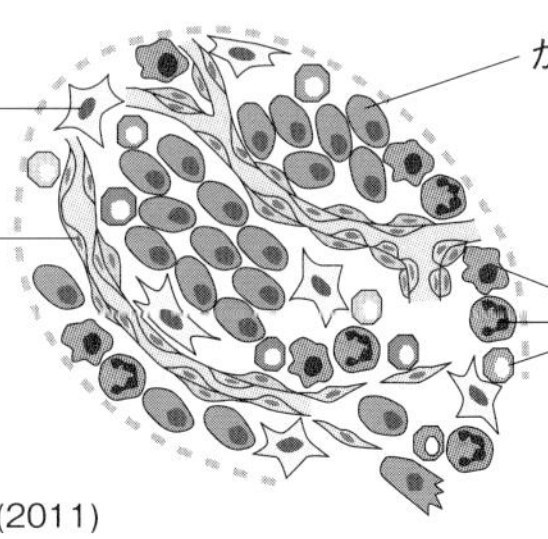

図4　がん組織は様々な細胞により形成される

理解できるのではないかと考えられる。

では具体的にはどのようにすれば治療抵抗性を支える細胞間ネットワークを解明できるかということになる。これまでの生物学上の大きな発見は技術的進歩に支えられていることが多い。我々のグループでも、いくつかの先端的な解析技術を組み合わせてがんの微小環境を詳細に調べていくことで、がんを支えるネットワークの本態を明らかにしていきたいと考えている。これらの技術とは、シングルセル解析、空間的オミクス解析、がん三次元培養法である（図5）。現在、帝京大学の先端総合研究機構でこれらの研究を行っているが、順に説明する。

まずシングルセル解析であるが、ここに挙

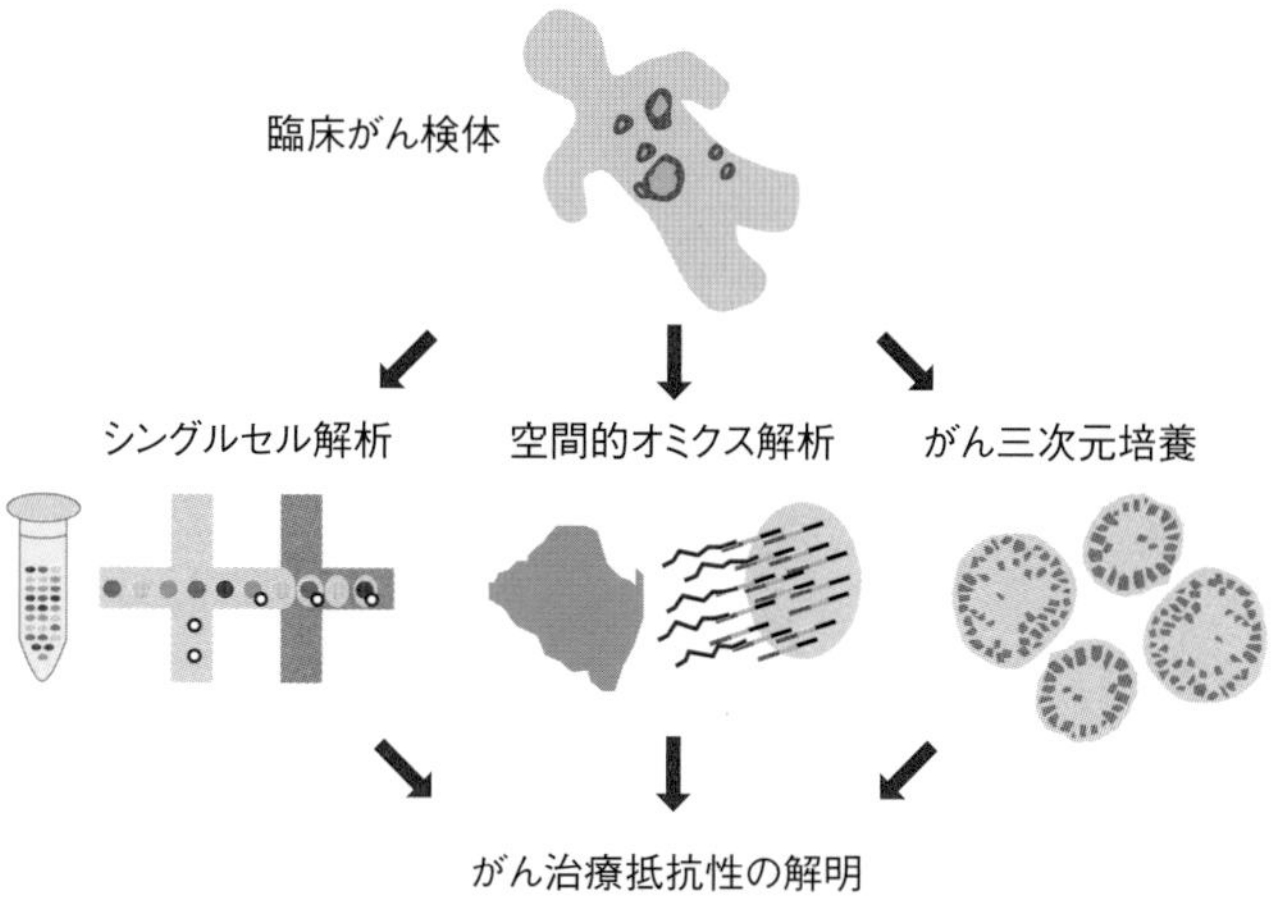

図5　がん治療抵抗性解明に向けた新しい方法論

げた技術の中でもその中核をなすものである。これまでは、がん組織の発現解析を行う際は、がんを一塊として発現解析していたので、1個1個の細胞がどういう性質をもっているかはわかっていなかった。一方、シングルセル解析の技術を使えば、がん組織を1細胞ごとに単離して、それぞれの細胞の遺伝子発現プロファイルを明らかにすることができる。各細胞の発現プロファイルを統合することで、がん組織がどういう細胞で構成されているか、俯瞰的に理解することができる。この方法論を使えば、治療抵抗性に関連する少数の細胞群の役割を明らかにすることもできるはずである。

2つ目の方法論は、空間的オミクス解析と言われる最新の技術である。シングルセル解析はがんの全体像が分かるということで画期的であるが、細胞を単離する必要があるので、細胞間の相互作用を知る上で必要な空間的情報は得ることはできない。そこで組織標本を使って、空間情報と紐付ける形で発現解析を行い、各細胞の発現特性と組織内での位置を同時に解析する技術が発展してきた。シングルセル解析と組み合わせる形で、この方法論をがん組織の解析に応用することで、治療抵抗性を示すがん細胞の周りにはどのような細胞がいてどのような生物学的特性を有しているか、わかるようになるはずである。現時点では、RNAレベルの発現解析が主であるが、タンパクレベルでの解析も始まっている。生体分子の網羅的解析はオミクス解析と呼ばれるが、将来的には複数のオミクス階層（ＲＮＡ、タンパク、ｅｔｃ）での空間的解析が可能になると期待される。

最後にがんの三次元培養モデルについて説明する。この方法では、患者から採取したがん検体を特殊な培地の中でスフェロイドまたはオルガノイドと呼ばれる三次元構造を保ったまま培養を行う。このような形で培養を行うと、がん細胞は生体内で有している細胞特性を保った状態で増殖することが可能となる。これまでの通常のがん研究では、細胞株と呼ばれる平面接着培地で増殖する培養細胞が使われてきたが、細胞株はがん細胞が本来持つ幹細胞性や分化能といった重要な特性が失われていることが多く、実験で得られた結果が必ずしもがん本来の特性を反映しない、その結果臨床応用に繋がらないという問題があった。一方、三次元培養を用いることで、このような点が改善され、がん研究の分野で盛んに使われるようになっている。さらに、がん三次元培養細胞を実験マウスに移植することで元の腫瘍と極めて類似した移植腫瘍を形成することができる。つまり、移植腫瘍作成を通じて臨床がんの細胞多様性をかなりの程度再構成できることを示しており、臨床がんのｉｎ ｖｉｖｏモデルとしても大変有用である。我々は、世界に先駆けて臨床がんのスフェロイド培養技術を確立しており、臨床がんの三次元培養細胞及びその移植腫瘍を治療抵抗性の解析に用いている。

我々のグループでは、上述した3つの方法論を臨床がんやマウス移植腫瘍の解析に応用し、がんの抗がん剤抵抗性の本態解明、とりわけ治療抵抗性を支える細胞間ネットワークの解明を目指している[1-3]。大腸がんを使った研究では、臨床がん由来スフェロイドのマウス移植腫瘍を対象として、シングルセル解析で細胞層別化を行い、抗がん剤の抵抗性を担う細胞群（休止型がん幹細胞）を同定した。また卵巣がん（卵巣明細胞がん）を使った研究では、がん手術検体のシングルセル解析を行い、治療抵抗性を担う細胞群を同定している。これらの検体を対象に空間的オミクス解析を行っ

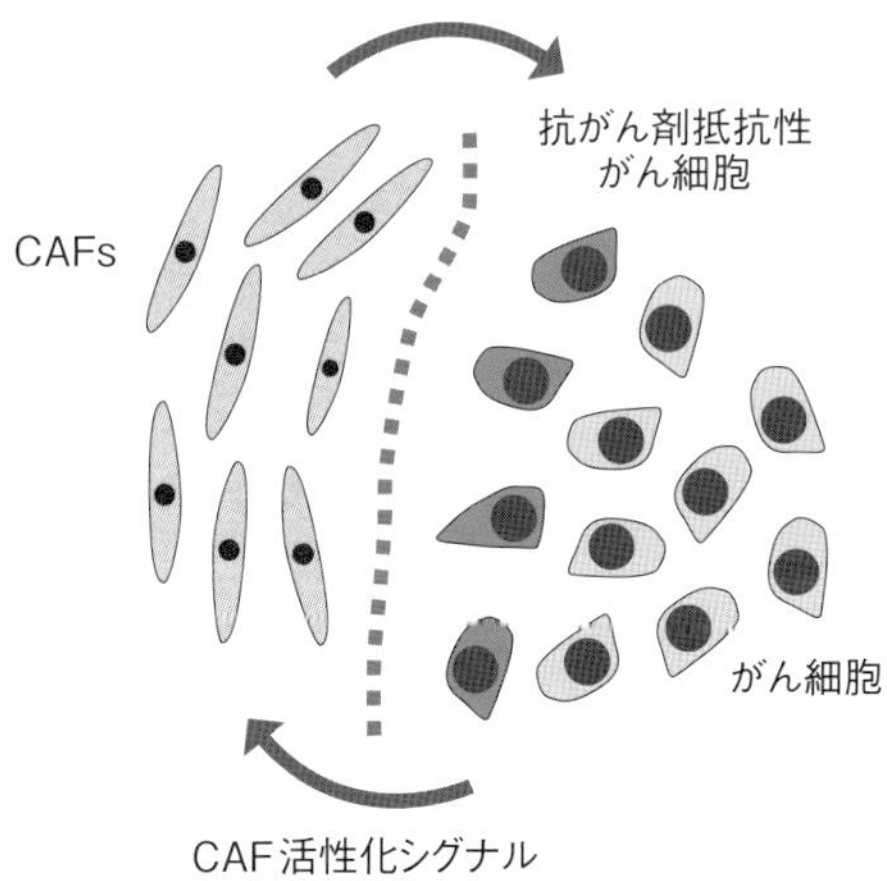

図6　がん細胞とCAFの相互作用による治療抵抗性の誘導

たところ、大腸がん、卵巣がんの両方で、抵抗性がん細胞の近くにＣＡＦが存在することを発見した。そこで、これらのがん細胞の三次元培養とＣＡＦとの共培養を行った所、ＣＡＦによりがん細胞の治療抵抗性が亢進することが明らかとなった。これらの実験より、ＣＡＦとがん細胞の相互作用ががん治療抵抗性を担っている可能性があると考えている（図6）。

我々は今後、上記3つの方法論をさらに進展、統合させて、治療抵抗性を解明する方法論を確立することを目指している。そして、得られたがん組織ネットワークに関する知見が、分子標的療法、がん免疫療法に続く「第三の矢」として、がん治療に応用されることを願っている。がんの克服は長年の人類の夢であるが、我々の研究を通じて何らかの寄与ができれば幸いである。

参考文献

[1] 実験医学増刊号：シングルセル解像度で迫るがん微小環境、「シングルセル解析が明らかにするがん幹細胞の治療抵抗性への関与」森裕太郎、塩川大介、岡本康司 (2021)

[2] Precision Medicine：シングルセル解析の新たな可能性、「シングルセルから捉えるがんの分子病態」神田裕介、塩川大介、岡本康司 (2021)

[3] 医学のあゆみ：治療標的としてのがん幹細胞、「がん幹細胞系、オルガノイドとその利用」大畑広和、宮崎利明、岡本康司 (2020)

岡本 康司（おかもと・こうじ）

帝京大学先端総合研究機構健康科学研究部門教授。東京大学大学院医学系研究科生化学専攻博士課程修了。専門は、ライフサイエンス病態医化学 分子生物学 腫瘍生物学。国立がんセンター研究所・放射線研究部室長、国立がん研究センター研究所・がん分化制御解析分野分野長を歴任。

II

世界を知る、学ぶ

確率的事象の直観的推論

次世代教育研究部門 特任教授
市川 伸一

人間が直観的に行う推論や判断が、ときに誤ることが示されている。確率の問題について、ベイズの定理および三囚人問題を軸に「解法がわかっても結論が納得しがたい」という現象を数理・心理・教育の面から探る。

1．人間の推論は合理的か

「人間の推論・判断は合理的といえるだろうか」、これは昔から哲学や心理学で問題にされてきたテーマである。そもそも、「合理的」とは何だろうか。ひとまず、規範的な推論と言われているものを見てみよう。まず、数学や論理学のように、与えられた条件やデータを基にして形式論理に沿って考えていくという推論がある。これは、演繹《えんえき》（deduction）と呼ばれている。一方では、少数事例から一般化するような帰納（induction）というものもあるが、まったく飛躍したことを言うわけではなく、蓋然性《がいぜんせい》の高い推論をする。これらを合理的な推論としておこう。

それでは、人間が日常的に行っている推論はどうだろうか。例えば、1970年代から認知心理学（cognitive psychology）の分野では、数学や物理学の問題で人間はさまざまな誤りを犯すと言われている[1]。それはうっかりミスに近いものもあれば、じっくり時間をかけて熟考してもやはり間違えてしまうものまである。子どもや素人だけでなくて、かなり知的な大人、あるいは場合によると専門家と言われるような人でさえも間違えてしまうような問題があることが実験や調査で示されてきた。

さらに、規範的な解答は出せるけれども、その結果は直観的に納得がいかない、つまり、答えは出せるのに腑に落ちない問題もある。本稿の例題もそれにあたる。確率論で「ベイズの定理」を用いる問題はよく間違えるし、解法がわかっても結論が納得しがたいことがある。そこで、ただ解答がわかればよいというのではなく、直観的にも納得がいくような教育方法を考えていきたいというのが本稿のテーマである。これは、いわば数学と心理学と教育の接点ともいえる。

2．感染者問題における規範解と直観的推論

そこで早速、図1の「感染者問題」を考えていただきたい。コロナ感染拡大中ということで用意したわけではなく、確率論の例題として昔から有名な問題である。例えば、もし新型コロナウイルス感染症のＰＣＲ検査を受けて陽性反応が出たとすると、その時に自分が実際に感染している確率をどれくらいと見積もるだろうか。

まずは、今日のポイントである「ベイズの定理」（図2）の考え方に即した数理的な解答を出してみよう。これは陽性反応が出たことを条件としたときに感染している確率で、一種の条件付き確率である。分母にくるのは、「そもそも陽性反応が出ることがどれくらいあるのか」である。分子に来るのは、「本当に感染していて、かつ陽性反応が出た」という場合の確率で、感染と陽性反応という二つの事象が「かつ」（ａｎｄ）で結ばれている。

具体的な数値を当てはめてみると、分母にくるのが、まず０・００１（１０００人に

問題1：感染者問題

ある国では1000人に1人の割合である病気に感染しているという。検査薬によって、病気に感染していれば0.98の確率で陽性反応が出る。ただし、感染していない場合にも、0.01の確率で陽性の反応が出ることがある。さて、いま1人の人間に陽性反応が出たとして、この人が感染者である確率はどれだけか。

「ベイズの定理」の考え方に沿った数理的な解答

P（感染｜陽性反応）＝P（感染 and 陽性反応）／P（陽性反応）

＝ (0.001 × 0.98)／（0.001×0.98 + 0.999×0.01）

＝ 0.089 ←「こんなに低いのか」という反応が多い

図1　感染者問題と数理的な解答

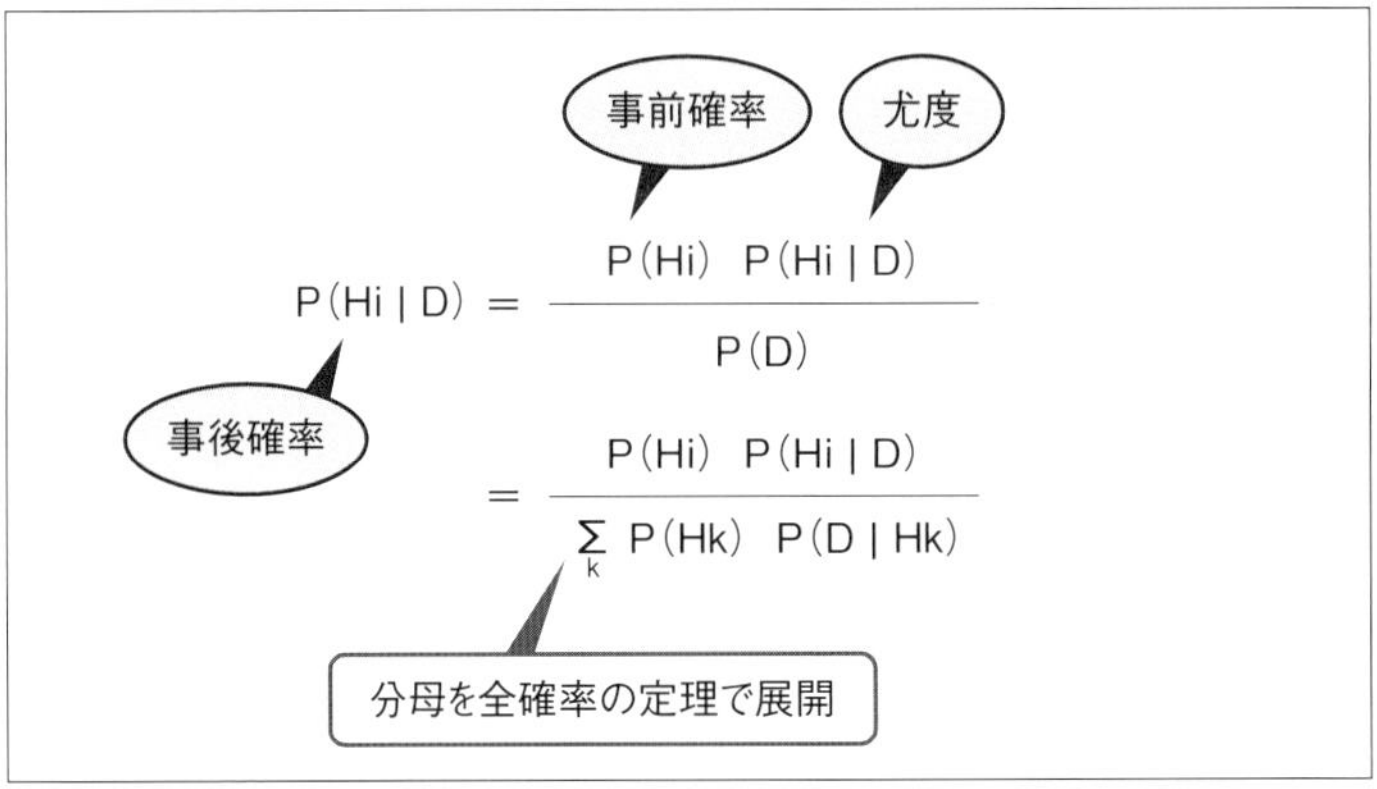

図2　ベイズの定理の一般形

1人）で、この場合0・98の確率で陽性反応が出る。これが陽性反応が出る一つの場合である。一方、感染していない場合が0・999（1000人に999人）あり、そのときにも0・01の確率で陽性反応が出てしまう。両者を合わせたものが陽性反応が出る確率全体で分母にくる（0・001×0・98＋0・999×0・01）。その中で本当に感染していて陽性反応が出た場合（0・001×0・98）が分子にくる。

計算してみると0・089（8・9％）という答えになる。この値を聞いてどのように感じるだろうか。非常に高い精度の検査薬で陽性が出たのだから感染している可能性が高いと思ったのに、こんなに低いのかと驚く人が多い。直観的には信じがたいと言う。それをどうやって納得したらいいのだろうか。

3. ベイズの定理の一般形とルーレット表現

ここで、「ベイズの定理」の一般形を出しておこう。Dというデータ（例えば陽性反応）が得られた後に、Hiという仮説（感染しているとか、していないとか）が正しい確率P（Hi｜D）を求める定理である。分母にくるのがそのデータが得られる確率全体P（D）

である。分子にくるのは、Hiという仮説が正しく、かつそのデータが得られる確率なので、P（Hi）とP（D｜Hi）の積になる。仮説がもともと正しい確率P（Hi）を「事前確率」、その仮説のもとでデータが得られる確率P（D｜Hi）を「尤度《ゆうど》」と呼んでいる。

さらに、分母のP（D）を展開して、仮説ごとに、その仮説が正しい時にこのデータが出てくる確率がどれくらいであるかをかけて足し合わせる。この展開は、「全確率の定理」として知られている。要するに、排反ですべてを尽くしているという仮説それぞれのもとで、このデータDが得られる確率に分解して合計しているのである。これによって、データが得られる前の事前確率を、データを得た後の事後確率に更新するというのがベイズの定理である。

ところがこの数式を示されても、多くの人はピンとこない。理論的には確かにそうかもしれないが、何か納得がいかない。そして、感染者問題でこんなに答えが低いのも承服しがたい。そこで、もっとわかりやすく、このベイズの定理が表している意味を視覚的に表示できないかと**図3**のような図式表現を考えてみた。「ルーレット表現」という名前を私のほうで付けている[2]。

これはルーレットだと思ってほしい。どこかに玉が止まっているのだが、その領域がどこなのかを確率的に求めたい。なお、見やすさを優先して、ルーレットの角度は実際の確率には対応していない。内円は「非感染領域」0・999、「感染領域」0・001という ことがもともとわかっている。データが得られていなければ、その値を確率として推論するしかない。では、「陽性反応が出た」というデータが得られたらどうだろう。感染している場合0・001のうち0・98では陽性反応が出る。逆にいうと、0・001×0・02の場合は、感染しているけれども陰性反応が出てしまう。それから、非感染で陰性反応が出るのが、0・999×0・99あるものの、非感染で陽性反応が出てしまう場合が0・999×0・01ある。

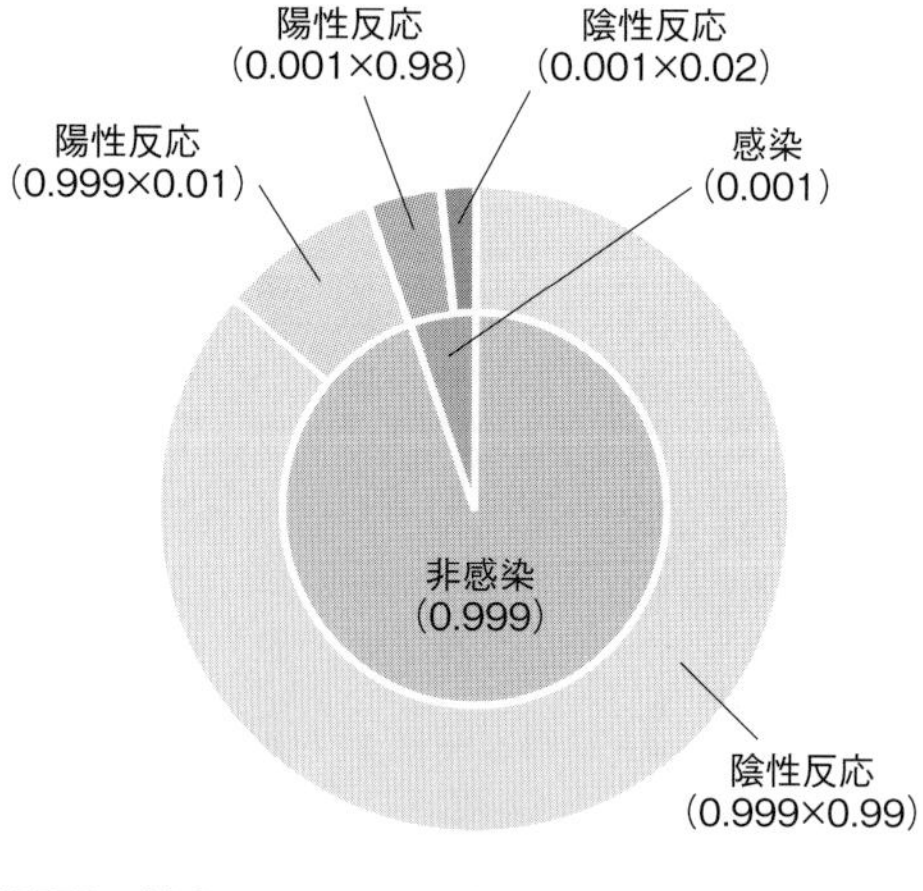

図3　感染者問題に対するルーレット表現

いま陽性反応が出たということは、玉は陽性領域のどこかにあるということだ。これが、0・001×0・98+0・999×0・01という分母にあたる。その中で本当に感染している分は0・001×0・98だから、それを分子に持ってくる。なぜ0・089という小さな答えになるかといえば、0・999が効いているからである。もともと非感染の確率が相当高いので、それが分母の中で大きなウエートをもっていることがルーレット表現からわかるだろう。非感染者がこれだけいれば、いくら陽性反応が出たからといっても、実は非感染という可能性がかなり残っている。

本当は事前確率と尤度の両方を考慮しなければいけないのだが、事前確率の高さを無視して、尤度(ここでは、検査薬の精度の高さ)につられた判断を人間がしてしまうということである。この心理現象は「事前確率の無視」と言われている。0・089という答えを聞いて、「こんなに精度の高い検査薬を使っても、大して役に立たないことがわかるということですか。ベイズの定理とは、つまらない定理ですね」と言った人がいた。決して、そうではない。事前確率の0・001に比べれば、事後確率0・089は大きく(89倍!)跳ね上がっている。ベイズの定理と検査薬の名誉のために言っておくと、尤度と事後確率だけを取り出して直接比較してしまうというわれわれの直観的な推論に再考を促しているのである。

4. 三囚人問題における規範解と直観的推論

もう一つのタイプの問題として三囚人問題（the problem of three prisoners）も今日は出しておきたい。下條信輔氏（現：カリフォルニア工科大）と私とで作った「変形三囚人問題」という反直観的な問題があるが、いきなり出すと条件がやや複雑なので、まずはそのオリジナルにあたるシンプルな三囚人問題（図4）を考えてもらいたい。これもベイズの定理を使う問題として知られているが、これでも十分悩ましい問題である。

この問題文でのポイントは、誰が恩赦になるか結果を知っている看守に対して、Aが「自分以外のBとCのうち、少なくとも一人は処刑されるのが確実なのだから、一人の名前を教えてくれても、影響ないじゃないか」とそそのかしたという点である。ただし、看守はうそをつかないことは前提である。また、囚人BとCが共に処刑される時、看守はBと言おうかCと言おうか迷うことになるが、迷った時は1／2の確率でBかCの名前を答えると仮定する。実は、これを明示しないと数学の問題として解が定まらないのである。

この問題にはオチがついていることがある。Aにとって最初自分の助かる確率は1／3だった。ところが看守からの情報が来たので、恩赦になる可能性があるのは自分とCだけになった。だから、自分の助かる確率は1／3から1／2に上がったと喜んだという。この喜びは妥当なものだろうか。

ベイズの定理にそって計算してみる。「看守からBが処刑となるというデータが来る確率全体」が分母に来る。その中で「Aが恩赦になってBが処刑という答えが出てくるのがどれだけか」が分子に来る。計算してみると、答え

オリジナルの三囚人問題

3人の死刑囚A, B, Cがいるが、1人だけ恩赦になることになった。その結果はまだ知らされていない。

結果を知っている看守に対し、Aが「自分以外のB, Cのうち、少なくとも1人処刑されるのは確実なのだから、1人の名前を教えてくれないか」と尋ねた。

看守は、まあいいだろうと思い、「Bは処刑されるよ」と教えてやった。これを聞いたあと、Aが恩赦である確率はいくつになるか。

(ただし、看守はうそをつかないこと、囚人B, Cがともに死刑となる場合には、1/2ずつの確率でBかCの名前を答えることを仮定する。)

「ベイズの定理」の考え方に沿った数理的な解答

P(A恩赦｜「B処刑」)=P(A恩赦 and「B処刑」)／P(「B処刑」)

　＝ (1/3×1/2)／(1/3×1/2 + 1/3×0 + 1/3×1)

　＝ 1/3　←「看守の返事は情報にならないのだな」と解釈してしまう

図4　オリジナルの三囚人問題と数理的な解答

は1／3になる。ただし、この1／3という答えを聞くと、「Aが看守をそそのかしたように、どちらかが処刑されるのは明らかなので、看守の答えは情報にならなかったのだ」と多くの人は考えてしまいがちである。実は、そう解釈してしまうと、次の「変形三囚人問題」で間違えてしまうことになる。

5. 変形三囚人問題の反直観性

変形三囚人問題（図5）はオリジナル問題とどこが違うかというと、囚人3人が恩赦になる事前確率が1／3ずつではなく、A、B、Cそれぞれ1／4、1／4、1／2だったという点だけである。Cが軽い罪だったので恩赦になる確率を増やしてあげたと思えばよい。後は全く同じである。心理実験としてこれを実施した時には、できるだけ数学の得意な大学生ということで、東京大学の理系の大学1年生と2年生にやってもらった[3]。

直観的な答えとしてよく出てくるのは1／2、1／3、1／4である。1／2というのは一番単純な答えで、自分とCの2人のうちどっちかが恩赦になるのだからというものだ。1／3という答えもよくある。Bは処刑されるのがわかったので、残ったのはC

と自分である。これは元々1／2と1／4で2対1だったのだから1を2対1に分けてAの方が少し分が悪いということで1／3なのだという答えが出てくる。1／4というのは、要するに看守の返事は情報にならず変わらないということだ。

では、ベイズの定理に沿って求めてみるとどうなるか。先ほどの式に1／4、1／4、1／2と入れただけである。計算すると答えは1／5になる。事前確率の1

変形三囚人問題

3人の死刑囚 A, B, C がいるが、1人だけ恩赦になることになった。それぞれが恩赦になる確率は、1/4, 1/4, 1/2とされたことは囚人たちも知っているが、結果はまだ知らされていない。

結果を知っている看守に対し、A が「自分以外の B, C のうち、少なくとも1人処刑されるのは確実なのだから、1人の名前を教えてくれないか」と尋ねた。

看守は、まあいいだろうと思い、「Bは処刑されるよ」と教えてやった。これを聞いたあと、A が恩赦である確率はいくつになるか。

（ただし、看守はうそをつかないこと、囚人 B, C がともに死刑となる場合には、1/2 ずつの確率で B か C の名前を答えることを仮定する。）

直観的な答え：1/2,　1/3,　1/4

「ベイズの定理」の考え方に沿った数理的な解答

P（A恩赦｜「B処刑」）＝P（A恩赦 and「B処刑」）／P（「B処刑」）

　＝　(1/4×1/2) ／ (1/4×1/2 + 1/4×0 + 1/2×1)

　＝　1/5　←　「1/4 より減るのは納得いかない」という反応が多い

図5　変形三囚人問題と数理的な解答

／4より減ってしまうというのである。Bが処刑されるから除外されたのに、Aの助かる確率が減ってしまうのは納得がいかないと、ほとんどの人が言う。自力で1／5が出せた人でさえ、「論理的に考えると1／5になるのだけれど、減ってしまうのは納得しがたい」と言う。

これも、図6のようにルーレット表現で考えてみよう。もともと事前確率（内円）が1／4、1／4、1／2で、ルーレットの玉が止まっている領域の囚人が恩赦である。領域Aに玉があれば「Bは処刑」と答えるか「Cは処刑」と答えるか迷った上で1／2の確率でどちらかを言う。領域Bに玉がある場合はBが恩赦なので「Cは処刑」と答えるし

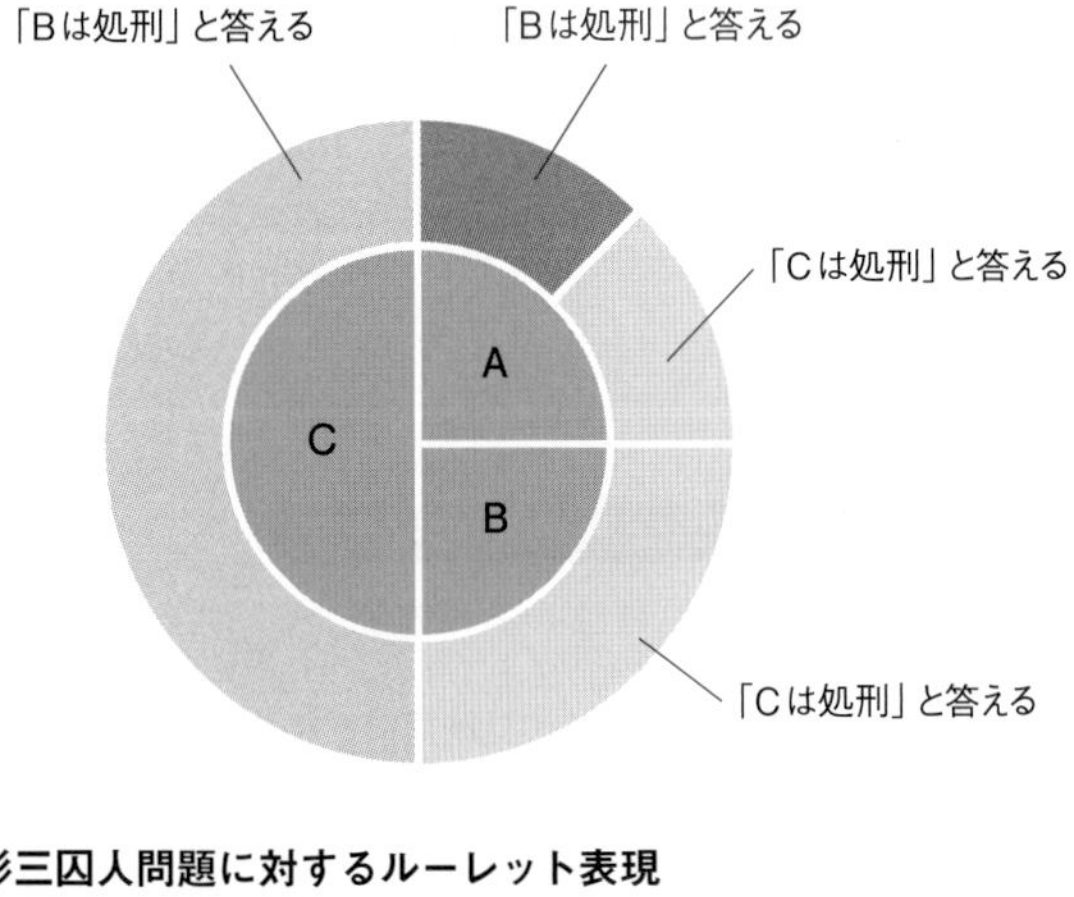

図6　変形三囚人問題に対するルーレット表現

かない。領域Cに玉がある場合はCが恩赦なのだから「Bは処刑」と答えるしかない。いま、「Bは処刑」という返事が来たので、それら全体が分母になる。その中でA領域にある（1／4）×（1／2）が分子になり、1／5という答えが出てくる。

事前確率の1／4より減ってしまうのは不思議であるが、分母の中の（1／2）×1という部分が相当大きいということである。もし逆に「Cは処刑」という答えが来れば、答えは1／3になるが、これは1／4よりも大きい。「Bは処刑」と「Cは処刑」のどちらが来ても1／4より増えるということはあり得ない。一方の返事を聞けば1／4より増えるし、他方の返事を聞けば1／4より小さくなる構造が図6から見て取れる。さらに、もし看守が迷ったときにどう答えるかの確率（これは尤度にあたり、上記では1／2と仮定した）を操作すれば事後確率が変わってくることもわかるだろう。

ベイズの定理は事後確率を求める際に、事前確率と尤度の積で評価しなくてはならないことを示しているが、こうした二つの要因が効いてくる問題ではしばしば一方が無視されがちである。感染者問題では事前確率を無視してしまい、三囚人問題では尤度の影響に気づかない。ルーレット表現のように事前確率（内円の分割）と尤度（外円の分割）がどう効いてくるのかを視覚化すると、定理の意味や構造がわかってくる。こうした方法を考案してその効果を検証していくことも、数理教育の一つの役割ではないだろうか[4]。

参考文献

[1] 市川伸一 1997『考えることの科学：推論の認知心理学への招待』、中公新書.

[2] Ichikawa, S. 1989 The role of isomorphic schematic representation in the comprehension of counterintuitive Bayesian problems. Journal of Mathematical Behavior, Vol. 8, Pp. 269-281.

[3] Shimojo, S. & Ichikawa, S. 1989 Intuitive reasoning about probability: Theoretical and experimental analyses of the "problem of three prisoners." Cognition, Vol.32, Pp.1-24.

[4] 市川伸一 1998『確率の理解を探る：3囚人問題とその周辺』、共立出版.

市川 伸一（いちかわ・しんいち）

東京大学名誉教授、帝京大学中学校・高等学校校長。1953年生まれ、東京都出身。東京大学文学部心理学専修課程卒業、東京大学大学院教育学研究科博士課程中退、文学博士。専門は認知心理学、教育心理学。

物の寿命を測る

オープンイノベーション部門 特任教授
横堀 壽光

材料や構造物は、力学的な負荷を受けたり熱の影響を受けたりして、時間と共に劣化する。このプロセスの研究は、材料開発や構造設計に役立てられるとともに、血管など生体の組織材料の診断への応用も進められている。

航空機、自動車や発電機器あるいは生体組織の血管や骨でも、破壊や劣化を生じる可能性を含んでいる。破壊や劣化を未然に予測して、これらの構造体の破壊や劣化を防いでいく理論と技術の構築は、構造物の安全維持に必須の条件である。

1．破壊の様式

1-1．脆性破壊・延性破壊

図1に、主に鉄鋼材料での引張負荷を与えた場合の負荷力と伸びの関係を示す。図では、負荷力は単位面積当たりの負荷力として計算した「応力」で表し、伸びは、初期の長さに対する比で表した「ひずみ」で表している。金属材料の破壊は、図1に示すように、①の弾性変形（力の負荷による変形が負荷を除くことで元に戻る）から②の降伏点（弾性変形から塑性変形に変わる遷移点）を経て③の塑性変形（除荷してもひずみがそのまま残る）を生じた後に破壊する。温度が低い場合や負荷速度が速い場合は、この塑性変形領域が減少して、弾性変形状態で破壊する。これを脆性《ぜいせい》破壊（図中のB）という。塑性変形まで生じて破壊する場合を延性《えんせい》破壊（図中のA）という。

図2は、延性材料である高分子材料（デルリン）を低負荷速度と高負荷速度で矢印方向に曲げ負荷を与えて変形及び破壊させたものである。低負荷速度の（a）図では、塑性変形を生じて最終破断には至らなかったが、高負荷速度の（b）図ではほとんど塑性変形

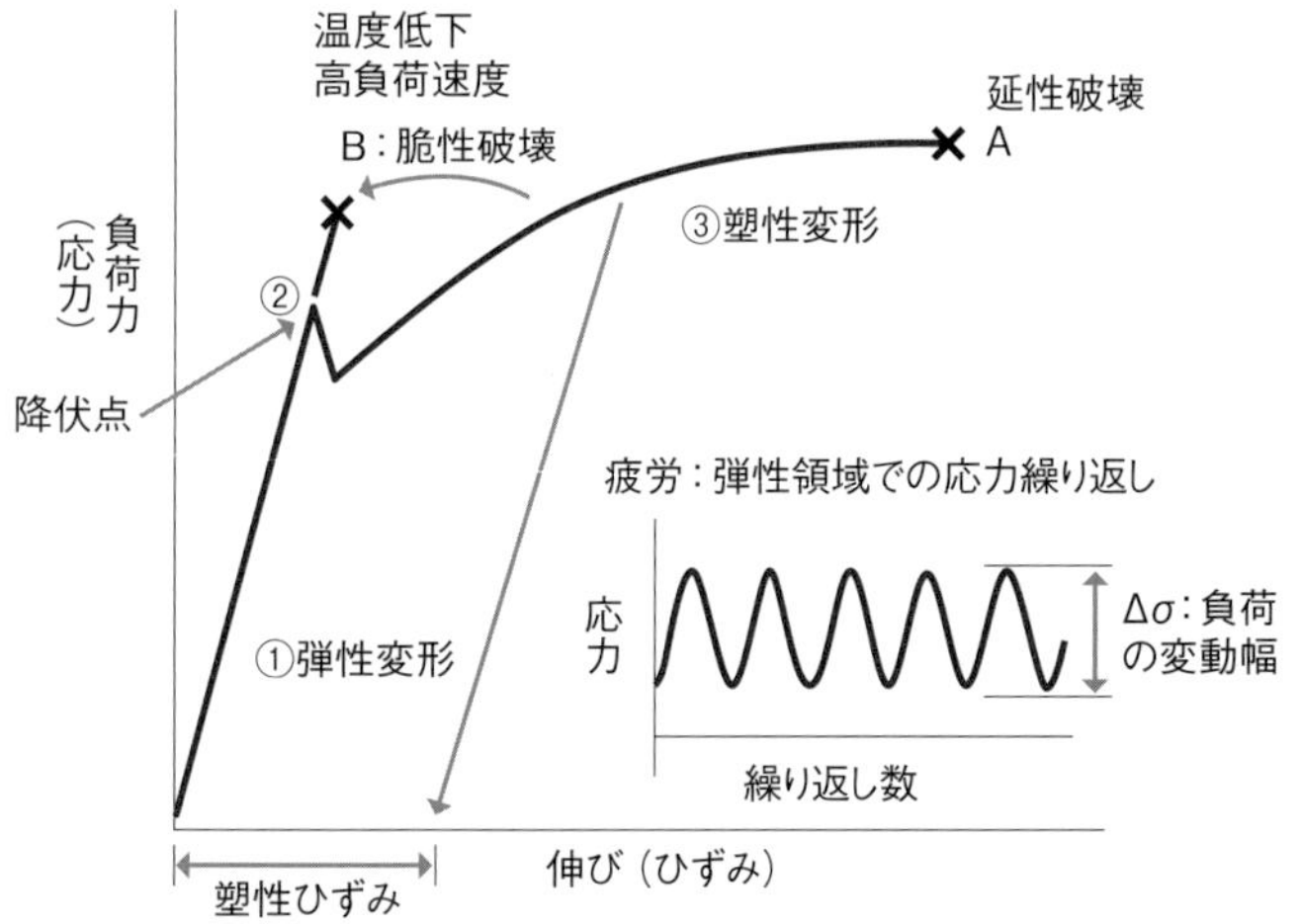

図1　鋼の応力―ひずみの関係

脆性破壊（弾性域で破壊）は、低温あるいは高負荷速度で発現。疲労破壊は、降伏応力以下の負荷でも生じる。

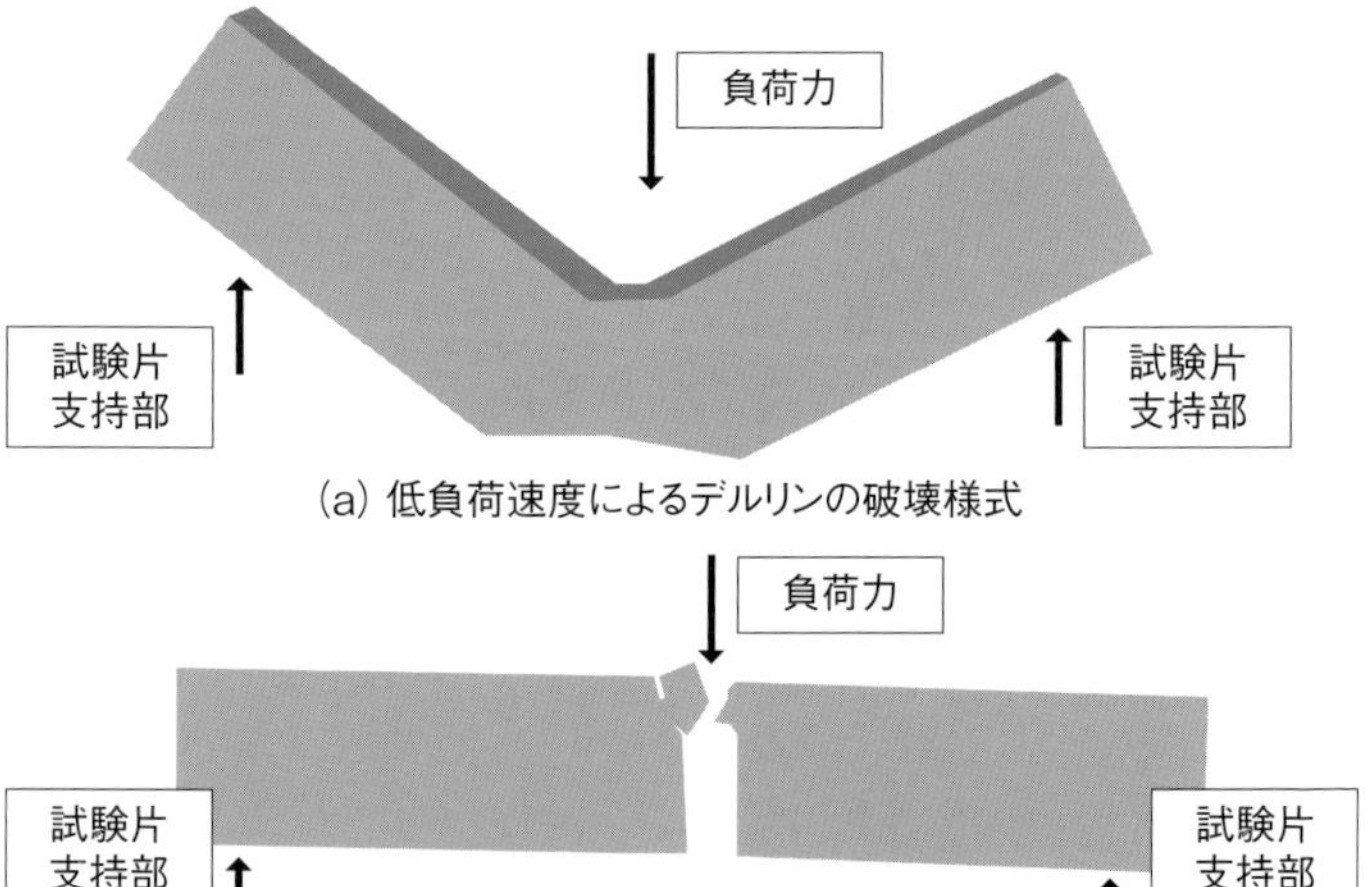

図2　高分子材料（デルリン材）の低負荷速度により生じた（a）塑性変形と高負荷速度により生じた（b）脆性破壊

せずに、脆性破壊を生じている。一方、温度については、脆性―延性遷移温度が存在し、鉄鋼では－100℃～－50℃近傍[1]であり、この温度以下では、脆性破壊を生じる。また、脆性材料と思われているアルミナセラミックスにも1000℃近傍で脆性―延性遷移温度が存在し、この温度以上では、延性が発現する[2、3]。

これらの事実から、どのような材料でも条件によっては脆性的性質も延性的性質も示すことがあり、材料をどの条件で使用するのかという稼働条件が重要である。脆性破壊は、過去に、橋梁の破壊などが冬季（低温度）に生じており[4]、研究が進められて現在では、基本的には克服されている。

1-2. 疲労破壊

疲労破壊は図1の弾性変形範囲（降伏応力の0・5倍以下）でも繰返し負荷をかけることにより、構造物の応力集中箇所などから、疲労き 裂が発生成長し、破壊に到る現象である。この場合は、負荷荷重は、疲労き裂成長が開始する限界条件以下の作動条件にすることや、疲労き裂成長速度式を求め、疲労き裂成長寿命を予測して適切な保守点検期間で点検することで対応されている。この研究が推進された要因の一つは、イギリスのジェット旅客機が１９５０年代に連続して空中爆発を起こして墜落するという事故が発生したことによる。この原因は、以下のように明らかにされた。

地上と飛行時の空中では大気に気圧差がある一方で、旅客機の客室は、飛行時も、ほぼ地上での大気圧程度に保たれているため（０・８気圧程度）、飛行時に機体から内圧負荷された状態となり、着陸によりその内圧が除荷される。この負荷が離着陸により繰り返されて金属疲労負荷を生じる。また、当時は、客室の窓は圧力が負荷された時に局所的に作用力が高くなる（応力集中）矩形状になっており、矩形の窓枠角部から疲労き裂が発生成長したことが原因であった。本来、設計的には、角部は応力集中の原因となるため、丸み（R部）をつけるのが基本であったが、当時、観光の観点から窓枠を広く取るこ

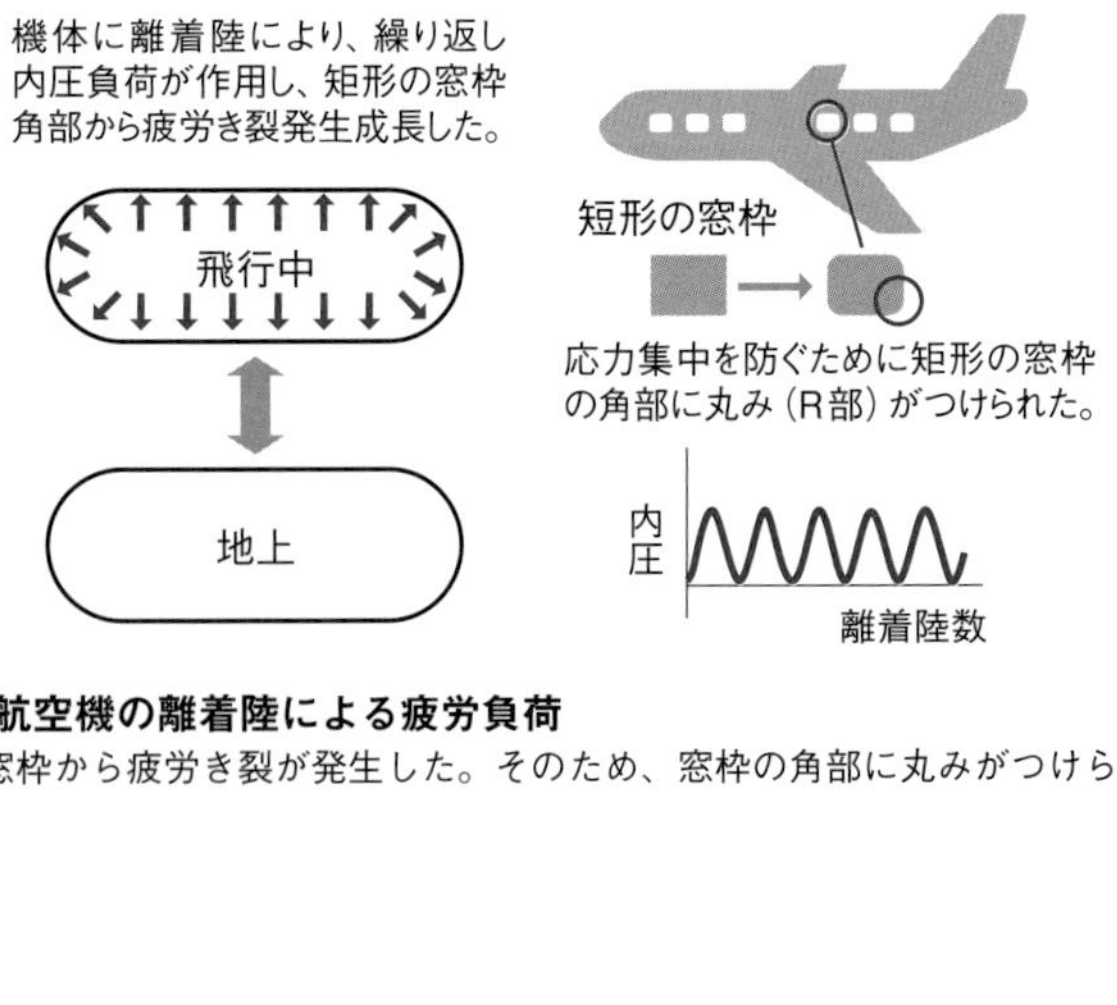

機体に離着陸により、繰り返し
内圧負荷が作用し、矩形の窓枠
角部から疲労き裂発生成長した。
飛行中
地上
短形の窓枠
応力集中を防ぐために矩形の窓枠
の角部に丸み（R部）がつけられた。
内圧
離着陸数

図３　航空機の離着陸による疲労負荷

矩形の窓枠から疲労き裂が発生した。そのため、窓枠の角部に丸みがつけられた。

とが優先されて、矩形上にして広くしていた。その後、窓枠角部に丸みがつけられ、応力集中が生じない対策が講じられた[5]。当時、英国では航空機を用いて実際に水圧を加えた実機実験を行い、この原因が究明された[5]。この事故を契機として、金属疲労き裂成長寿命を予測する研究が促進されてきている。

1-3. 腐食および水素脆化

海水など、食塩水中においては、金属は腐食により生じる「さび」(不働態皮膜)で覆われて、防食されているが、応力が負荷されると、き裂などの応力集中部ではピット状あるいは広い範囲にわたる不働態皮膜剥離を生じ、その個所で金属の新生面が現われて腐食反応を生じる。この腐食反応過程を式(1)から式(4)に示す[6]。

n^+のイオンを有する鉄などの金属をMとする。食塩水中において、それが式(1)に示すようにイオン化してn個の電子も生じる。次に、式(2)に示すように、イオン化したMが食塩水の塩素イオンと反

$$M \rightarrow M^{n+} + ne^- \quad (1)$$

$$M^{n+} + nCl^- \rightarrow MCl_n \quad (2)$$

$$MCl_n + nH_2O \rightarrow M(OH)_n + nH^+ + nCl^- \quad (3)$$

$$nH^+ + ne^- \rightarrow nH \quad (4)$$

応して塩化物を生じるが、さらに水と反応して、例えば、式（3）に示すような水酸化物を形成する。これが不働態皮膜として、金属表面に付着する。また、式（4）のように水素イオンが発生し、それが電子と反応して水素原子となる。水素原子は小さいため、金属内で力（応力）が集中している箇所に入り込み凝集し、金属を脆化させる[7]。一方、式（3）に示されるように、塩素イオンは化学反応の過程で再生され、式（1）から式（4）の反応が連続して生じる。この反応は、不働態皮膜で覆われていれば生じないが、力学的な負荷により、不働態皮膜がはがれ

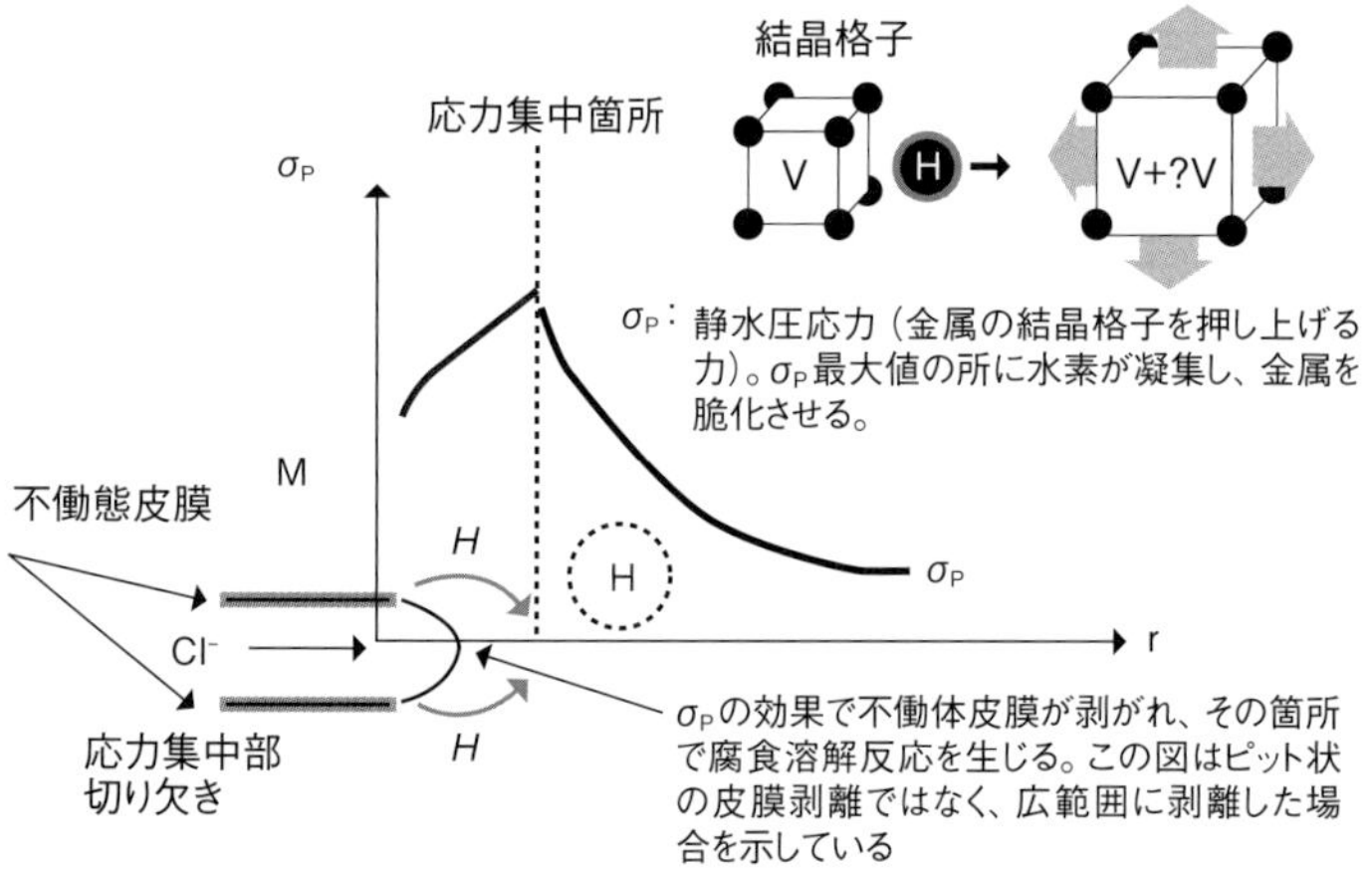

結晶格子
応力集中箇所
σ_P
V
H
V+?V
σ_P：静水圧応力（金属の結晶格子を押し上げる力）。σ_P最大値の所に水素が凝集し、金属を脆化させる。
M
不働態皮膜
H
H
σ_P
Cl⁻
r
σ_Pの効果で不働体皮膜が剥がれ、その箇所で腐食溶解反応を生じる。この図はピット状の皮膜剥離ではなく、広範囲に剥離した場合を示している
応力集中部
切り欠き
H

図4　腐食溶解による水素産出機構と水素脆化機構

食塩水に含まれる塩素イオンが金属（M）と反応し、さらに、さびの一つである水酸化が産出されるとともに、水素が産出され、水素が水素原子として、金属中（M）の最大応力部である弾塑性境界に凝集することが物理モデルとして提案されている[6]。

ると、その箇所でこの反応が生じる。従って、腐食や水素脆化によりき裂が成長する現象は、力学負荷が伴うことによって不働体皮膜の剥離が連続的に生じる時に発現する。一定応力の場合は、遅れ破壊と呼ばれ、疲労負荷の場合は腐食疲労と呼ばれる。水素は金属、特に鉄鋼材料を脆化させ、破壊を誘起するので、その防止が重要であり、水素脆化による破壊を特に、水素脆化割れという。水素は上述したように小さい原子であるので、材料内を拡散し、**図4**に示される3軸引張り応力（静水圧応力）が

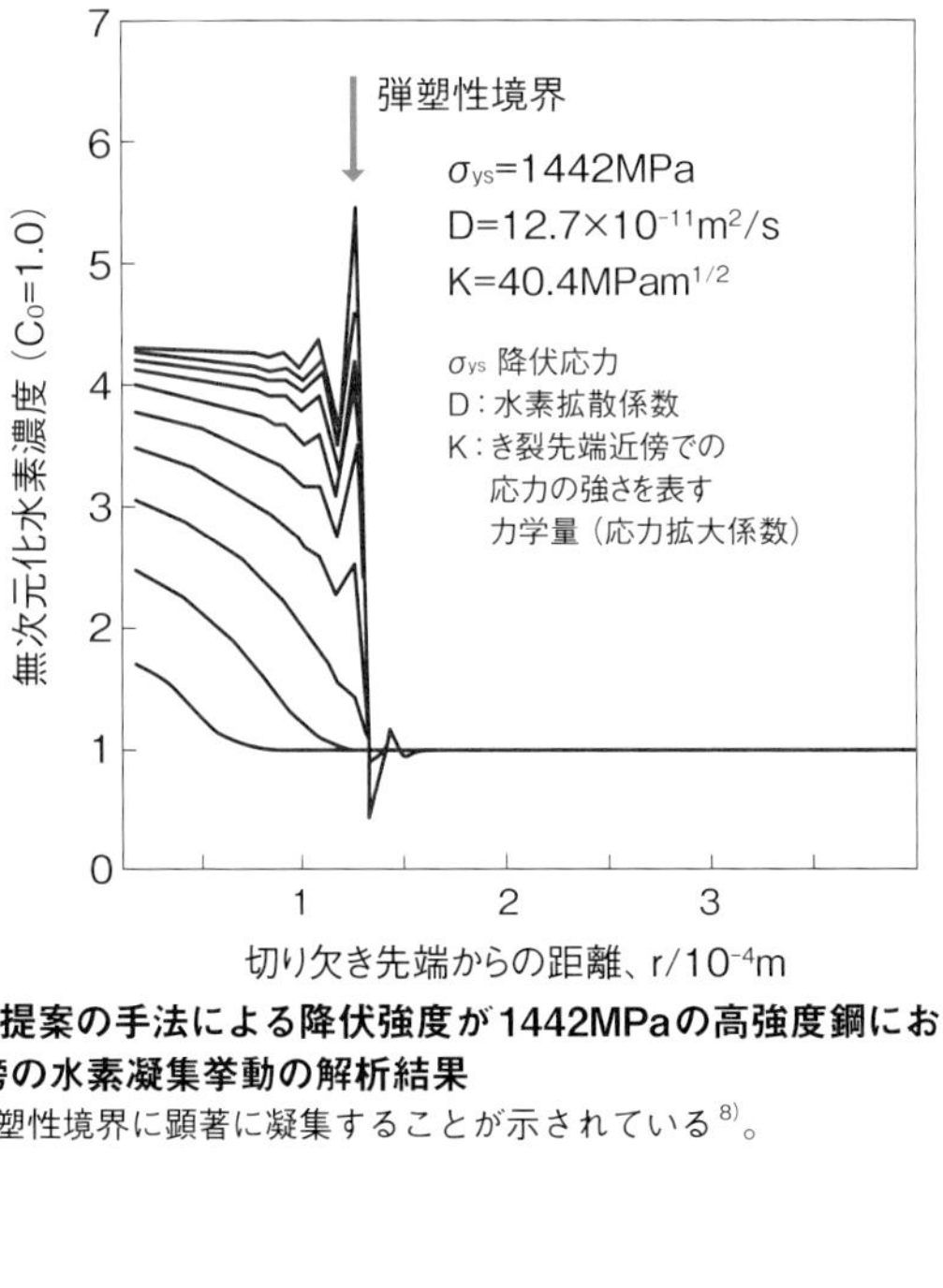

図5　本提案の手法による降伏強度が1442MPaの高強度鋼における切欠き先端近傍の水素凝集挙動の解析結果

水素が弾塑性境界に顕著に凝集することが示されている[8)]。

集中する箇所に凝集する。また、高強度であるほど、集中応力が大きくなるので、社会実装が期待される高強度鋼において、図5に示すように水素凝集が顕著に発現して水素脆化を促進することが示された[8]。この結果は、筆者等が応力勾配項と水素濃度勾配項が水素凝集挙動に異なった影響を与えるとして独自に提案した数値解析法により得られたものであり、水素脆化割れを生じる条件や発生部位の特定を可能にしている[8]。この手法の汎用化により、水素脆化割れを抑制する力学的条件を明らかにして自動車や各種水素エネルギー技術を安全に稼働させるという、社会実装の上で重要な目的に貢献できると考えている。

2. 高温クリープ

材料において、融点、Tmの1／2近傍の温度域では、一定応力が負荷されていると、図6に示すように時間の経過とともに変形を生じて、破壊に到る現象が発現する。これをクリープ変形という[9]。この現象は、高温で稼働する航空機ジェットエンジンや火力発電などの発電機器において発現することからクリープによる材料劣化や破壊寿命予測に関する研究が進められている。

クリープ変形機構のマルチスケールモデルを図7に示す[10]。初期は、1)ナノメータ（nm）スケールの原子欠陥（空孔）の拡散機構が発現し、空孔凝集により、2)ミクロンスケールのボイドが核生成する。さらに、3)ボイドの連結により、金属の結晶粒界に粒界微視き裂を生じ、それらが連結して、巨視スケールのクリープき裂の成長が始まる。1)の現象はナノスケールからメゾスケールにわたる領域であり、観察するのが困難なため水素拡散と同じく、数値シミュレーションによる空孔拡散解析で予測することが必要である。筆者はその解析方法を提案し

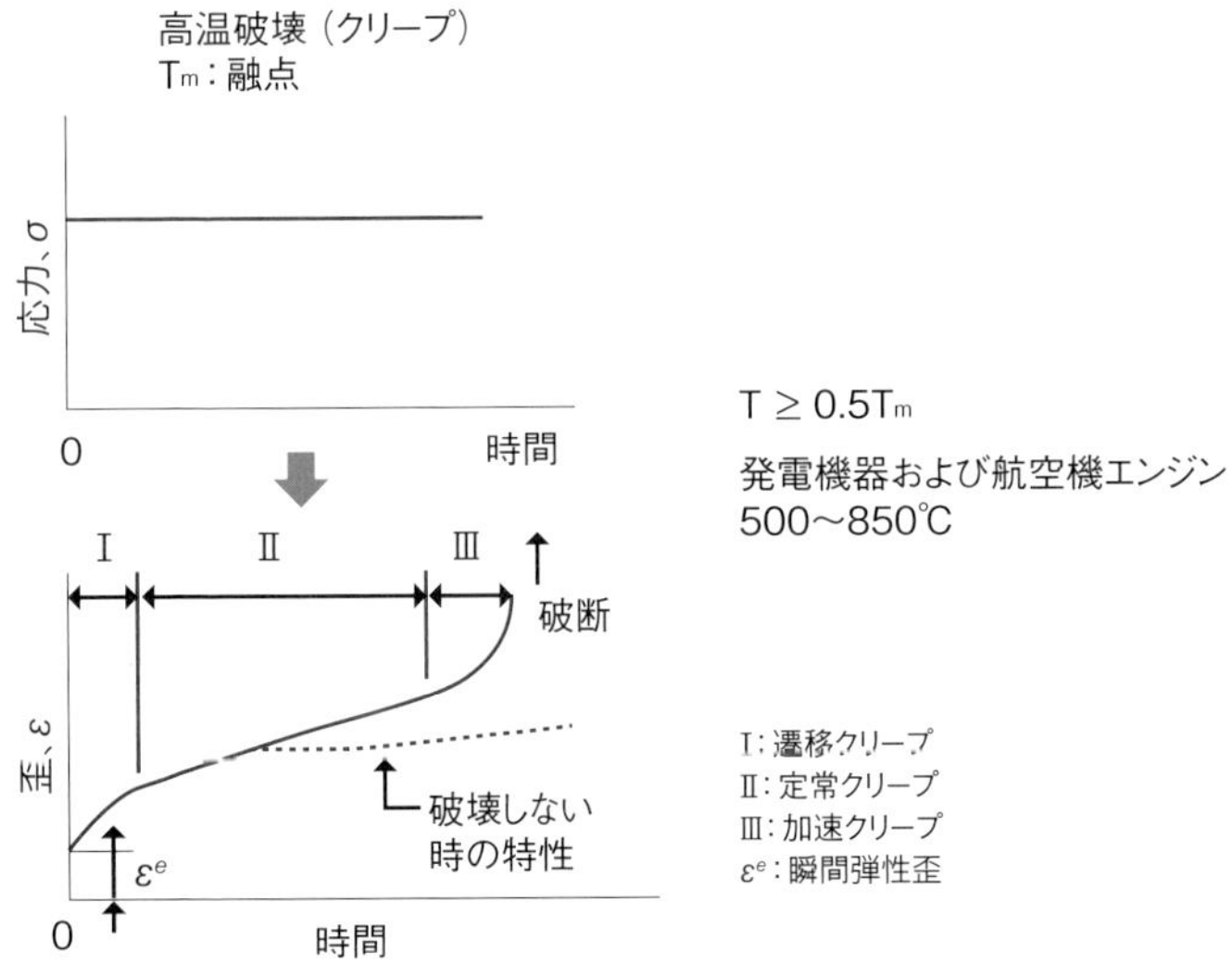

図6 高温クリープ変形特性

ている[8]。2)は核生成理論に基づくボイド形成理論であり、3)は損傷力学と言われる分野で解析手法が提案されている。2)は1～2μmスケールであることから、薄膜試料を作成して観察する透過型電子顕微鏡で観察できるが、その操作は、試料作成も含めて高度の専門技術が必要である。3)は、そのスケールが結晶粒径のレベルであることから、走査型電子顕微鏡で比較的容易に観察が可能である。これらの領域がメゾスケール領域の力学と言える。4)はミリメートルスケールの巨視クリープ

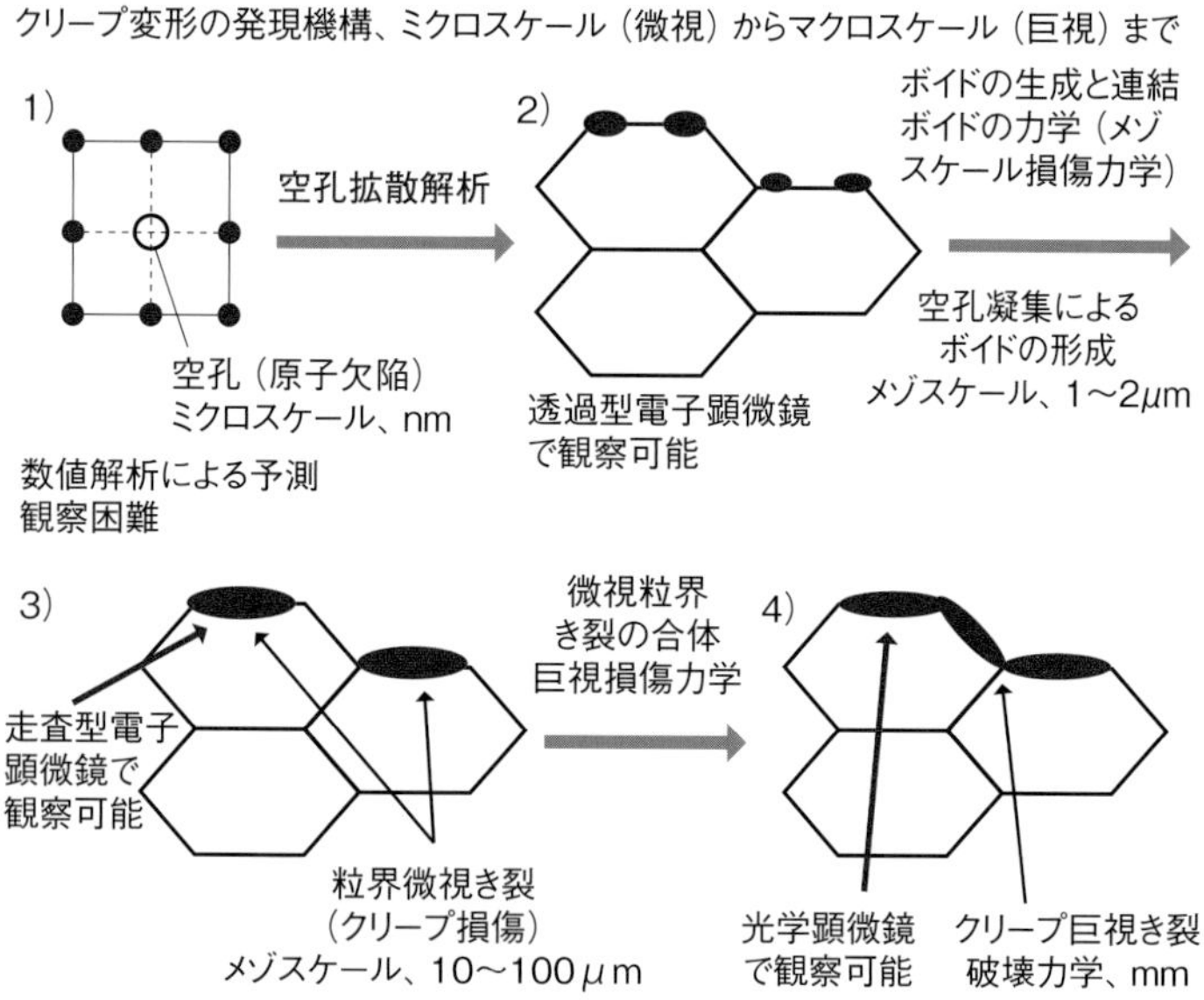

図7　クリープ変形機構のマルチスケールモデル[9]

き裂であることから、光学顕微鏡での観察も可能であり、手法も巨視力学である破壊力学が用いられる。ジェットエンジンや高効率発電機器などに用いられる先進耐熱材料は、クリープ脆性材料であることから、初期損傷の特定が破壊防止には重要である。しかし、上述したように、1)の領域はスケールが小さいため、数値シミュレーションなどの計算科学に依存する割合が大きくなり、実験による検証が困難である。従って、巨視スケールで実験的に検証される現象と比較して検証するために、図7に示されるマルチスケールの解析手法の構築が必要である[10]。

3. 材料強度研究の社会実装へ向けての考え方

材料強度に関する研究は、大きく分けて以下の2つの方向性がある。

1)材料開発過程で、開発された材料がどのような力学的性能を有しているかを評価する研究(材料試験)であり、主に材料工学の研究の範疇に入ると考えている。2)機器の構成材料として使用され稼働している場合の、き裂や損傷の存在の点検とき裂成長速度式を構築して、き裂成長寿命を予測し、最適定期点検期間を設定する。この場合は、構造物として使用される環境、構造体の形状や大きさ、経年劣化など多様な要因を考慮した研究が必要であり、機械工学を基礎として主に構造力学と金属物理学を融合した図7に示される材料強度学研究の範疇に入ると考えている。

1）は人間で言えば、平均寿命の予測に相当し、2）は健康診断における検査基準の構築と検査する最適期間の設定に相当するので、両者で、かなり基本的コンセプトが異なる。

以上のことから、材料が開発され、実際の構造物として使用されるまでには、1）に相当するElemen test（規格に則した材料試験）から2）に相当する応力集中部を想定したき裂成長試験や実際の構造物形状と力学的に等価となるComponent test（部材試験）を経て、3）実際の構造物での実機試験による検証がなされる。

4. 生体組織材料に関する材料強度研究と医工学への応用[10]

大動脈閉塞による心筋梗塞や動脈瘤破裂などの血管疾患は、動脈硬化症の進行や血管形状変化などにより発現するといわれている。筆者は、この問題を、上記の材料強度研究の考え方に則して研究し、血管壁の弾性的性質（血圧変動に対して血管壁変形が遅れなく応答する性質）の劣化度と血管壁の不規則な応答を非侵襲かつ定量的に15秒程度の計測時間で診断する理論と装置を開発した。その結果、血管壁は、拍動振幅（疲労負荷）よりも、クリープ効果（最低血圧の増加による拍動振幅の低下や最高血圧の漸増）が強度低下に影響することが示され、筆者の開発した装置で、非侵襲で冠動脈疾患と動脈瘤の存在を診断できることが臨床研究で示され、実際の臨床応用を目指している。

これらの研究は、材料強度研究における非破壊検査法の範疇に入るものであり、境界領域研究として位置づけられる[10]。

5. 構造安全性に関する私見

以上、具体的な内容を記述してきたが、最後にこれらの背景にある構造安全性に関して、筆者の私見を述べて、まとめとする。

1）材料破壊に関する安全技術：新技術や先進材料が開発されると、より高度な材料破壊研究が要求され、それに対応する手法が開発される。

2）しかし、実際に稼働させるときは、人間による操作ミス（ヒューマンエラー）にも対応できるようにフェールセーフ（一つのトラブルがあっても他の機能でそれを補う安全システム）の概念が講じられている。

3）上記のことで、かなり安全性は維持できるが、完全とは言えず、下記の心構えが必要であろう。

安全とは①現在可能な万全の技術体制（工学技術）と②常に危機意識を持った謙虚な姿勢の下で維持される。危険を事前に回避し、技術の提供を受ける側（User）に危険を感じさせないようにすることが破壊防止に関わる工学の務めである。安全・安心という言葉の「安心」はUserに対してものであり、技術を提供する側は、常に危機意識を持った謙虚な姿勢が大事であろう。

参考文献

[1] 延性―脆性遷移温度域での脆性破壊靱性標準試験法、日本学術振興会129委員会基準
横堀武夫、岩舘忠雄編集、1995年

[2] 瀧川順庸、幾原雄一、佐久間健人、アルミナ-スピネルセラミックスの高温延性とクラック成長、材料、(1997)、46、1369-1373

[3] A.T.Yokobori Jr, T.Yokobori and K.Yamazaki, "A Characterization of high temperature creep fracture life for ceramics", Journal of Materials Science Letters, 15, (1996), 2002-2007.

[4] ASTM;Symposium, Effect of temperature on the brittle behavior of metals with particular reference to low temperature, STP,,No.158,(1954)

[5] 例えば、薄一平、初のジェット旅客機コメットの悲劇と遺産～謎の空中分解を突き止めた英国航空研究者～JAXAメールマガジン第201号、(2013年7月5日発行)

[6] 大谷南海男、き裂先端における応力と腐食の相互作用、第23回材料強度と破壊国内シンポジウム、(1978)、pp.17-31.

[7] H.P. Leeuwen, Plateau velocity of SCC in high strength steel-A Quantitative treatment, Corrosion, 31 (1975),42-50.

[8] A.Toshimitsu Yokobori Jr, Toshihito Ohmi, Tsutomu Murakawa, Takenao Nemoto, Tomoharu Uesugi and Ryuji Sugiura, "The application of the analysis of potential driven particle diffusion to the strength of materials", Strength, Fracture and Complexity, An International Journal, 7, (2011), 215-233.

[9] F.Garofalo, Fundamentals of creep and creep-rupture in metals,1965, Macmillan series in Materials Science

[10] A.Toshmitsu Yokobori,Jr., Theory of particle transport phenomena during fatigue and time dependent fracture of materials based on mesoscale dynamics and their practical applications, proc. Jpn. Acad.Ser.B96(2020), 373-393

横堀 壽光（よこぼり・としみつ）

東北大学大学院 工学研究科機械工学第２専攻博士課程修了。東北大学工学研究科教授、帝京大学客員教授、帝京大学特任教授 戦略的イノベーション研究センター副センター長を経て現職。専門は材料強度学、メゾスケール力学、臨床力学。航空機ジェットエンジンや高効率発電機器（高温強度学）、燃料電池車（水素脆化）などの構造安全性と寿命予測に関わる基礎理論構築とその実用を目指して、独自に開発した実験手法と数値解析手法を用いて、時間依存型破壊に関わるメゾスケール力学を構築している。

複雑な流体現象に挑戦する

オープンイノベーション部門 教授
植田 利久

一般的に、ものごとは線形的に変化すると考える。ただ、重要なのは複雑な「非線形現象」についての考え方である。このことへの理解が深まるのならば、より安心安全で持続的な社会の未来へ近づけるのではないか。

われわれは、空気、水などという「流体」に取り囲まれている。特に空気と水は生きるうえで欠かすことのできない大切な物質である。また、われわれは生活のさまざまなところで流体と関わっている。空気や水をうまく活用することで、冷房、暖房を行うことができ、暑い夏、寒い冬を乗り切ることができる。また、時には台風などの形でわれわれの生活を脅かす。

私は、流体の複雑な挙動について興味をもって研究を進めてきた。本章では、流体を混ぜるという身近な問題と、近年関心が高まっている気候変動の問題を取り上げて、複雑な流体挙動の一端を紹介したい。そして、その理解の有用さ、おもしろさを感じていただければ幸いである。

1. コーヒーにミルクを入れますか

コーヒーを飲むときに、コーヒーにミルクを入れる人も多いと思う。ミルクを入れたままにしておくと、ミルクは**図1**（a）に示すように、小さなかたまりに分かれるが、そのまま漂ったままでなかなか混ざらない。そこで多くの人はスプーンでコーヒーを何回か混ぜる。スプーンをコーヒーカップに沿って動かすと、

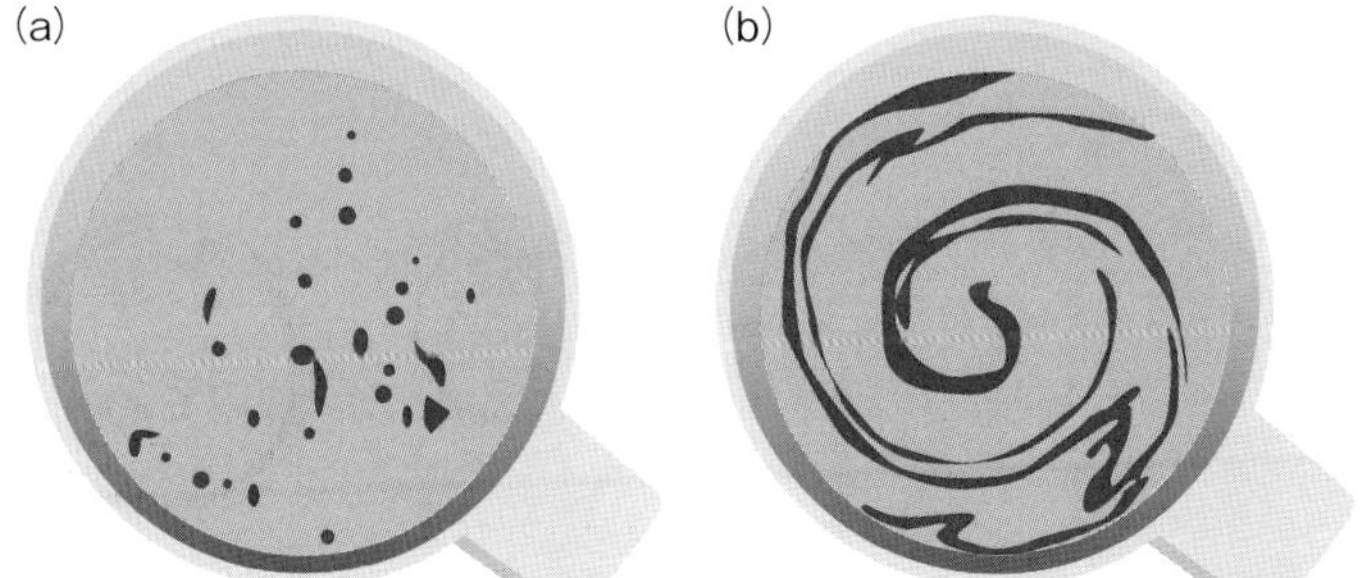

図1　コーヒーのなかのミルクの広がりの様子

ミルクは図1（b）に示すようにまず長い線状に伸ばされ、さらに何回かスプーンを動かすと、5秒か10秒でコーヒーとミルクはほぼ一様に混ざる。そこで、なぜスプーンで何回か混ぜるだけでコーヒーとミルクがほぼ一様に混ざるのかを考えてみたい。

2. 偏心二円筒間流れ

流体が混ざる現象を理解するために、一つの代表的な流れとして、図2に示す偏心二円筒間流れ[1]、[2]が用いられてきている。偏心二円筒間流れは、図2（a）に示すように、円筒容器と円筒棒を中心軸の位置が一致しない（偏心している）ように設置した装置に、液体が安定して動くように粘度の高い液体を入れたときにみられる流体の動きである。今回、粘度の高い液体としてグリセリンを用い、

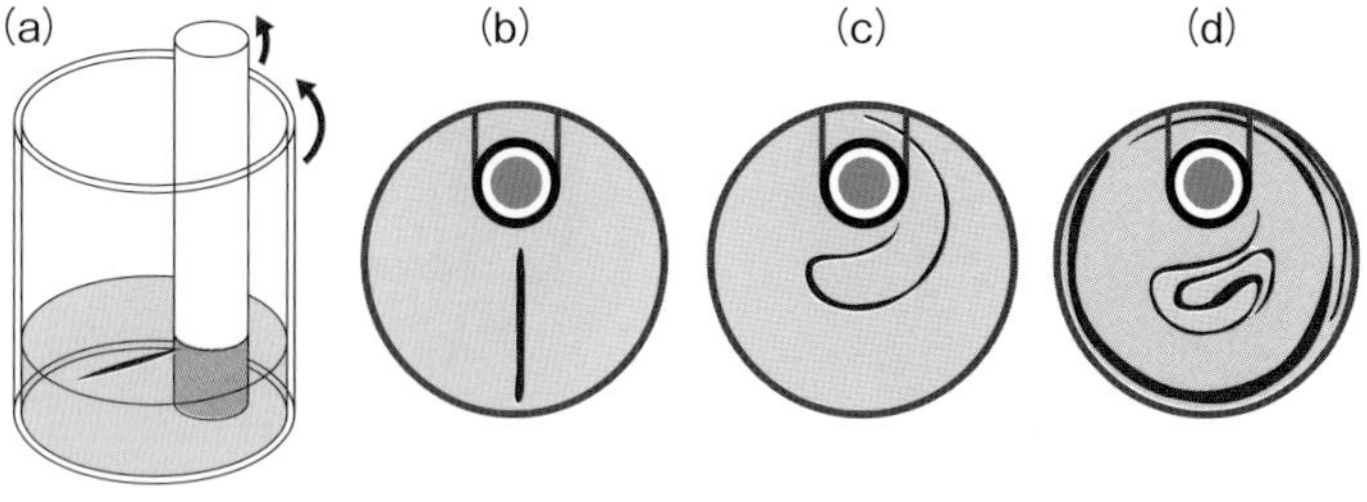

図2　偏心二円筒間流れ実験装置

グリセリン表面には、流れの様子がわかるように、黒い染料を置いている。

図2（b）－（d）は装置を上から見た写真である。染料は図2（b）のように円筒容器と円筒棒のもっとも離れた場所を結ぶように一直線状に置かれている。この装置で、まず円筒容器を半周ゆっくりと回転させる。円筒容器が半周回転したら回転を止める。すると、図2（c）のように染料は伸ばされる。次に円筒棒を半周回転させる。この操作を何度か繰り返すと、図2（d）のようになる。もともとグリセリンは無色透明であるが、染料が全体に広がり、全体に灰色になっている。ただし、中央付近では染料は広がっておらず、濃くS字型になっている。この実験は、一見すると複雑に見える現象も、単純な初期形状と単純な操作で作ることができることを示している。また、灰色に見えるところを少しよく見てみると、染料が細い線となり並んでいるように見える。

このようなパターンがどのように形成されたのかということを詳細に検討した結果、「引き伸ばし、折り畳み」という現象によって形成されたことがわかった。引き伸ばし、折り畳みの考え方を図3に示す。図の左上①に基本となる流体要素を示す。これを長さ2倍に引き伸ばすと、②のようになる。これは、図2（b）に対応している。それを折り畳むと③のようになる。この引き伸ばしと折り畳みを繰り返す。この効果を見るために、それぞれの要素が一点鎖線と交差する回数を数える。②の場合、交差する回数は1回であり、2^0と考えることができる。④では2回（2^1）、⑥では4回（2^2）、となる。すなわち、引き伸ばし、折り畳みを行う回数をnとすると、交差する回数は2^nとなる。例えばnを10回とすると、交差点の数、すなわち染料の本数は2^{10}＝1024本となる。コーヒーとミルクの場合について考えると、コーヒーに一滴落としたミルクをスプーンで引き伸ばし、折り畳みを10回繰り返すとコーヒーカップのなかに1000本あまりのミルクの線ができることになり、ミルクがコーヒーに一様に広がっていく。

　コーヒーにミルクを入れた場合、スプーンで混ぜなくても、時間はかかるがミルクは徐々にコー

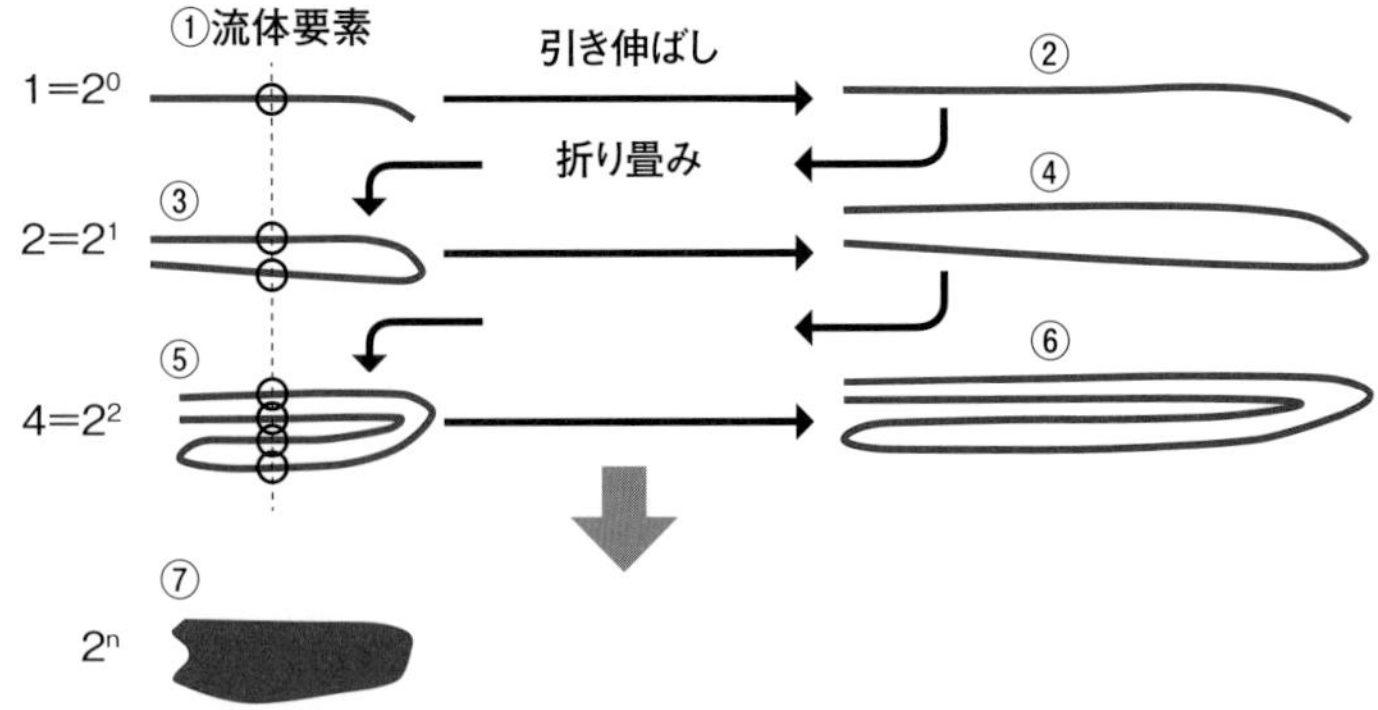

図3　引き伸ばし、折り畳みの基本的な考え方

ヒーに混ざっていく。このような混ざり方を分子拡散と呼ぶ。分子拡散では、その名前の通り、物質は分子レベルまで混ざり、完全に一様になる。この分子拡散はコーヒーとミルクの界面で起きる。したがって、前述の引き伸ばし、折り畳みによってコーヒーとミルクの界面が長くなると、分子拡散が生じる領域も長くなり、その結果、より早く一様になり、ミルクがよく混ざったコーヒーを味わうことができるようになる。

流れには、乱流という流れがある。これは、スプーンなどをより高速で強く動かすと起こる現象である。乱流では、引き伸ばし、折り畳みがより効果的に起こる。したがって、流れを乱流にすることは、混合を促進するためには効果的な方法である。

3. 卵を混ぜるときは、切るように混ぜる

卵には白身と黄身がある。白身と黄身を混ぜるとき、切るように混ぜるとよいといわれることがある。卵は水などと比べるとねっとりしている。ねっとりしているという状態は粘度が高いということであり、このような流体は乱流にすることが難しい。そこで、意識的に引き伸ばし、折り畳みを行う。図4にその様子を模式的に示す。

図４（ａ）のように中央に黄身がある卵を考える。図４（ｂ）のように黄身の真ん中を切ると、黄身は二つに割れ、粘度が高いので、切った方向に引き伸ばされる。二つに割れることは、折り畳みと同じ効果を生んでいる。つぎに、図４（ｂ）と直角方向に図４（ｃ）のように黄身を切ると、黄身は横方向に引き伸ばされると同時に四つに分割される。したがって、理論的には10回切ると黄身は１０２４個に分かれ、白身の中に混ざっていくことになる。このことから、卵を切るように混ぜざるということは、粘度が高く乱流になりにくい卵に引き伸ばし、折り畳みを起させ、混合を促進させるということで、理にかなっているといえる。

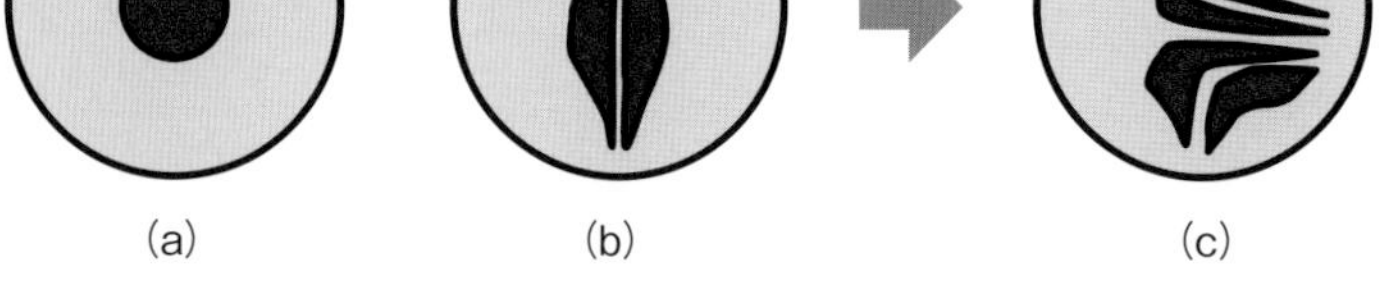

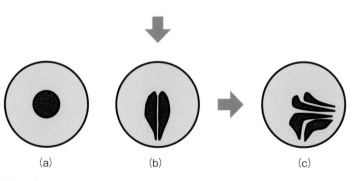

図４　卵の混ぜ方

4. 気候変動について考える

最初にも述べたように、我々は空気（大気）と水に囲まれている。この大気と水の状態が気候である。われわれを取り巻く大気の状態、気候は、どのように変化しているのかを見るために大気中の二酸化炭素の量の変化が着目されている。できる限り人間の日常的活動に影響されていない値を測定するために、国立極地研究所が北極圏、南極圏での二酸化炭素の濃度の変化を測定している[3]。その結果を見ると、北極圏、南極圏ともに、二酸化炭素の量が年とともに増加していることがわかる。また、北極圏の値は南極圏の値に比べて1年の間に濃度が顕著に増減している。これは、北半球は南半球より大地が広く生命活動がより活発であることから、夏と冬で光合成などによる二酸化炭素濃度が変化する影響が顕著に表れているためであると考えられている。この結果からも明らかなように、大気中の二酸化炭素は着実に増加している。この傾向は産業革命後顕著になっていることから、この二酸化炭素の増加は産業革命以降、化石燃料の利用が急増したことによるものと考えることができる。

　このような変化が気候そのものにどの程度影響を与えるかを考えることは容易ではない。なぜならば、気候は極めて多くの要因に影響されて決まってくるからである。地表付近の気候には太陽からの輻射熱が重要な役割を演じているが、その影響は場所によって異なる。海上なのか、砂漠なのか、密林なのか。季節によっても異なる。このような気候変化のモデルの一例を図5に模式的に示す。

　大地は太陽からの輻射熱を受けている。その一部は赤外線熱輻射として再び宇宙に放出されるが、一部は地表を温める。その結果、大気は、太陽があたる地表付近は暖かく、高度が高くなるほど冷えてくる。その結果、地表付近の暖かい空気は上昇し、上空の冷たい空気は地表付近

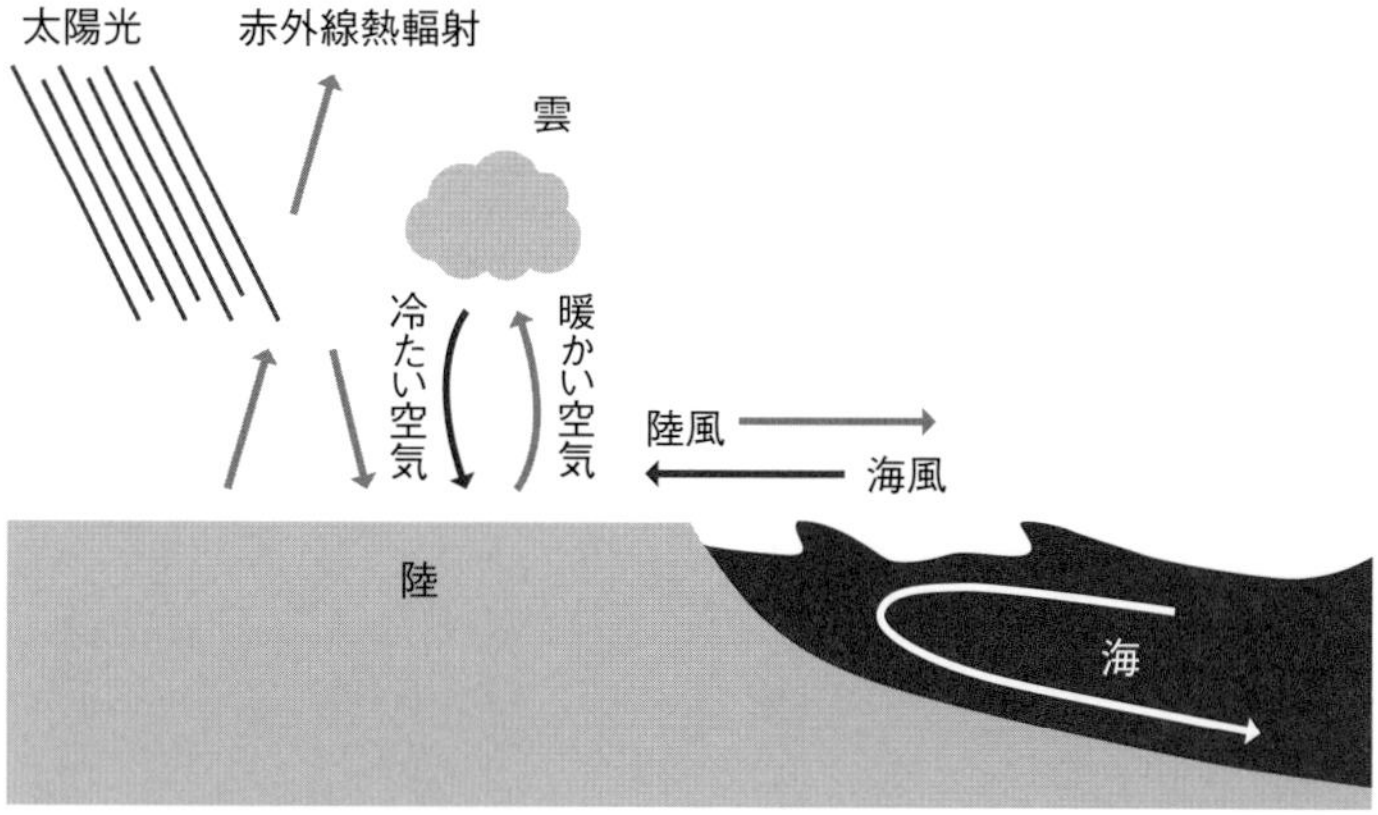

図5　気候モデルの一例

に降下してくる。地表の暖かい空気には一定量の水蒸気が含まれているが、上空で冷やされると水滴となり雲となる。また、陸地と海とでは温度差があることから、陸と海との間では、陸風、海風と呼ばれる風が吹く。また海は海岸に向かっての流れや広い領域での海流などさまざまな流れがある。

大気、水は流体なので、大気の状態を流体力学の手法を用いて解こうという試みがなされている。もし解くことができるようになれば、将来の気候を予測することができるようになり、われわれがこれからどのような生活をすればよいかということを考えるときに重要な情報となる。

5. 流体現象を理解し予測する

今回、流体を混ぜるという身近な流体の問題と、気候変動という大規模な流体の問題を紹介した。また、われわれは、空気と水などという流体に取り囲まれている。日常生活では、空気を意識することはないかもしれないが、水はすぐにわかる。水のなかを歩こうとすると、抵抗を受ける。空気のなかを歩いても抵抗を感じることはあまりないが、一生懸命走ると抵抗を感じる。これらは流体抵抗（空気抵抗、水力抵抗などと呼ばれることもある）と呼ばれており、物体が流体中を移動しようとすると生じる抵抗である。このような抵抗は、自動車、電車、飛行機、船など流体中を移動するすべての物体が受けるものであり、この抵抗に抗してさらに進むために、エンジン、電気モーターなどのさまざまな動力が考え出されてきた。流体がなければ流体抵抗は生じない。大気圏外で地球を周回する人工衛星は流体抵抗を受けていないため、動力を使うことなしに、約8㎞／s（時速28,800㎞）の高速で、約1時間半かけて地球を一周することができる。

このような流体の挙動の基本はニュートン力学のなかで体系化されてきており、式（1）-（4）の連続の式と運動方程式により定式化されている。これらの式は、非圧縮性を仮定した粘性流体に対する式であり、異なった条件の流体の挙動に対しては、少し形を変えた方程式が用いられることもある。

ここで、それぞれの変数は、x、y、z：空間座標、u、v、w：x、y、z方向流速、p：圧力、ρ：密度、Si：i方向の付加項を表す。

これらの方程式を解くことにより、理論的には流体現象を理解、予測することができる。それぞれの方程式には解かれるべき変数、u、v、w（各方向への流速）と、p（圧力）、が含まれていることから、この４つの式は連立方程式となっており、同時に解く必要がある。いくつかの単純な流れに対しては解析的に解 が求められているが、多くの流れに対しては解析的に解くことは難しい。しかしながら、近年、方程式を解く方法として、コンピューターを用いた数値計算法（数値シミュレーション）が、コンピューターの高性能化とともに急速に発達してきており、さまざまな流れについて式（１）-（４）を数値計算により解けるようになってきている。

偏心二円筒間流れに関しては、数値シミュレーションが行われており、実験結果とよく一致することが示されている[1]、[2]。

気候の予測に関しては、先に示した連続の式と運動方程式が基本となるが、４．に述べたよう

連続の式

$$\frac{\partial u}{\partial x}+\frac{\partial v}{\partial y}+\frac{\partial w}{\partial z}=0 \qquad (1)$$

運動方程式

$$u\frac{\partial u}{\partial x}+v\frac{\partial u}{\partial y}+w\frac{\partial u}{\partial z}=\frac{1}{\rho}\frac{\partial p}{\partial x}+\nu\left(\frac{\partial^2 u}{\partial x^2}+\frac{\partial^2 u}{\partial y^2}+\frac{\partial^2 u}{\partial z^2}\right)+Sx \qquad (2)$$

$$u\frac{\partial v}{\partial x}+v\frac{\partial v}{\partial y}+w\frac{\partial v}{\partial z}=\frac{1}{\rho}\frac{\partial p}{\partial y}+\nu\left(\frac{\partial^2 v}{\partial x^2}+\frac{\partial^2 v}{\partial y^2}+\frac{\partial^2 v}{\partial z^2}\right)+Sy \qquad (3)$$

$$u\frac{\partial v}{\partial x}+v\frac{\partial v}{\partial y}+w\frac{\partial w}{\partial z}=\frac{1}{\rho}\frac{\partial p}{\partial y}+\nu\left(\frac{\partial^2 v}{\partial x^2}+\frac{\partial^2 v}{\partial y^2}+\frac{\partial^2 w}{\partial z^2}\right)+Sz \qquad (4)$$

に大気はさまざまな影響を受けるため、付加的な式あるいは項が必要となる。大気は温度も変化するため、温度を算出するためにエネルギーに関する保存式が必要となる。また、大気中には水蒸気があり、水蒸気量の変化が気候に影響を与える。そこで、水蒸気量を算出するための方程式も必要となる。このように、多くの方程式からなり、また、さまざまな付加項が加えられている気候モデルは、解析的にその解を求めることは難しい。そこで、高速、大容量のスーパーコンピューターを用いて数値解析的に計算し結果を求めることになる。このような気候モデル構築のパイオニアとして、米国プリンストン大学上席研究員の真鍋淑郎博士が２０２１年ノーベル

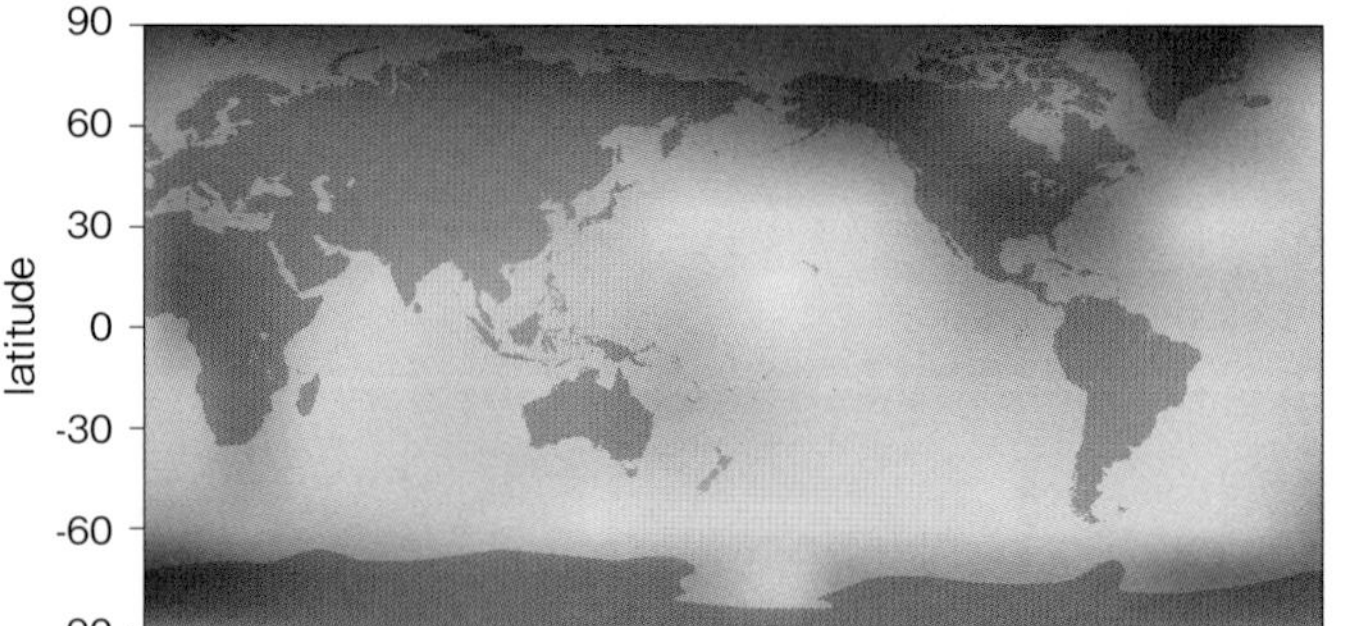

図6　地球シミュレータを用いた気候予測結果の一例（[4] を参考に作成）

物理学賞を受賞されたことは記憶に新しい。日本は地球環境の問題に積極的に取り組んできており、気候変動の問題についても、気候モデルを解くことを主目的としたスーパーコンピューターである「地球シミュレータ」を国立研究開発法人海洋研究開発機構に構築し、さまざまなモデル、条件での計算を行い貢献している。図6はその一例であり、100年後の平均地表温度上昇量の地理分布を示している[4]。この予測では、地図の上側、北極圏での温度上昇がより大きくなると予測されている。

6. 複雑な現象にチャレンジしよう

本章では、流体の混合と気候変動を題材に流体の複雑現象について述べた。この二つの現象は大きく異なるが、両者に共通している点は非線形性が重要な役割を演じているという点である。われわれは、普段の生活の中では、暗黙のうちにものごとは線形的に変化するとまず考えている。ある事を行ってある結果を得ることができると、そのことに2倍の努力をすると2倍の成果が得られるのではないかと期待する。これは線形的な考え方である。今回紹介した引き伸ばし、折り畳みは、同じ操作をしても、その効果は2倍、4

倍と増えていく。これは非線形現象である。気候変動予測もさまざまな要因が相互に複雑に絡み合い、線形現象として予測することは難しい。別の例としては、機械などが壊れるということがある。機械などが壊れるとき、徐々に性能が低下する場合もあるが、材料の破断などにより機械が突然停止したり、あるいは異常な動きを示す。これも非線形現象である。非線形現象の理解が深まれば、われわれの社会はより安心安全で、持続的な社会となることが期待される。より多くの若者が非線形力学に興味を持ち、複雑な現象にチャレンジされることを期待している。

参考文献

[1] Ottino, J. M., The kinematics of mixing: stretching, chaos, and transport, Cambridge texts in Applied Mathematics, Cambridge University Press, 1989.

[2] Sato,T. and Ueda,T., Mixing and Reaction Processes in High Viscous Fluids with Alternate Rotation of Two Eccentric Cylinders, International Journal of Transport Phenomena, 7(2005), pp.285-296.

[3] https://www.nipr.ac.jp/info/notice/20160712.html, July, 2023.

[4] https://www.jamstec.go.jp/j/about/press_release/2004/20040916/, July, 2023.

植田 利久（うえだ・としひさ）

慶応義塾大学大学院工学研究科機械工学専攻博士課程所定単位取得退学、工学博士（1982）。専門はオープンイノベーション分野、エネルギー環境分野、反応系の熱流体力学。著書に『反応系の流体力学』（コロナ社）がある。

私の心と動物の心

複雑系認知研究部門 教授
岡ノ谷一夫

心という主観的な対象を研究のテーマとして、動物の行動を観察することで、その行動から推測できる心的体験と神経相関を探る。これら一連の動物の意識や心の研究が、やがては人工知能の研究につながっていくことを期待している。

ヒトと動物の心について考える。ここでは「心とは環境と個体の行動をつなぐ情報処理であり、主観的な体験である」と定義しよう。心は一般には主観的な体験として捉えられることが多いが、自然科学的に計測できるのは情報処理過程である。この2つをどうやって両立させるか。人工知能の比重が重くなってゆくこれからの社会ではここが問題となる。

私は、ジュウシマツなどの小鳥やラットなどの齧歯類のコミュニケーション行動に対応する神経活動を計測し、動物の心の在り方を探ることで、主観的な体験と情報処理の両面を研究し、人工知能の心ともつなげることができると考えている。

1．心とは何か

一般に、心理学という学問は、他者が心を持つことを前提としている。つまり、自分だけでなく他人にも心があるということを前提としている。にもかかわらず、人間以外の動物も心を持つという考え方は擬人主義として批判される。これは矛盾である。人間が心を持つことを前提として他人と付き合っているのと同様に、動物に対しても心を前提とした研究をしても良いのではないか。他人に心を仮定するのは、他の動物に心を仮定するのと同様、擬人主義的である。ならば、擬人主義であることを禁忌としない科学の在り方があっても良いのではないかと私は考えるようになった。

動物や他の人間にも心があるかどうかについて、本論文では肯定的な立場を取り〔1〕、以下のような研究方法をとる。動物が心的表象（体験としての心）を持っていると仮定した場合に起こる行動を確認し、その行動に対応する神経活動を同定する。これを意識の神経相関という。その後、私と動物との主観性の対応を確認するために、自分自身で動物に課した課題を実施し、その脳活動を動物の脳活動と比較する。これを間主観性の確立という。こうすることで、少なくとも「私」の心的体験と脳活動、動物の心的体験と脳活動の対応を議論することが可能である。

2. コミュニケーションとは何か

本章では、以下のようにコミュニケーションを定義する[2]。「コミュニケーションとは、長期的に見て、信号の発信者が受信者の行動を変え、結果的に発信者が利益を得るような個体間の相互作用である」。この定義に基づき、例えば太陽がわれわれに温かい光を送っている場合、これをコミュニケーションとはいわない。あくまで双方向性が大切である（図1）。

コミュニケーションに関する事例についていくつか説明する。社会的促進とは、他者の存在によって行動が促進されることである。情動伝染とは、他者の情動が移ることや同情することを指す。利他行動は、自己犠牲を伴う他者のための行動である。他者操作は、自己の利益を増大させるために他者を操作することを指す。話者交代は、信号を交代で出し合うことである。メタ認知は、自分自身の認知状態を認知することを指す。このようなコミュニケーションによって生ずる主観的な体験が「心」の正体ではないかと私は考える。

3. 事例研究

3-1. 社会的促進

社会的促進の例として、ジュウシマツの餌食べ行動について検討する。この行動においては、最初に餌を食べに行った個体が発信者となり、その信号を受け取った他の個体も餌を食べに行くようになるという行動変容が起こる。こうなることで、発信者が天敵に捕食される危険が減少し、発信者は利益を得る。こうした分析から、社会的促進におけるコミュニケーション

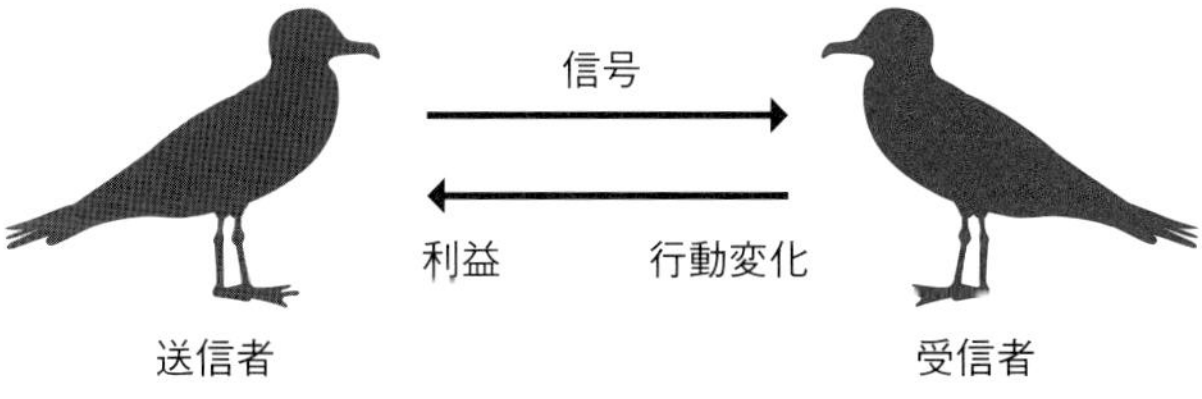

図1　コミュニケーションの定義
送信者が出した信号により受信者に行動変容が起こる。その行動変容により送信者は何等かの長期的な利益を得る。利益は長期的には生存率を上げること、繁殖成功率を上げることにつながる。多くの場合、送信者と受信者は役割を交代する。詳細は本文参照。

行動が、動物の生存にとって重要な役割を果たしていることが示唆される（図2上）。

3-2. 情動伝染

ラットは超音波を発声してコミュニケーションを行う。不快な状態では22キロヘルツの音を、交尾や餌をもらう場合には50キロヘルツの音を出す。22キロヘルツの音は不快な音であり、ラットはこの音を聞くとうずくまる。一方、50キロヘルツの音を聞くと音源に近づいていく。すなわち、これらの音を聞いた他の個体は、発信者と同様の情動状態になるのだ（図2中）。

3-3. 利他行動

利他行動の例として、ラットの援助行動について説明する。ラットは、元々泳げる動物であるが、できれば泳ぎたくない傾向がある。プールから出られなくなってしまったラットを観察している別のラットが、ドアを開けてプールのラットを救い出す行動をすることがある。特に、メス同士でこのような行動がよく見られる。ラットのメスは共同で子育てをすることが多いため、互恵的な行動としてこの援助行動が定着したといえるだろう。ただし、溺れているラットからどのような信号が出ているかについては、まだよく分かっていない（図2下）。

3-4. 他者操作

ジュウシマツのオスの求愛は、他者操作の例といえる（図3上）。オスが発信者となり、さえずり信号を用いて自己の適応度をアピールする。歌をうたうことで自分は優れた遺伝

図2　社会的促進、情動伝染、利他行動
上図では1羽の鳥が餌を食べ始めることで、他の鳥も食べに来ている。中央図は8本のアームがある迷路。右下のアームにはスピーカーがあり、ここから快音声または不快音声が放鳴される。ラットは右上におり、快音声が聴こえるとスピーカーに接近し、不快音声ではすくんで動かなくなる。下図の左側は水が張られており、右側は台になっている。左側のラットが右側の台に登ろうとするのを、左側のラットが助けている。詳細は本文参照。

子を有していることをアピールしているのだ。これを聞いている受信者のメスは、もしその歌が気に入れば交尾誘発姿勢をとる。これが行動変容である。発信者の雄にとって交尾そのものは快であり、長期的には繁殖成功につながるため利益となる[3]。

歌をうたう行動がなぜ進化したのかを説明する一つの考え方として、ハンディキャップ原理がある。役に立たない行動が役に立たないが故に適応度の指標として評価される。つまり、直接的な生存には関わらないが、むしろ歌をうたうことで捕食者に狙われる確率が上がるため、歌をうたっている個体は適応度が高く、捕食者が来ても逃げ足が速く、餌を取る効率も良くなるため、歌をうたうことが強化されるのである。

歌をうたっている鳥の大脳基底核に電極を差し込んでニューロン活動を記録すると、さえずり関連活動を示すニューロンがあることが分かる。餌を食べる際にも同じニューロンが活動する事例を私たちは示した。同じニューロンが、歌をうたう時だけでなく、餌を食べる時にも応答していることが分かる。

3-5. 話者交代

話者交代とは、発声信号をやりとりして、互いの情報を獲得したり、親和性を高めたりすることを指す。話者交代は人間の自然な行動である。話し手は、そろそろ話し終わる手掛かりを何らかの形で無意識に出し、次に話す側も、そろそろ終わりね、と手掛かりを感じて話し始める。

ハダカデバネズミは西アフリカの地下にトンネルを掘って住んでいる動物だ[4]。トン

図3　他者操作、交替行動、メタ認知
上図は、オスがメスにさえずり続け、交尾に至る場面。中央図は左右のデバネズミが交代で鳴き交わし、その結果、左からきたデバネズミが右から来たデバネズミの上を通るところ。下図は、3つの穴から最初に光った穴を選ぼうとしているラット。詳細は本文参照。

ネルは個体の大きさギリギリに作られており、2個体が横向きにすれ違うことはできず、上下になってすれ違うしかない（図3中央）。トンネルで鉢合わせした時に、どちらが上を通るか。彼らはフィーフィーと鳴き合って、低い声の方が上を通る。高い声で鳴く個体が下を通る。低い声で鳴く個体は体が大きくて階級が高く、高い声で鳴く個体は体が小さく階級が低い。毎日すれ違う度に自身の階級を認識し、無駄な争いを避けているのである。この行動については、私たちは脳の中脳の下丘というところの神経活動を調べ、声の高さに応答するニューロンが多数あることを確認した。また、前頭前野を損傷された個体では、相手が階級が上の場合にも上を通ろうとしてしまい、けんかになることが分かっている。

3-6. メタ認知

メタ認知とは自分自身とのコミュニケーションである。例えば、自分の記憶状態がどうかを自己認識できるかどうかという問題である。昔の話ではあるが、電話をかける時、よくかける相手の電話番号は覚えているので、そのままかけることが多い。一方、たまにしかかけない相手には、電話帳を見る必要がある。いちかばちかで電話をかけ、違っていた場合は電話帳を確認する場合もある。これは、自分が知っていることを知っているかどうかを問うことである。自分が知らないことを知っている場合は、電話帳を確認する。自分が知っていることを知っている場合は、そのまま電話をかける。自分の記憶状態を監視し、適切な行動をとることである。

果たして動物で同じような研究ができるか。ラットをオペラント条件付けという手続きで訓練する。自分の記憶状態をモニターして、記憶に自信があれば課題に挑戦し（図3下）、自信がなければ課題をキャンセルするように訓練する。自信があって課題に挑戦して正解すると、餌が6粒与えられる。自信がなくて課題をキャンセルしても、餌は1粒与えられる。自信があって挑戦したが、間違えると罰としてその箱の中が30秒間暗くなる上、餌は1粒ももらえない。できれば挑戦して餌をもらいたいが、分からないことが確実な場合はキャンセルすることが望ましい。

この場合、発信者は過去の自分である。受信者は現在の自分であり、信号は記憶である。行動変容は意思決定過程であり、利益は餌の報酬である。もしラットがこれができているということは、自分の記憶内容を参照できるのだといえる。自分の記憶内容を参照できるというところから、体験としての心があるという結論を導き出すことは、擬人主義として批判される。しかし、自分の記憶内容を参照できることを行動で示した上に、その時の脳活動を計測し、われわれ自身がメタ認知する時の脳活動と同じようなものが計測されたとしたら、われわれが体験している心を彼らも体験していると結論しても良いだろう。

私たちは実際ラットをこのように訓練し、これらの行動に伴い、前頭前野のニューロンの活動を観察した[5]。同様な課題をヒトにもやってもらい、やはり前頭前野が活動することを見いだした[6]。

4. コミュニケーションから心へ

私は、主観的な体験としての心はコミュニケーションから発生したと考えている[2]。これが他者の行動を信号として自己の内的状態を変化させ、他者の次の行動を予測する。これがコミュニケーションであるが、ここに行動の準備と自発に随伴する神経相関がある。そういう状態をメタ認知した、すなわち一段上でのレベルから認知した、その結果を私たちは心と呼んでいるのだ。これを人工知能に実装するとすれば、他者に心を仮定するシステムと他者の行動を自己の行動に変換するシステムが必要であろう。

これらが作りこまれた人工知能ならば、動物の心と同じような仕組みで人工知能の心を推測することができるのではないかと考える。まず他者に心を仮定するシステムであるが、これは発達心理学の方で研究が進んでおり「心の理論」という名前の理論である。他者に心があると仮定する能力を持つことを、「心の理論を持つ」という。それは他者の行動に内的過程、すなわち心を仮定して、それに基づいた他者の行動予測をすることだ。

「心の理論」は、2歳から6歳までの間で以下に説明する人形劇を見せてテストされてきた。サリーとアンという人形が出てくる。サリーは籠を持っていて、アンは箱を持っている。サリーはおもちゃを自分の籠の中に入れ、籠を置いたまま散歩に出掛ける。サリーの心の中ではおもちゃは籠の中にあるということになっているはずだ。しかし、サリーがいないうちに、アンがおもちゃを籠から取り出して箱に入れてしまう。おもちゃは物理的には箱の中にある。サリーが帰ってきて、おもちゃで遊びたい時、サリーはどちらを探すか。サリーに心があることを理解していれば籠を探すと答える。しかし、サリーの心が分かっていなくて、おもちゃが物理的にどちらにあるかしか分からなければ、箱を探すということになる（図4）。

このテストは4歳くらいまでは正解しない。小さい子は物理的にある方を答えてしまう傾向がある。小さい子は、自分の心は他者の心も含めて、自分が全部知覚していると思っ

サリーは、カゴを持っています。 アンは、箱を持っています。
サリーは、ビー玉を自分のカゴに入れました。
サリーは、外に散歩に出かけました。
アンは、ビー玉をカゴから取り出すと、自分の箱に入れました。
さて、サリーが帰ってきました。
サリーがビー玉を探すのは、どこでしょう?

図4　心の理論課題

1．サリーはカゴをもっており、アンは箱を持っている。2．サリーはビー玉を自分のカゴに入れる。3．サリーは外に散歩に行く。4．アンはビー玉をカゴから取り出し、自分の箱に入れる。5．サリーが帰ってくる。サリーはカゴを探すか、箱を探すか。詳細は本文参照。

ているかもしれない。

これを動物で実験することは非常に困難である。タマリンというサルに人形劇を見せて実験した研究者がいる。サルに直接聞くことはできないため、2つの場面を作って、最後の場面でサリーが戻ってきた時に籠の中を探す場面と箱の中を探す場面を見せた。すると、籠の中を探す場面を見せられた時には特に反応を示さなかったが、箱の中を探しだした時には驚く反応を示した。この反応から、『サリーの心の中でビー玉は籠の中にあるはずなのに、なぜ箱を探すのだ？』という解釈が成り立つことが分かる。相手が人間であればこのような解釈をするが、相手がサルの場合は擬人化といわれる。しかし、サルによってはこのような応答を示す個体も存在することが分かっている。私はこのような研究をより簡単なもので考え、ラットで実験してみたいと考えている。

サルが何かをつかんだ時に活動するニューロンがあり、同じニューロンが、当のサルはつかんでないけれども他のサルまたは人がつかんでいるのを見た時にも活動する。このようなニューロンをミラーニューロンと呼ぶ（図5）。ジュウシマツがさえずっている時に活動するニューロンもあり、同じニューロンが、ジュウシマツがさえずった歌を録音して、さえずってない時に聞いた時でも活動すると分かっている。これはさえずりのミラーニューロンである。このミラーニューロンは、他者の行動を自分の行動に変換する操作をしていると考えられる（図5）。

「心の理論」では、他者に対して心を仮定する能力があり、他者に対して仮定された行動を変換して、自分のこととして感じ取ることができるとされる。こうした感覚を得ることによって、自己の内的状態を変化させ、他者の次の行動を予測することが可能となる。そこには、行動の準備と自発に随伴する神経相関があり、そうしたものをメタ認知した結果が心であると私は考えている。つまり、他者に心を仮定するシステム「心の理論」と、他者の行動を自己の行動に変換するシステム・ミラーニューロンがあれば、心、つまり体験的な心を作ることができ

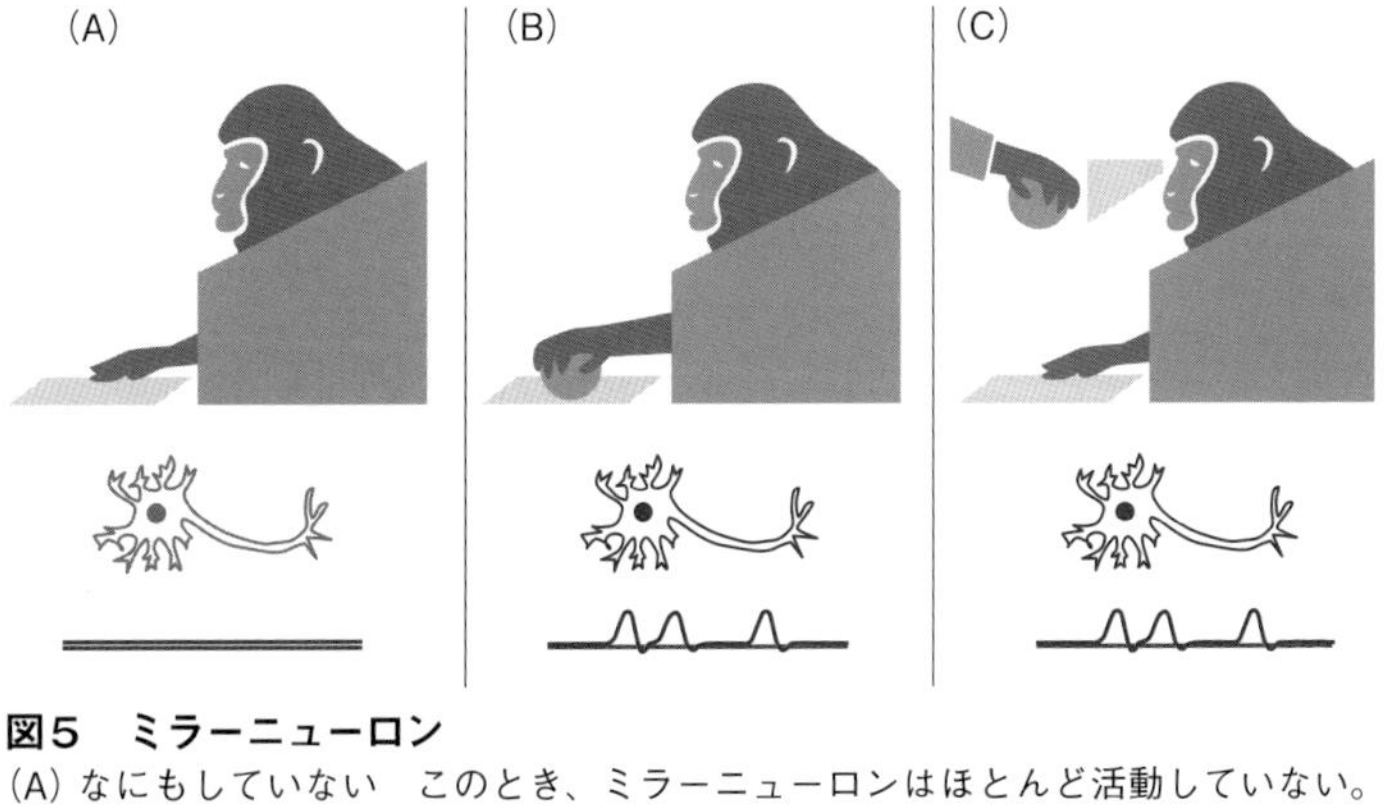

図5　ミラーニューロン

(A) なにもしていない　このとき、ミラーニューロンはほとんど活動していない。(B) 物をつかむ　ミラーニューロンは活動している。(C) 他人が同じ物をつかむのを見ている　ミラーニューロンは活動している。詳細は本文参照。

るのではないかと私は考えている。

5. 人工知能の心

心の主観的な体験は自分にしか分からず、従って人工知能が心を持つかどうかは分からない。しかし、動物の心の研究から、人工知能に心があるとしても良い条件がある。すなわち、人工知能の出力がヒトや動物の行動に類似しており、内部の情報処理過程がヒトや動物の神経活動に類似している場合、そして人工知能を擬人化できる場合である。こうした条件がそろえば、人工知能が心を持つと考えて扱っても良いのかもしれない。「自己意識の他者起源論」と呼ぶこの考え方は[2]、他者の行動を説明するために心を仮定するモジュールが進化し、見まね学習を可能にするミラーニューロンシステムが進化した結果、自分自身の行動を予測するシステムとして自己の心が発生するというものである。

このためには、人工知能には、社会的促進や情動伝染、利他行動、他者操作、メタ認知といった要素が必要である。他者の行動を予測するシステムや、自己の行動に変換するミラーニューロンシステムを持つロボットを複数作り、相互作用させることで、コミュニケーションが選択圧となって「心の理論」と「ミラーニューロン」が進化し、自己の心が発生する可能性がある。ただし、心的体験は自分自身にしか分からないため、絶対的な確証を持つことはできない。私は、動物の意識・心の研究が人工知能の研究につながっていくことを期待している。

参考文献

[1] フランス・ドゥ・ヴァール (2017) .『動物の賢さがわかるほど人間は賢いのか』(松沢哲郎監修、柴田裕之訳) 紀伊國屋書店

[2] 岡ノ谷一夫 (2013) .『つながりの進化生物学』朝日出版社

[3] 岡ノ谷一夫 (2010) .『さえずり言語起源論』岩波書店

[4] 吉田重人・岡ノ谷一夫 (2008) .『ハダカデバネズミ』岩波書店

[5] Yuki, S., & Okanoya, K. (2017) . Rats show adaptive choice in a metacognitive task with high uncertainty. Journal of Experimental Psychology: Animal Learning and Cognition, 43 (1) , 109.

[6] Yuki, S., Nakatani, H., Nakai, T., Okanoya, K., & Tachibana, R. O. (2019) . Regulation of action selection based on metacognition in humans via a ventral and dorsal medial prefrontal cortical network. Cortex, 119, 336-349.

写真撮影：池渕万季 (図2上)、斎藤優実 (図2中)、博多屋汐美 (図2下)、高橋美樹 (図3上)、吉田重人 (図3中)、結城笙子 (図3下)

岡ノ谷 一夫 (おかのや・かずお)

1989年メリーランド大学大学院心理学研究科終了、Ph.D. (生物心理学) 取得。89年学術振興会特別研究員、90年科学技術特別研究員、92年井上科学財団フェロー、94年千葉大学助教授。96年よりさきがけ研究21研究者、04年より理化学研究所チームリーダー。10年より東京大学総合文化研究科教授、22年より帝京大学先端総合研究機構教授・副機構長。言語の起源を解明するため、動物コミュニケーションやヒトの音楽の脳過程と進化について研究を進めている。

III

からだを守る、理解する

体内環境を保つ腎臓と生活習慣病

健康科学研究部門 教授
医学部内科学講座 教授
柴田 茂

日本人の国民病とも呼ばれる高血圧。その原因は食塩摂取量、カリウムの摂取量と腎臓の働きが深く関わっている。人の食生活の変遷の歴史から、体内でのメカニズム、体質との付き合い方について綴っていく。

急速に高齢化が進む日本では、健康的に年齢を重ねることの重要性が広く認識されている。諸外国に先んじて超高齢社会に突入した日本がこの課題をどのように克服していくのか、世界中の関心が集まっている。健康寿命の延伸を妨げる大きな要因である生活習慣病の予防と管理について、高血圧と腎臓の働きに焦点を当てて考えてみたい。

1. 健康で長生きするために：データからみえること

世界保健機関（WHO）では各国の人口に占める65歳以上の割合を「高齢化率」とし、この割合が7％を超えると「高齢化社会」、14％を超えると「高齢社会」と定義している。人口の高齢化は日本のみならず全世界的な課題として捉えられているが、日本と諸外国の高齢化率の推移を見てみると[1]、日本では過去40年の間に急速に高齢化が進んだことが見てとれる（図1）。

例えば米国では、高齢化率が7％を超えたのが1950年前後、その後14％に達したのは2015年前後で、およそ65年の歳月をかけて徐々に高齢社会へと移行してきたことがわかる。一方、日本では高齢化社会に入ったのが1970年、高齢化率が14％を超えた高齢社会となったのは95年のことであり、高齢化社会から高齢社会へと移行するまでにかかった年月は米国の半分以下である。さらに、高齢化率が21％を超えた場合に「超高齢社会」と定義されるが、諸外国に先立ち日本はすでに07年に超高齢社会に突入しており、22年現在で総人口1億2495万人に対して65歳以上人口は3624万人、高齢化率は29%となっている。世界各国でも同様に高齢化が進んでおり、アジアにおいては韓国、シンガポール、タイ、中国といった国々が今後20年間で超高齢社会に突入するものと想定されている。

このように、世界各国で高齢化が進む要因として挙げられるのが出生率の低下と平均寿命の延伸である[1]。前出の報告書では、日本人の平均寿命は1970年では女性で75歳、男性で69歳であったのに対し、2021年の

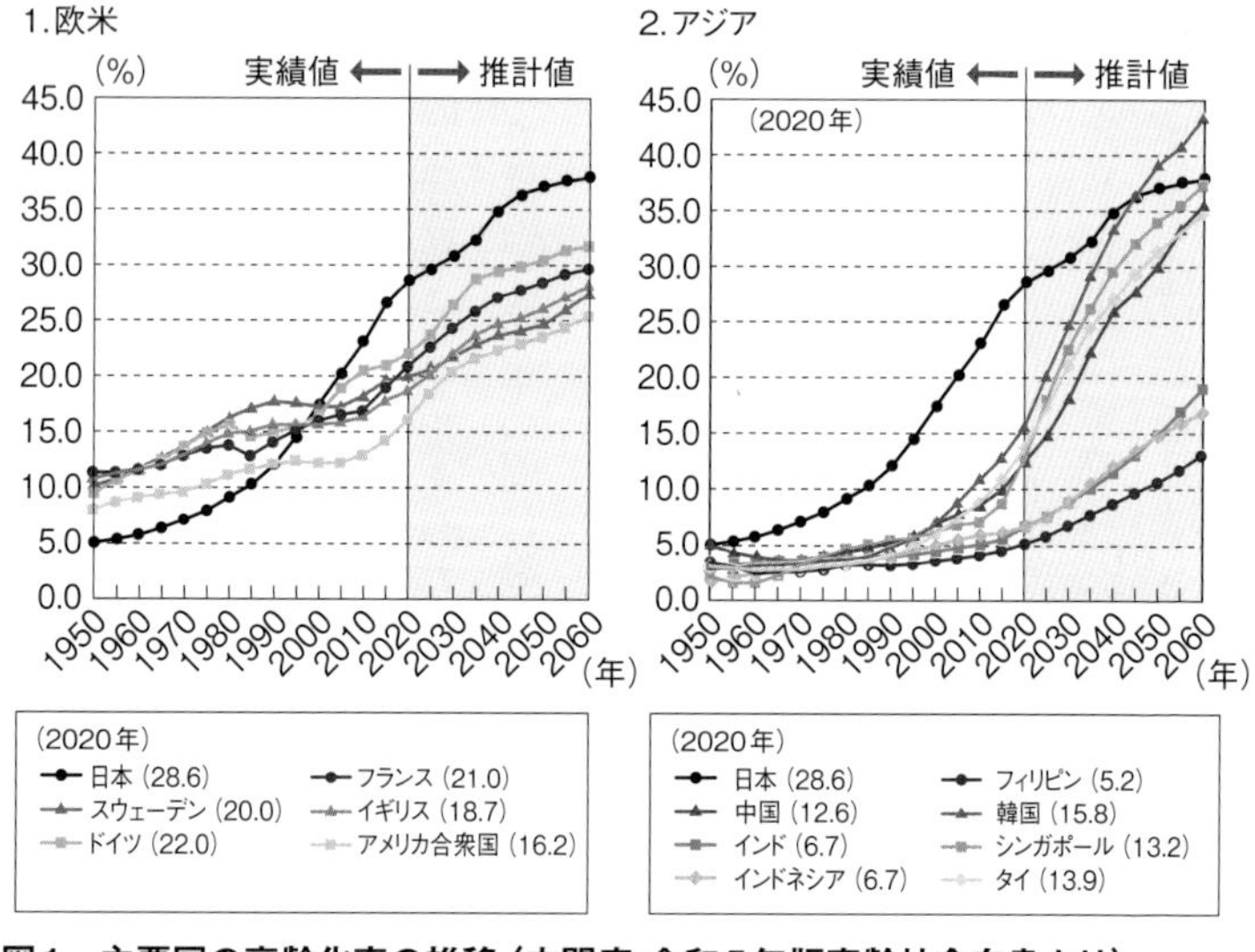

図1　主要国の高齢化率の推移（内閣府 令和5年版高齢社会白書より）
欧米先進国とくらべて、日本では急速に高齢化が進んでおり、2007年に高齢化率が21%を越えて「超高齢社会」に突入した（左）。世界各国でも同様に高齢化が進んでおり、アジアにおいては韓国、シンガポール、タイ、中国といった国々が今後20年間で超高齢社会に突入するものと想定される。

データでは女性が87歳、男性が81歳で、過去50年余りの間に約12年も寿命が延伸したことになる。平均寿命の延伸は喜ばしい一方で、健康寿命、すなわち生活に制限なく健康に過ごせる期間と、平均寿命との間には女性で12年、男性で8〜9年程度の差異があるとされており、いかにしてこの差を短縮するかが、これからの重要な課題である。

健康寿命の延伸と、体内の老化を抑制するために欠かすことができないのが、生活習慣病の予防と適切な管理である。代表的な生活習慣病として高血圧、糖尿病、慢性腎臓病、痛風といった疾患が挙げられるが、日本においてそれぞれの生

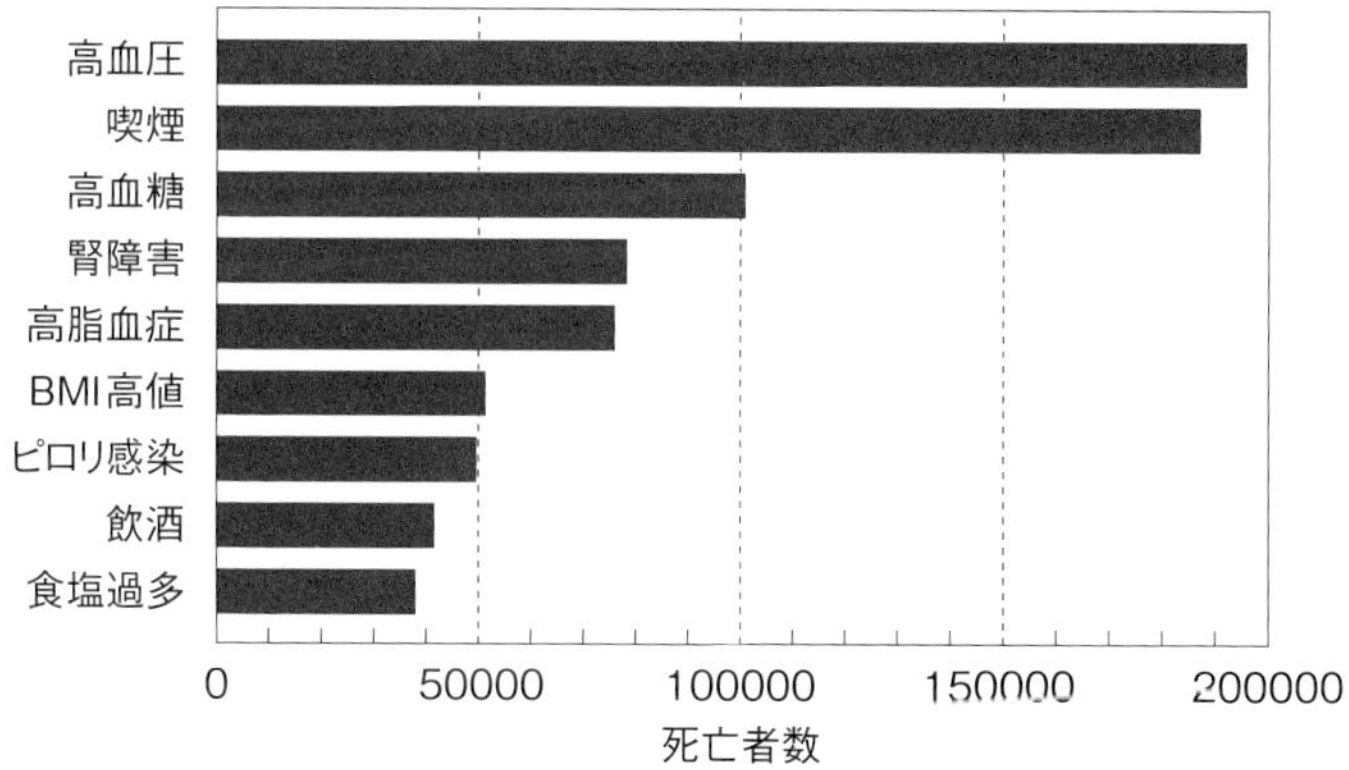

Nomura S, Sakamoto H, Ghaznavi C, Inoue M. Toward a third term of Health Japan 21 - implications from the rise in non-communicable disease burden and highly preventable risk factors. Lancet Reg Health West Pac. 2022 Apr;21:100377. PMID: 35098183

図2　日本におけるリスク要因別の関連死亡数（2019年）
日本人の健康を害する最大の要因は、高血圧と喫煙である。

活習慣病の疾病負荷を見てみると、糖尿病患者が約1000万人、慢性腎臓病患者が約1300万人、痛風患者が約100万人と推計されるのに対し、高血圧症はそれよりもはるかに多い4300万人もの患者が存在する。罹患率の高さに加え、高血圧は喫煙とともに日本人の健康を害する最大の要因であることも示されている（図2）[2]。

高血圧の発症は年齢とも密接に関連しており、本邦における30代での高血圧の罹患率は男性で20%、女性で5-6%であるのに対し、70代では男女ともに70%以上の方が高血圧に罹患している。高血圧は「日本人の国民病」とよく言われるが、血圧と日本人の健康との深いかかわりは、このような統計からも裏付けられている。

2. 人類の食生活習慣の変遷

高血圧の発症に深く関与する生活習慣が、食塩などのミネラルの摂取である。紀元前200年頃に編さんされ、世界最古の医学書とされる中国の「黄帝内経」には、「是故多食鹹、則脈凝泣而変色（塩辛いものを食べすぎると脈が異常に強くなり顔色が悪くなる）」との記載があり、この当時から食塩の過多と高血圧の密接な関連が認識されていたことがうかがえる。しかしながら、人類は太古の昔から食塩を多量に摂取してきたわけではない。人類の祖先であるホモ属が誕生したのは今から500~700万年前とされるが、当時、われわれの祖先が主食としていたのは植物由来の食材であり、石器と火の活用により食物の調理が可能となり肉食が増加したのが、約200万年前と推定されている[3]。一方で、農耕と牧畜の開始により、効率的に高エネルギーの食物を手にできるようになったのが約1万年前、さらに人類が製塩技術を習得したのはわずかに数千年前であり(図3)、人類の進化の歴史に鑑みると、ここ1万年の間で比較的急速に人類の食生活が変化してきたこと

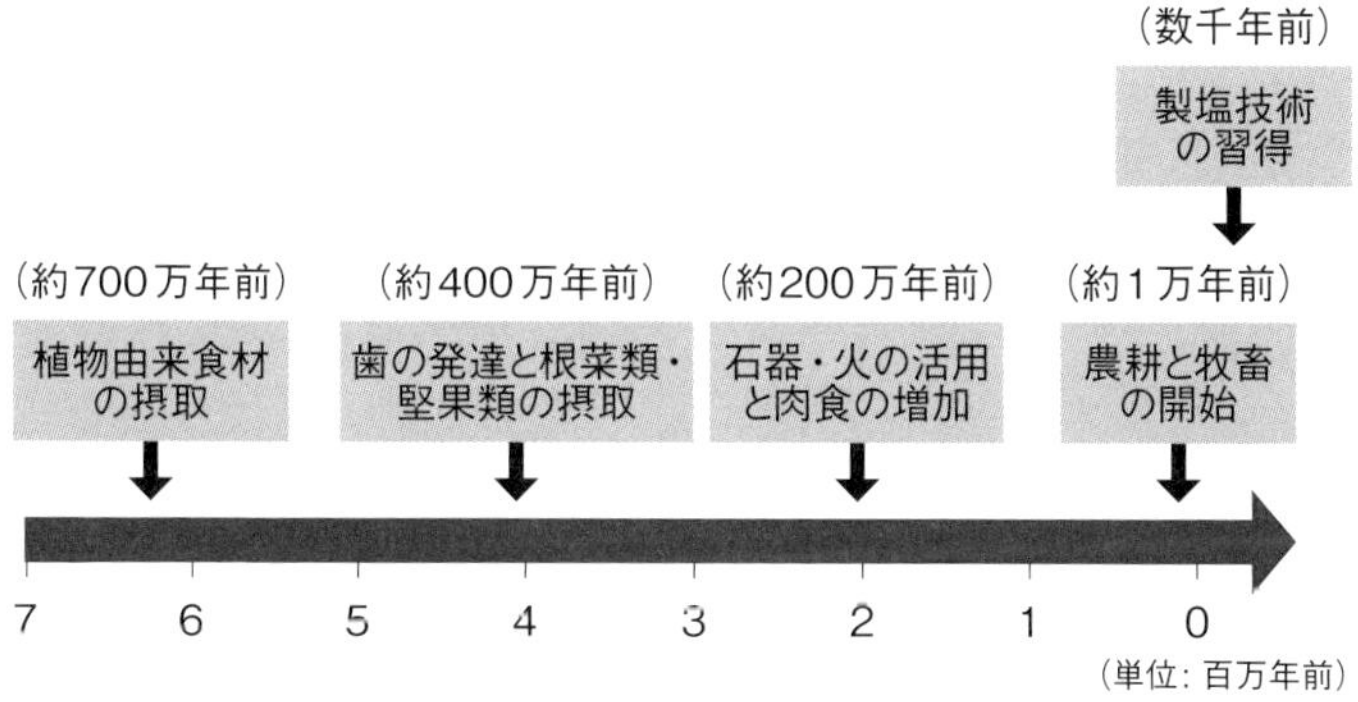

図3 人類の食生活習慣の変遷
人類の祖先であるホモ属は約200万年前に石器と火の使用により食べ物の調理ができるようになった。その結果として肉食が増えた。1万年前になると、農耕と牧畜を開始し、調理技術の習得とあわせ、高エネルギーの食品が効率的に摂取可能となった。数千年前には人類は製塩技術を獲得し、調味料として使用するようになった。

がわかる。

3．塩への渇望

旧石器時代と現代の栄養内容を比較した研究から、旧石器時代の食塩摂取量は現代人の1／4～1／5の量（1日約2g）であったものと推定されている。その一方で、当時の人類が主な栄養源として摂取していた植物性の食材には、ナトリウムと同じミネラルに分類されるカリウムが多く含まれており、1日のカリウムの推定摂取量は10g以上と、現代人のカリウム摂取量の4倍以上であった[3]。ナトリウムとカリウムは体内において拮抗する関係にあり、カリウムの摂取量が多くなると、尿からナトリウムが失われる。さらに、日本の高温多湿な気候風土では、ナトリウムが汗としても喪失されやすくなることから、生存のためには食塩の確保が不可欠であったものと推定される。このような太古の記憶は「塩への渇望（salt craving）」として遺伝情報にも刻みこまれている可能性があり、ナトリウムを日常的に摂取できるようになった現代においても受け継がれているものと想像できる。また次項で述べるように、食事中に含まれるナトリウムは、腎臓を中心とした体内の精巧なメカニズムによって保持されることとなり、蓄積されやすくなる。近年の研究から、高血圧患者においては細胞外液のみならず皮下組織にもナトリウムが蓄積されていることが明らかになっている[4]。

4. 腎臓による食塩の再吸収とレニン・アンジオテンシン・アルドステロン系

脊椎動物の祖先は約3億5000年前に海から陸へと進出してきたと考えられるが、海中と比べて食塩の少ない陸上生活に適応するため、われわれの身体には体外に失われる食塩を最小限にするための仕組みが備わっている。ヒトの腎臓では、食塩換算にして1日1・4kg以上に相当する血液がろ過器に相当する糸球体でろ過されているが、生成された尿(原尿と呼ぶ)に含まれるナトリウムの99%以上が、糸球体に続く尿の通り道である尿細管で再吸収される。このような連携を可能にするのが、尿細管の各部位に存在するナトリウム輸送体と、その働きを制御するレニン・アンジオテンシン・アルドステロン系(RAA系)である。RAA系は腎臓・肝臓・副腎・血管といった複数の臓器が関与するホルモン産生の連鎖であり、身体から塩分が失われたり、血圧が低下したりすると体内で活性化され、尿細管のナトリウム輸送体の働きを高めることで、尿中への食塩の喪失をほぼゼロにするように作用している。低塩分環境ではRAA系の働きと腎臓によるナトリウムの再吸収作用が最大限に発揮される必要があり、例えば南米アマゾンの先住民族など今日でも少ない食塩摂取量で生活する人々では、RAA系の働きが高度に活性化していることが知られている。しかしながら、逆に食塩が過剰となりやすい環境下ではこの精緻なシステムがむしろあだとなり、臓器障害を進めてしまう危険要因となる。

5. カリウムが食塩排泄を促すメカニズム

「カリウムは天然の利尿薬」という言葉があるが、カリウムはナトリウムと拮抗し、ナトリウムを体外に排泄する作用がある。日本では、弘前大学の佐々木直亮らが1960年代に高血圧の疫学的調査を行い、リンゴに高血圧を予防する効果があることを世界に先駆けて報告している[5]。十分なカリウム摂取が高血圧や心血管病を防ぐことは、その他多くの研究で示されているが、このようなカリウムの好ましい効果に重要なのが、ナトリウム利尿作用である。

それでは、カリウムはどのような働きで体外への食塩排泄を促すのであろうか？　そのメカニズムは長きにわたり謎に包まれていたが、最近の研究によりその詳細が明らかにされつつある。腎臓の尿細管には、食塩の輸送体を介して食塩を再吸収する機構と、カリウムの輸送体を介してカリウムを排泄する機構の両者が備わっているが、前者と後者の働きの間にはトレード・オフの関係があり、体内のミネラルバランスによって二つの働きが切り替わる仕組みになっている。すなわち、十分量のカリウムを摂取した場合には、腎臓でカリウムを排泄するスイッチが入り、食塩の再吸収は抑制される。逆に、カリウム摂取量が少ない

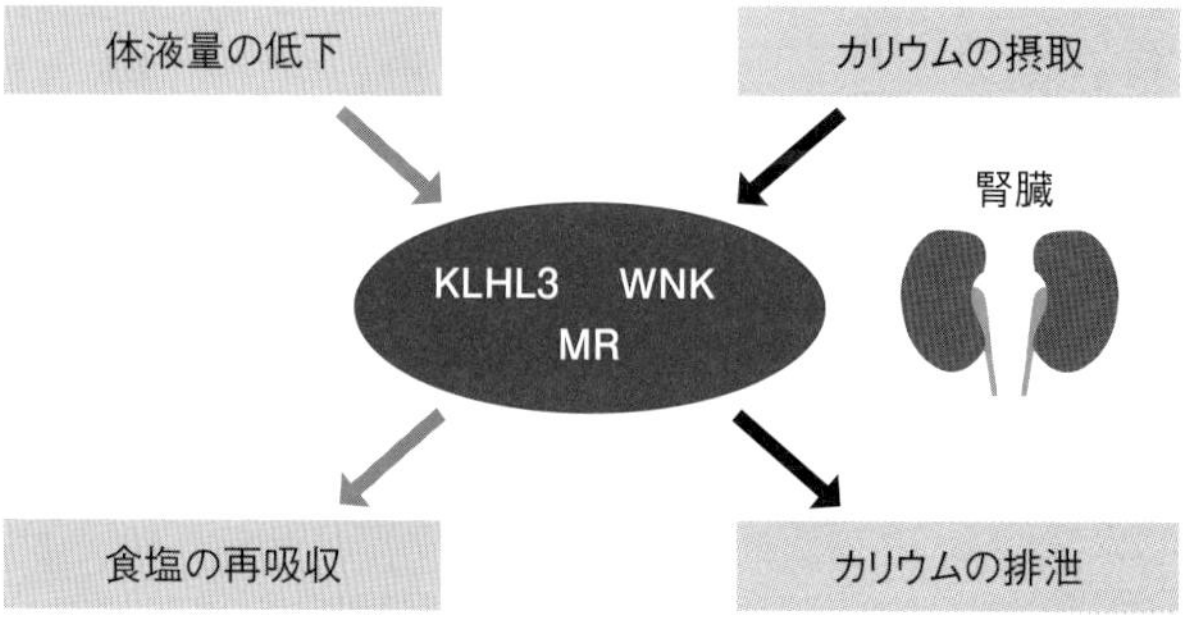

図4　腎臓による食塩再吸収とカリウム排泄の調節
なぜアルドステロンは、食塩とカリウムという、生体にとって欠かすことのできない2つのイオンの制御を同時に担っているのか？　腎臓の尿細管は、体内の体液量やカリウムの量に応じて食塩再吸収とカリウム排泄のバランスを制御しており、KLHL3、WNK、MRという3つの分子がスイッチとして作用している。カリウムが摂取されると、これらの分子の働きにより尿中へのカリウム排泄が優先され、相対的に食塩の再吸収が抑制される。

と、カリウムを排泄するスイッチがオフになるため、食塩再吸収が増加することとなる。このカリウムによるスイッチに関わるのが、KLHL3およびWNKと命名された二つの酵素と、ステロイド受容体であるMRである（図4）。

これらの3者の分子の働きが体液量や体内のカリウム量によって切り替わることで、腎臓の食塩再吸収作用とカリウム排泄作用のバランスが制御されている[6-8]。野菜や果物など、カリウムを豊富に含む食品を摂取すると腎臓からの食塩排泄量が増加するのは、これらの分子の協調的な働きに由来する。なお、一部の腎臓疾患では、これらの分子の働きの異常により、血圧が高くなったり、血液のカリウム濃度が正常範囲から逸脱したりすることが知られている。

6. 腎臓への栄養素の過負荷と生活習慣病

以上のように、われわれの祖先は食塩が自由に得られず、かつ体内からも失われやすい環境下で生活していたために、腎臓による巧緻な食塩再吸収のメカニズムと、RAA系を発達させてきたと考えられる。しかしながら、現代における食塩の過剰摂取は、腎臓による食塩回収システムとRAA系の作用によって増幅され、高血圧や慢性腎臓病、心血管病の発症につながることとなる。従って、腎臓での食塩再吸収とRAA系とを効率的に抑制することが、高血圧の治療における基本戦略であり、実際にそのような薬剤は主要な降圧薬として位置づけられている。

食塩と高血圧の関係からも明らかなように、われわれの身体は進化の時間軸に比して急激な食生活習慣の変化に対し十分に適応できていない側面があり、このことは糖尿病や慢性腎臓病、痛風といった他の生活習慣病においてもあてはまる。食生活習慣の急速な変化への不適応と疾患発症との間に存在するのが、さまざまな栄養素の腎臓への過負荷である。例えば、腎臓の尿細管には糖の尿への喪失を防ぐための輸送体（ナトリウム・グルコース共輸送体）や、プリン体の代謝産物である尿酸を再吸収するための輸送体（尿酸輸送体）なども発現しており、負荷された栄養素の再吸収を担っている。これらの分子は本来、それぞれの栄養素を効率的に回収し再利用するために存在するが、効率的に栄養素を摂取できるようになった現代においては、栄養素の過剰とそれぞれの分子の働きとが悪循環を形成し、糖尿病や慢性腎臓病、高尿酸血症といった疾患の病態形成に関わることが明らかとなっている。

7．減塩の重要性と、「食塩感受性」の低減を目指した体質改善

食塩過多となりやすい現代の環境において、減塩は高血圧管理の最重要課題である。1988年に実施された国際共同研究であるINTERSALT研究では、世界各国において食塩摂取量と血圧の関係を調査した結果、加齢に伴う血圧の上昇の度合いは一日の食塩摂取量と正の関係にあることが明らかにされた[9]。すなわち、日々の食塩摂取量は短期的のみならず長期的にも血圧の上昇と関連する、ということであり、裏を返すと、若い時から食塩摂取量に注意することが、その後の高血圧発症の予防につながることを意味している。減塩には社会全体として取り組むことも肝要であり、世界各国でさまざまな施策が講じられている。一例として、英国においては行政組織が食品事業者と連携し、パンやシリアル等の加工食品に含まれる食塩量を経年的に少しずつ低減させた。この結果として、2003年から11年の8年間で食塩摂取量が9・5gから1・4g減り、脳卒中や虚血性心疾患の発症抑制につながったとされている。日本では17年に食品表示法が改正され、食品のパッケージへの（ナトリウム量ではなく）食塩相当量の表示が義務付けられて

いる。また20年版の食事摂取基準では、高血圧・慢性腎臓病の重症化予防のために1日6g未満の摂取目標が設定されるなど、減塩を目指した方策が進められている。

高血圧の予防・管理のためには、日々の食塩摂取量に加えて、食塩による血圧上昇を増幅する要因の是正も重要となる。高血圧の中で、食塩に対する血圧上昇反応が高い病態は「食塩感受性高血圧」と呼ばれ、特に諸外国と比して食塩摂取量の多い日本においては、食塩感受性の低減を目指す戦略が理にかなっている。食塩感受性を規定する要因は先天的（遺伝）要因と後天的（環境）要因とに大別されるが、後者の代表例が肥満、加齢、カリウム摂取不足の三つである。

肥満や過体重が食塩感受性を亢進させるメカニズムとしては、インスリン抵抗性（血糖を下げるホルモンであるインスリンが効きにくい状態）との関連が指摘されている。インスリン抵抗性が高いと高インスリン血症となりやすいが、インスリンにはナトリウム貯留作用があるほか、耐糖能異常（血糖値が正常より高い状態）も腎臓の尿細管機能に影響する。私たちの研究では、耐糖能異常によって前述したKLHL3の働きが阻害され、食塩再吸収が亢進することが明らかとなっている[10]。これらのことから、食塩感受性の低減と高血圧の是正には、体重を適切にコントロールすることが重要であることが分かる。

加齢は食塩感受性を亢進させる重要なファクターであり、年齢と高血圧罹患率との間の正の関係にも深く関わっている。その分子基盤は多面的であるものと考えられ、現在世界中で研究が行われている。加齢そのものを抑制することはできないが、加齢に伴い食塩感受性が亢進する分子メカニズムが明らかとなれば、治療や予防のための新しい戦略につながりうるものと思われる。

最後に、野菜・果物・低脂肪乳製品・大豆食品など、カリウムを豊富に含み、飽和脂肪酸やコレステロールを抑えた食品（ＤＡＳＨ食：Dietary Approach to Stop Hypertension）を積極的に摂取することで、食塩感受性の低減などの体質改善効果が期待できる。近年ではナトリウムのかわりにカリウムを含む、いわゆる代用塩の心血管予防効果も実証されている。腎機能が低下している場合には一定の配慮が必要であるものの、ＤＡＳＨ食の推進は尿中のナトリウム・カリウム比測定を用いたミネラル摂取量の適正化の試みなどとあわせ、高血圧の管理向上に資することが期待される。

参考文献

[1] 内閣府. 高齢社会白書　令和5 (2023) 年版. https://www8.cao.go.jp/kourei/whitepaper/w-2023/zenbun/05pdf_index.html

[2] Ikeda N, Saito E, Kondo N, Inoue M, Ikeda S, Satoh T, Wada K, Stickley A, Katanoda K, Mizoue T, Noda M, Iso H, Fujino Y, Sobue T, Tsugane S, Naghavi M, Ezzati M, Shibuya K. What has made the population of Japan healthy? Lancet. 2011;378(9796):1094-1105.

[3] Sebastian A, Frassetto LA, Sellmeyer DE, Morris RC, Jr. The evolution-informed optimal dietary potassium intake of human beings greatly exceeds current and recommended intakes. Semin Nephrol. 2006;26(6):447-453.

[4] Ellison DH, Welling P. Insights into Salt Handling and Blood Pressure. N Engl J Med. 2021;385(21):1981-1993.

[5] Sasaki N. High Blood Pressure and the Salt Intake of the Japanese. Japanese Heart Journal. 1962;3(4):313-324.

[6] Shibata S, Rinehart J, Zhang J, Moeckel G, Castaneda-Bueno M, Stiegler AL, Boggon TJ, Gamba G, Lifton RP. Mineralocorticoid receptor phosphorylation regulates ligand binding and renal response to volume depletion and hyperkalemia. Cell Metab. 2013;18(5):660-671.

[7] Shibata S, Arroyo JP, Castaneda-Bueno M, Puthumana J, Zhang J, Uchida S, Stone KL, Lam TT, Lifton RP. Angiotensin II signaling via protein kinase C phosphorylates Kelch-like 3, preventing WNK4 degradation. Proc Natl Acad Sci U S A. 2014;111(43):15556-15561.

[8] Shibata S. 30 YEARS OF THE MINERALOCORTICOID RECEPTOR: Mineralocorticoid receptor and NaCl transport mechanisms in the renal distal nephron. The Journal of endocrinology. 2017;234(1):T35-T47.

[9] Intersalt: an international study of electrolyte excretion and blood pressure. Results for 24 hour urinary sodium and potassium excretion. Intersalt Cooperative Research Group. BMJ. 1988;297(6644):319-328.

[10] Ishizawa K, Wang Q, Li J, Xu N, Nemoto Y, Morimoto C, Fujii W, Tamura Y, Fujigaki Y, Tsukamoto K, Fujita T, Uchida S, Shibata S. Inhibition of Sodium Glucose Cotransporter 2 Attenuates the Dysregulation of Kelch-Like 3 and NaCl Cotransporter in Obese Diabetic Mice. J Am Soc Nephrol. 2019;30(5):782-794.

柴田 茂（しばた・しげる）
東京大学医学部卒、東京大学大学院医学系研究科内科学専攻博士課程修了。専門は腎臓内科学分野、高血圧学分野、生活習慣病。John Laragh Research Award、冲永荘一学術文化功労賞などの受賞歴がある。

究極の危機管理システム「免疫」

医療共通教育研究センター 客員教授
安部 良

感染症への防御反応として人類を守ってきた免疫機能。皮膚や粘膜で守る自然免疫と、生体内へウイルスが侵入することで得る獲得免疫があり、獲得免疫はさらに「特異性」「多様性」「記憶」「寛容」という段階を踏んだシステムになっている。現代の社会システムにも似た免疫の仕組みを新たな視点で探究する。

感染症が歴史をつくり、免疫が社会を支える

免疫は「疫（病）＝感染症」から「免」れるという造語である。

人類の歴史は戦争の歴史といわれるが、感染症もまた、歴史を大きく変えてきた。そして、免疫は感染症に対する防御機構として、人類を絶滅の危機から守り、社会を支えてきた。

15世紀の大航海時代、ヨーロッパから、ペスト、天然痘、結核、腸チフス、はしかなどの様々な疾患が新大陸にもたらされ、免疫のない先住民族の間で感染が広がり、戦闘よりはるかに多くの先住民が死亡、これにより先住民国家の弱体化が進み、これがヨーロッパ人による征服の主たる原因になったと考えられている。

その後もスペイン風邪と名づけられたインフルエンザのパンデミック（世界的大流行）が第一次世界大戦の参加国の国民間の厭戦《えんせん》気分を引き起こし、戦争の終了の大きな要因となった。そして、今回の新型コロナウイルス感染症により、一挙にテレワークが広がり、人々の働き方の多様性が生まれ、さらには地方回帰という社会の変化が起こっている。

一方、人類は伝染病を経験する中で、伝染病という疫を免れる現象に気づいていた。紀元前5世紀に書かれたトゥキディデスの『戦史』には、都市国家間の戦争のさなかに起こった伝染病の流行で見られた、一度かかったら同じ病気には二度とかからない「2度なし現象」が記載されている〔1〕。また、14世紀の中頃に起こった、感染者の皮膚が黒く変色し、死に至ることで「黒死病」として恐れられたペストの大流行についての当時の記録にも、患者の世話や死体の始末をした修道僧の中には、その後は2度とペストにかからなかった者がいた、との記述が見られる。

そして、ジェンナーは牛の天然痘である牛痘にかかった乳搾りの女が、天然痘の流行に際して罹患《りかん》しないということを観察し、それをもとに、牛痘の膿《うみ》を子どもに接種することにより天然痘を予防できることを発見、牛痘の接種（＝種痘）は当時最も恐れられていた天然痘を予防する方法として世界中に広がった。パスツールはこれにヒントを受け、弱毒化した細菌を用いた免疫法により家畜の病気に対する予防法を確立し、ジェンナーの用いた牛痘にかかったVacca（牝牛）にちなみVaccine（ワ

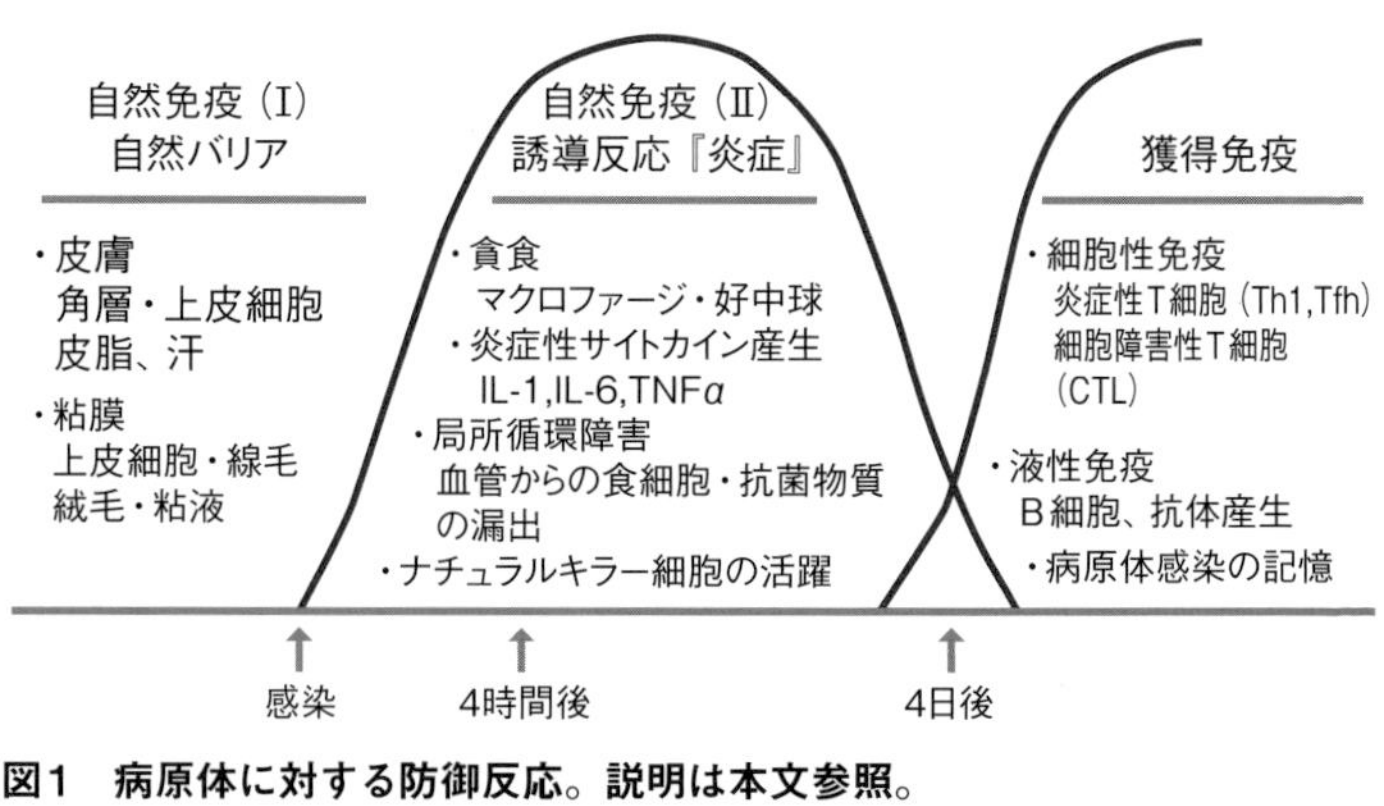

図1　病原体に対する防御反応。説明は本文参照。

クチン）療法と名づけた。このワクチン療法は ジフテリアをはじめとする多くの病気の発症を予防し、天然痘については、ジェンナーの発見から約200年後の1980年に地球上から天然痘という病気そのものが撲滅された。これはまさに感染症に対する人類の勝利という金字塔を打ち立てた例である。

これまで新型コロナ感染症では世界中で500万人以上の人が亡くなったが、ワクチンを接種することにより病気の重症化が80%以上抑えられることから、ワクチンの開発が遅れれば、犠牲者は数倍に上った可能性もある。

免疫の仕組み

ウイルスや細菌、カビ、マラリアなどの原生動物、寄生虫などの病原微生物（総称して病原体と称する）に対して、われわれは、病原体の体内への侵入（＝感染）を水際で防いでいる自然バリアーと、侵入部位に炎症を起こして直ちに応戦する誘導反応、そして、血流などに乗って標的とする組織や器官で増殖する病原体を、抗体やキラーT細胞などを使って除去する獲得免疫の3つのステージにより防御態勢を敷いている[2]（図1）。

1. 自然免疫

(a) 自然バリアー

自然免疫の第一のステージである自然バリアーは、外界と接する皮膚(表皮)と粘膜にあり、物理的、化学的、そして微生物学的バリアーからなる。(図2)。

物理的バリアーは、密着結合により隙間なく並んでいる上皮細胞が構造的に異物の侵入を防ぐ。皮膚では死んだ細胞からなる角層がさらに表層を多い、紫外線や温度の変化、摩擦によって引き起こされる擦過傷などから体を守る。また、粘膜を覆う絨毛《じゅうもう》や繊毛は、常に病原体を体外に押し出す役割を果たし、汗や涙、唾液、消化物、尿の流れも同じく病原体を体内にとどめず、体外に流し出している。化学的バリアーは、皮脂に含まれる脂肪酸や乳酸、粘膜を覆う粘液や消化液中に存在するさまざまな酵素や酸性物質、抗菌ペプチドなどで構成され、それらが持つ化学的な機能により病原体を破壊する。一方、体表や気道、腸管などには常在菌から構成される正常細菌叢が形成され、生存、増殖に必要な栄養を取り合うことで病原性の高い細菌などの増殖を防いでいる。これを微生物学的バリアーと称

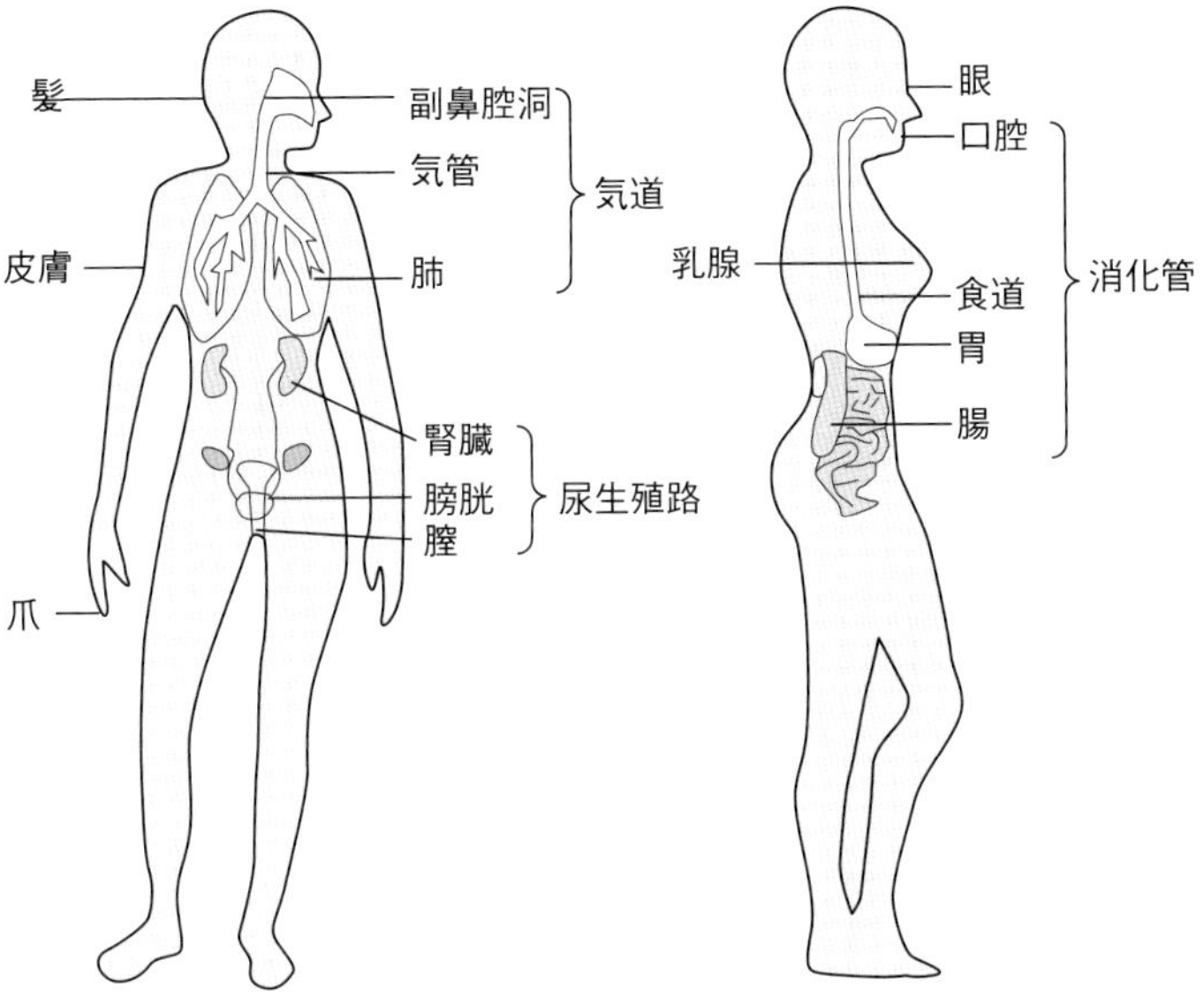

	皮膚	消化管	気道	尿生殖路	眼
物理的障壁	密着結合により結合している上皮細胞				
	体液、汗の流れ、皮膚の脱落	体液、粘液、食物、唾液の流れ	体液、粘液（繊毛などによる）空気の流れ	体液、尿、粘液、精液の流れ	体液、涙液の流れ
化学的障壁	皮脂（脂肪酸、乳酸、リゾチーム）	酸性物質、酵素（プロテアーゼ）	鼻汁中のリゾチーム	膣分泌物中の酸性物質、精液中のスペルミンと亜鉛	涙液中のリゾチーム
	抗菌ペプチド（デフェンシン）				
微生物学的障壁	皮膚の常在細菌	消化管の常在細菌	気道の常在細菌	尿生殖路の常在細菌	眼の常在細菌

図2　自然免疫の一部である自然バリア。詳細は本文参照。

する。

多くの呼吸器感染症は冬季に流行が拡大するが、これには乾燥による気道繊毛の動きや粘液分泌の低下など、自然バリアー機能低下が大きく影響している。抗生物質を連日服用すると下痢を起こすことがあるが、これは、微生物学的バリアーが破壊されたことによる。

(b) 誘導反応

自然バリアーをかいくぐって侵入してきた病原体に対して、侵入局所に待ち構えているマクロファージが侵入微生物を貪食することで増殖を抑えると同時に、サイトカインという強力な生理活性物質を分泌し、それが侵入部位周辺の毛細血管に作用して、血管の拡張と透過性を上げることで、強力な貪食機能を持つ好中球や、抗菌作用や生理活性を持つ血漿《けっしょう》成分が流れ込む結果、侵入局所が熱を帯びたり腫れたり、神経を刺激してブラジキニンやヒスタミンなどの発痛物質が分泌される。風邪をひいたときの喉や、擦り傷を負った皮膚で見られる腫れ、痛み、熱感などはこの結果であり、これが「炎症反応」と呼ばれている。さらに、サイトカインは感染局所の毛細血管から血液の中にも入り、脳の視床にあるさまざまな活動調節中枢領域に作用する。例えば、風邪をひくと熱が出るが、ウイルスは体温が上がると増殖は抑えられ、40℃を超えると死滅するともいわれており、発熱自体が抗菌的な作用をしている。さらに体温上昇は代謝を高め、免疫機能を活性化するので、サイトカインによる発熱中枢の刺激は、ウイルス撃退にとって一石二鳥の効果があると考えられる。また、その際に起こる食欲低下や倦怠感、眠気などは、消化や身体活動のためのエネルギー消費を抑制し、病原体との戦闘に集中するためのサイトカインの作用と考えられている。このように、ネガティブに捉えがちの「炎症」は実は重要な生体防御反応であり、安易な抗炎症薬の使用には注意が必要である。

自然免疫システムでは、膨大な種類の微生物に対して素早く反応して機能を発揮するために、

＊認識される物質	＊＊認識にかかわる受容体	エフェクター
LPS	Toll 様レセプター	好中球
ペプチドグリカン	スカベンジャーレセプター	マクロファージ
細菌 DNA	マンノースレセプター	樹状細胞
ウイルス RNA	NKG2D	NK 細胞
鞭毛タンパク		マスト細胞
HSP		補体

＊微生物に特有な菌体成分
感染、ストレス等の異常時に発現する宿主側の物質
病原菌関連分子パターン
Pathogen-associated molecular patterns（PAMPs）

＊＊微生物間で共有される分子構造を認識する受容体
パターン認識レセプター
Pattern recognition receptor（PRR）

表1　自然免疫・炎症反応。詳細は本文参照。

病原性微生物に共通して存在し、我々は持たない微生物特有の分子構造、病原体関連分子パターン（PAMPS：Pathogen-Associated Molecular Patterns）を認識する、パターン認識受容体（PRR：Pattern Recognition Receptor）により幅広く異物を攻撃する戦略をとっている（表1）。

2. 獲得免疫

生体内へ侵入する大部分の病原体は、自らを増やすというもくろみを自然免疫機構により阻まれ、感染や病気の発症は防がれる。しかし、病原体の大半を占める細菌の増殖力はすさまじく、その上、自然免疫による生体防御に対抗して、毒素産生能などの強い細胞毒性や増殖力を持つ病原体に進化してきた。さらにウイルスは突然変異を繰り返すことで、細胞内へ侵入、増殖能を上げることで自然免疫から逃れるものが次々に現れた。それに対して、脊椎動物は、抗体やさまざまな機能を持つT細胞やB細胞などのリンパ球からなる生体防御機構を発達させ、強力な病原菌の攻撃に対する生体防御機構を作り上げてきた。それが第3波の防御反応である獲得免疫である。

自然免疫の主戦場が外界に接する皮膚や粘膜であったのに対し、獲得免疫を担う組織や臓器はリンパ組織と呼ばれ、体の内部に存在し、それを結ぶリンパ管が体中に張り巡らされている（図3）。

バリアーを越えて体外から侵入したウイルスや細菌、寄生虫などの病原体は、炎症反応の最中にマクロファージや樹状細胞により貪食され細胞内で消化され、抗原ペプチドとしてこれらの細胞（抗原提示細胞と総称される）の主要組織適合抗原複合

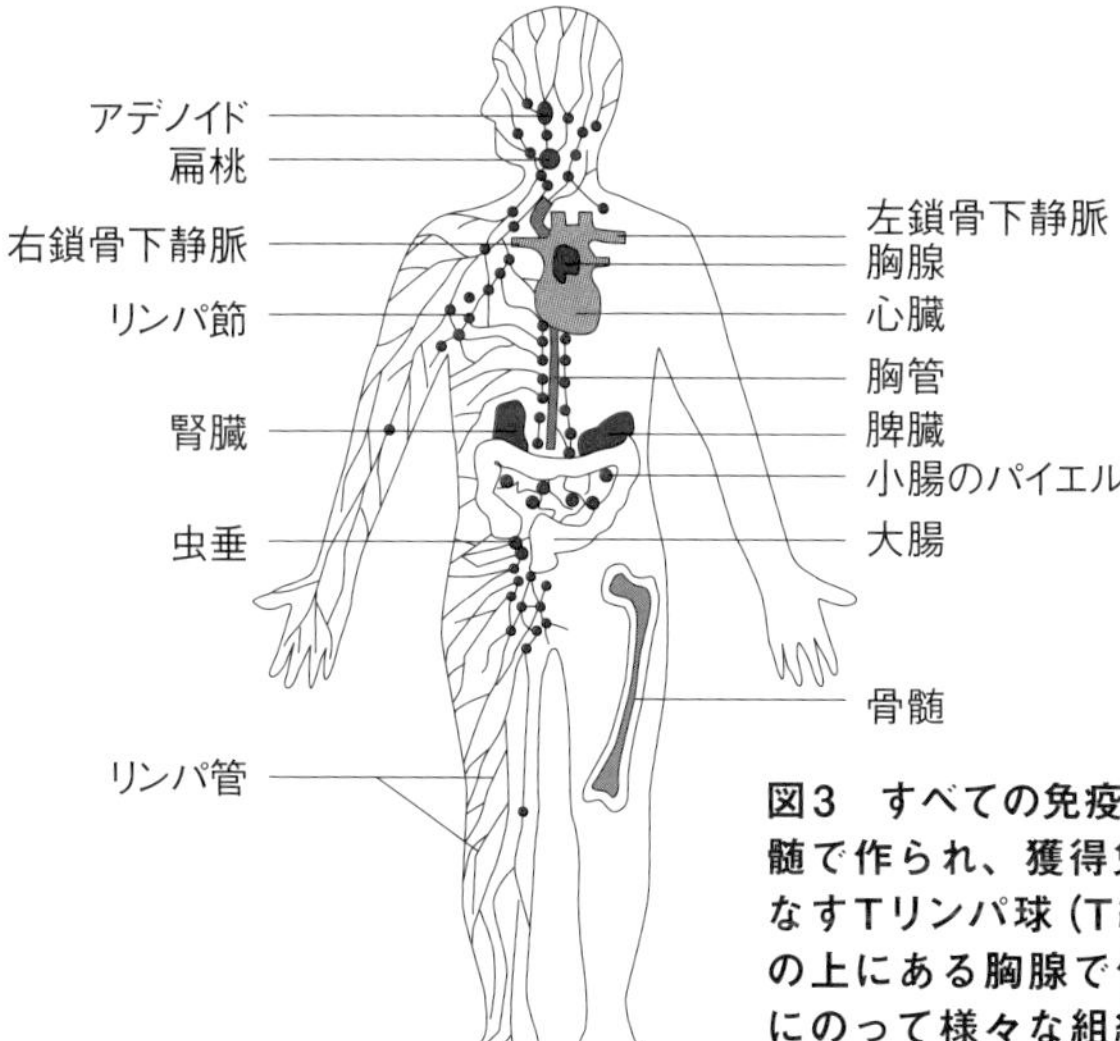

図3　すべての免疫担当細胞は骨髄で作られ、獲得免疫の中心をなすTリンパ球（T細胞）は心臓の上にある胸腺で作られ、血流にのって様々な組織に分布していく。一方、抗体を産生するBリンパ球（B細胞）は骨髄を出た後、リンパ節で分化し、異物に対する抗体を産生に備える。

体（Major Histocompatibility Complex：ＭＨＣ）に組み込まれ（ＭＨＣ／ペプチド複合体）、侵入部位の所属リンパ節に運ばれる。

獲得免疫には、生きた細胞が主体となる細胞性免疫と、抗体が働く液性免疫の２種類がある。細胞性免疫では、感染局所でＩＦＮ-γやＴＮＦなどの炎症性サイトカインを分泌してマクロファージの貪食能や細胞内での病原体の消化を促進するＴｈ１や、好中球誘導し病原体の貪食を促進するＩＬ17を産生するＴｈ17、そして上皮細胞や臓器の実質細胞などの組織細胞に侵入した病原体を細胞ごと破壊するキラーＴ細胞が誘導される。

一方、液性免疫では、抗体産生を担うＢ細胞が、リンパ節において抗原認識後誘導されるＴｈ２やＴｆｈが産生するＩＬ４などのサイトカインにより分裂、増殖し、感染後、4～5日で最初に現れるＩｇＭ抗体から、さまざまな液性免疫機能に働くＩｇＧ抗体へのクラススイッチを起こす。そしてＢ細胞は抗体を産生するプラズマ細胞に分化、骨髄内に移行し、そこで病原体に特異的な抗体を産生する。抗体は、血流に乗り、感染部位でウイルスの受容体への結合により細胞への侵入を防いだり、細菌毒素の標的への結合を阻止する中和反応、病原体への結合によりマクロファージの貪食を促進するオプソニン化、補体を活性化させ病原菌細胞膜の破壊などにより病原体の除去を行う。

獲得免疫はこのようにステップ・バイ・ステップでその機能を発揮するため、自然免疫と異なり、その効果が表れるまで4日〜1週間かかるが、ピンポイントで確実に相手を仕留める抗体や、病原体の感染巣や腫瘍を根こそぎ破壊するキラーT細胞、強力な生理活性物質（サイトカイン）をまき散らし、自然免疫の主役である炎症反応をさらに促進する機能的T細胞など、病原微生物との生き残りをかけた戦いの中で積み上げげた、進化の粋を集めた極めて強力な防御反応である。一方そのため過剰反応や誤作動が起こらないような厳密な調節・制御が必要となり、

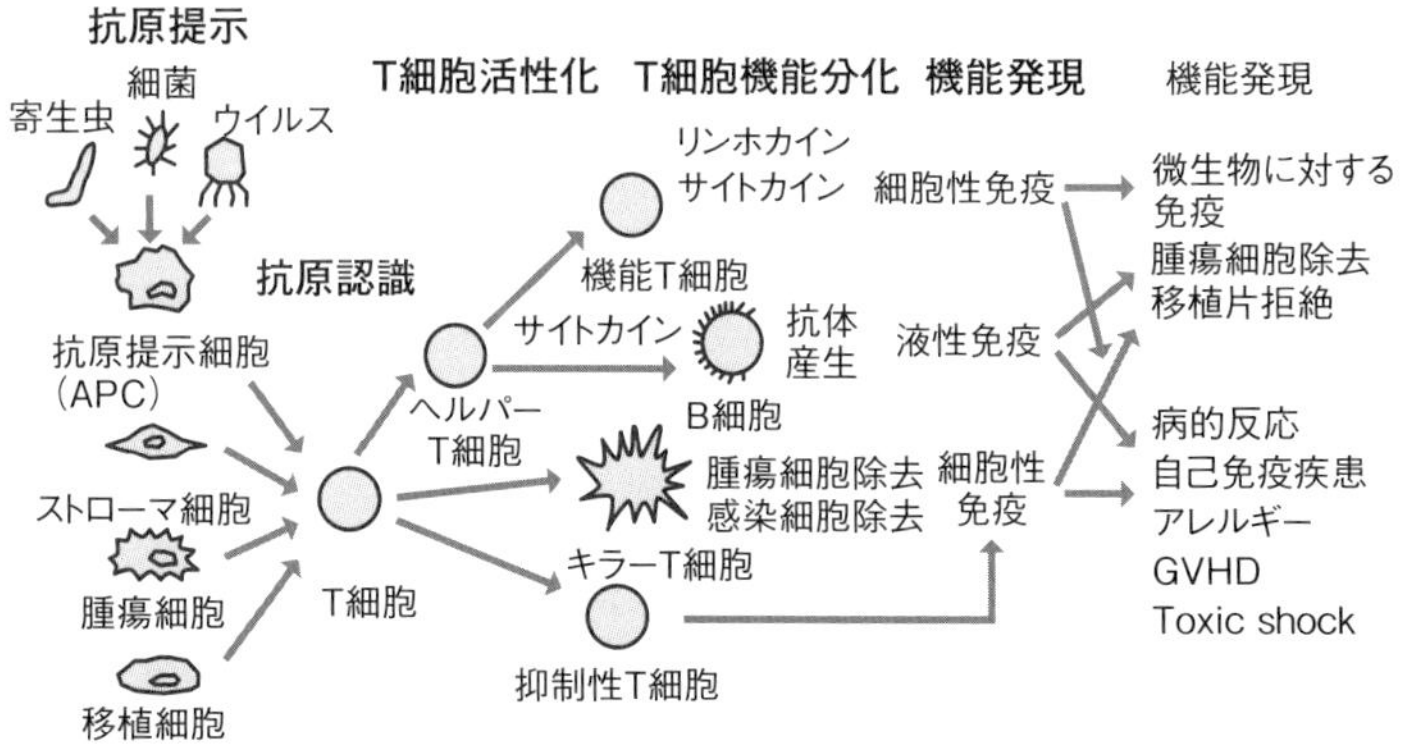

図4　抗原提示細胞は、細胞表面上のMHC/ペプチドを、これと相補性をもつT細胞抗原受容体（T cell antigen Receptor：TCR）を持つT細胞に提示し、TCRからのシグナルを受けたT細胞は活性化し、増殖因子、IL-2を分泌して細胞分裂により感染微生物に反応性を持つ仲間を増やすとともに、その後の免疫反応の担い手となる様々な機能を持ったT細胞が誘導される。

その役を担う抑制性・調節性T細胞も抗原提示の際に誘導される（図4）。

3. 獲得免疫の特徴

獲得免疫の特徴を語るキーワードは「特異性」「多様性」「記憶」「寛容」である。

ⓐ 特異性

インフルエンザにかかっても、新型コロナにかかっても喉は腫れ、発熱し、体がだるくなる。これは、自然免疫が働いて、ウイルスの排除のための炎症反応が誘導されたのである。一方で、インフルエンザワクチンの接種は新型コロナの感染には効果がない。ワクチンによって体内で作られたインフルエンザに対する抗体は新型コロナ感染を阻止することができないためである。

免疫学において、抗原という用語は、感染症における細菌やウイルスそのものを指すことがあるが、実際には、獲得免疫反応の中で作られる抗体が認識する分子を抗原と定義しており、一定以上の大きさのペプチド（アミノ酸の鎖）を含むタンパク質や多糖類はすべて抗原となり得る。脂質や核酸、時には金属もタンパク質や多糖類と結合したり修飾したりすることで、抗原性を持ち得る。抗体は抗原結合部位を使って鍵と鍵穴の関係でぴったりと結合する構造を持つ抗原（時には抗原エピトープと呼ぶ）に結合し、さまざまな生理活性を誘導して、その抗原を発現する標的を無力化する。従って、抗体を鍵とすると、インフルエンザの鍵穴を抗原として抗体を作らせても、その抗体は新型コロナの抗原（鍵穴）に結合することはなく効果を示さないのである。これが獲得免疫における（抗原）特異性であり、インフルエンザに感染したとしても、新型コロナに対する抗体や、機能性T細胞、キラーT細胞を誘導することはできない一方、新型コロナの感染率は下がり、感染しても重症化は防げる。これが、パンデミックの結果、多くの人が感染を経験したために免疫が成立し、新型コロナもやがて季節性インフルエンザと同様の一般的な季節性のウイルス感染症になっていくであろうと考える根拠である（集団免疫）。

(b) 多様性

獲得免疫における最も特筆すべき特徴は、抗原認識における多様性である。前述したように、よほど小さな分子や特殊な構造をした分子以外は、あらゆる分子に対して抗体を作ることができる。さらに、宇宙ステーションでは新薬の開発のために、地球上ではどうしても作れない物質を合成する実験が行われているが、そこで作られた物質を地球に持ち帰りマウスに投与すると、その物質に対する抗体ができる。獲得免疫の主役であるT細胞やB細胞の抗原受容体も抗体と同様、あらゆる抗原と鍵と鍵穴の関係で結合できる抗原結合部位を持ち、上述した獲得免疫の「特異性」を実現している。しかし、タンパク質はDNAの遺伝子情報がRNAに転写翻訳され、タンパク質に翻訳されるという所謂セントラルドグマに従えば、あらゆる抗原と結合できる抗原結合タンパクをコードする遺伝子が必要となる。ヒトでは、遺伝子の数は22,000~24,000といわれており、この限られた数の遺伝子からどのようにして無限に広がる抗原特異的なレパートリーを作り上げているのかということについては長い間、謎であった。これに答えを出したのが、日本に初めてノーベル医学生理学賞をもたらした利根川進博士であった。これについては詳細を図5で説明しておく。2009年に現れパンデミックにより世界で30万人~50万人の犠牲者を出した新型インフルエンザも、翌年にはほぼ収束し季節性インフルエンザの一つになったことからも、獲得免疫が持つ多様性により、短い期間で多くの人が新たなウイルスに対して反応性を獲得するという免疫の柔軟性が示されたものと言える。

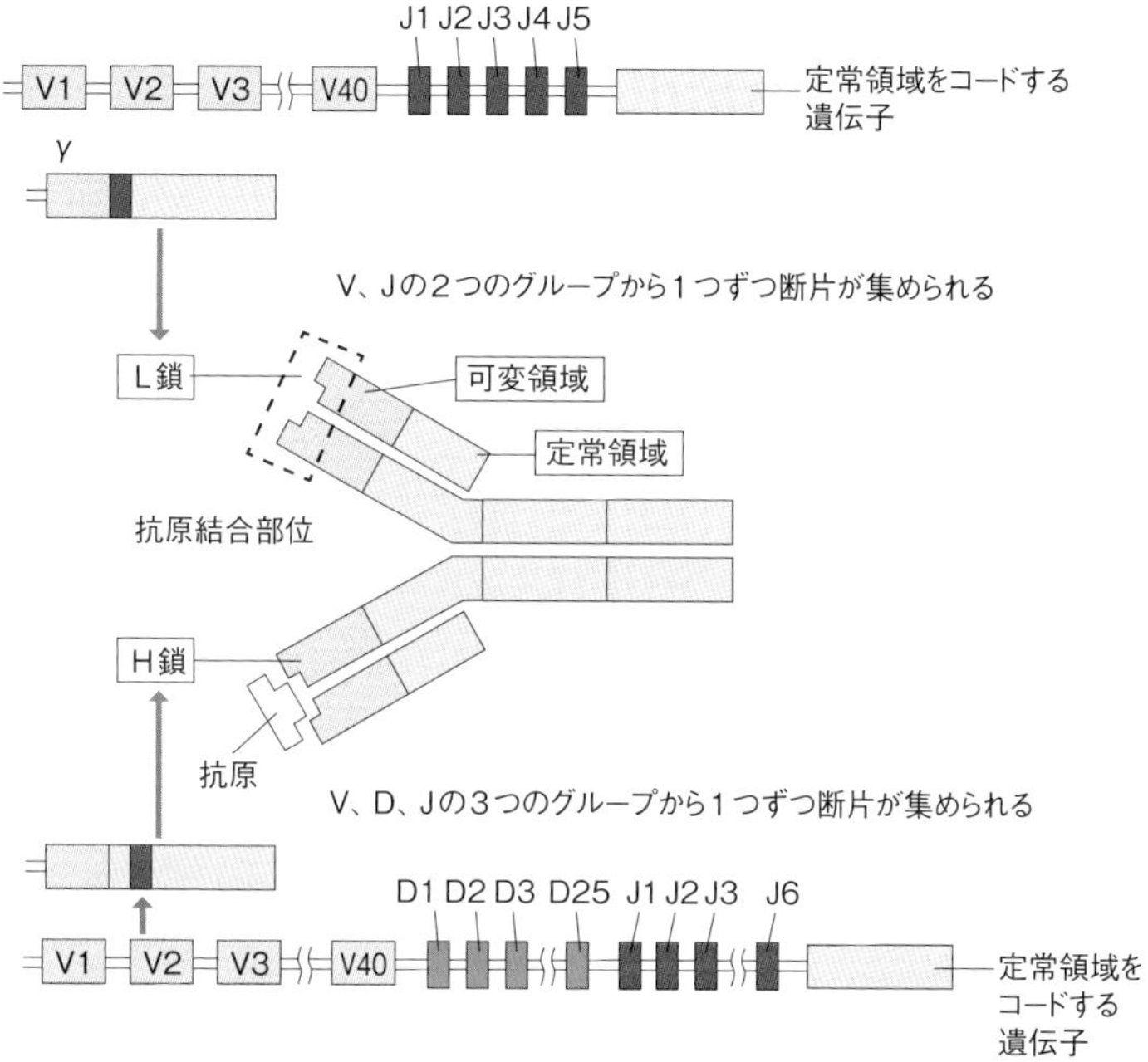

図5　抗体を産生するB細胞の抗原受容体の抗原結合部位はH鎖とL鎖の可変領域で形作られているが、H鎖の可変領域はそれぞれ複数の遺伝子断片を持つ、V（40個の断片），D（25個，J（6個）領域、L鎖ではV（40個）、J領域（5個）のそれぞれの領域から1つずつ選ばれ、それが組み合わさって作られる遺伝子再構成というメカニズムによって作られる（図5）。これにより、何と10^{14}～10^{18}種類の抗原を認識することができるという。このシステムのおかげで、いかに病原体側が突然変異により抗体やリンパ球の標的になっている構造（エピトープ）を変えても、いずれ、新たなエピトープを認識して攻撃する抗体やリンパ球を作り出し、排除に乗り出すことができる。

抗原認識の多様性の他にも、現在のところ、300個以上の機能の異なる免疫細胞が同定されており（機能の多様性）、それらの細胞の免疫応答における役割の多様性や、機能の発現時期なども異なるなど（機能時期の多様性）、獲得免疫は多様性にあふれるシステムである。これにより、新たに出現する病原体の脅威から人類を守ってきたのである。

（c）記憶

第3の特徴である「記憶（免疫記憶）」により、多くの人が感染することによって感染の拡大が抑えられる「集団免疫」やワクチンによる予防接種が有効となる。

図6にB細胞による抗体における免疫記憶の形成過程を示してある。

一方、T細胞は、一度、抗原提示細胞から抗原提示を受け増殖、分化すると、B細胞と同様、一部が記憶T細胞として生体内に残り、病原体の再感染などにより、同じ抗原が体内に入ると素早く、かつ、強力な免疫反応の誘導を担う。

（d）自己寛容

抗原受容体の遺伝子再構成によりあらゆる抗原に反応するという多様性を持つ獲得免疫

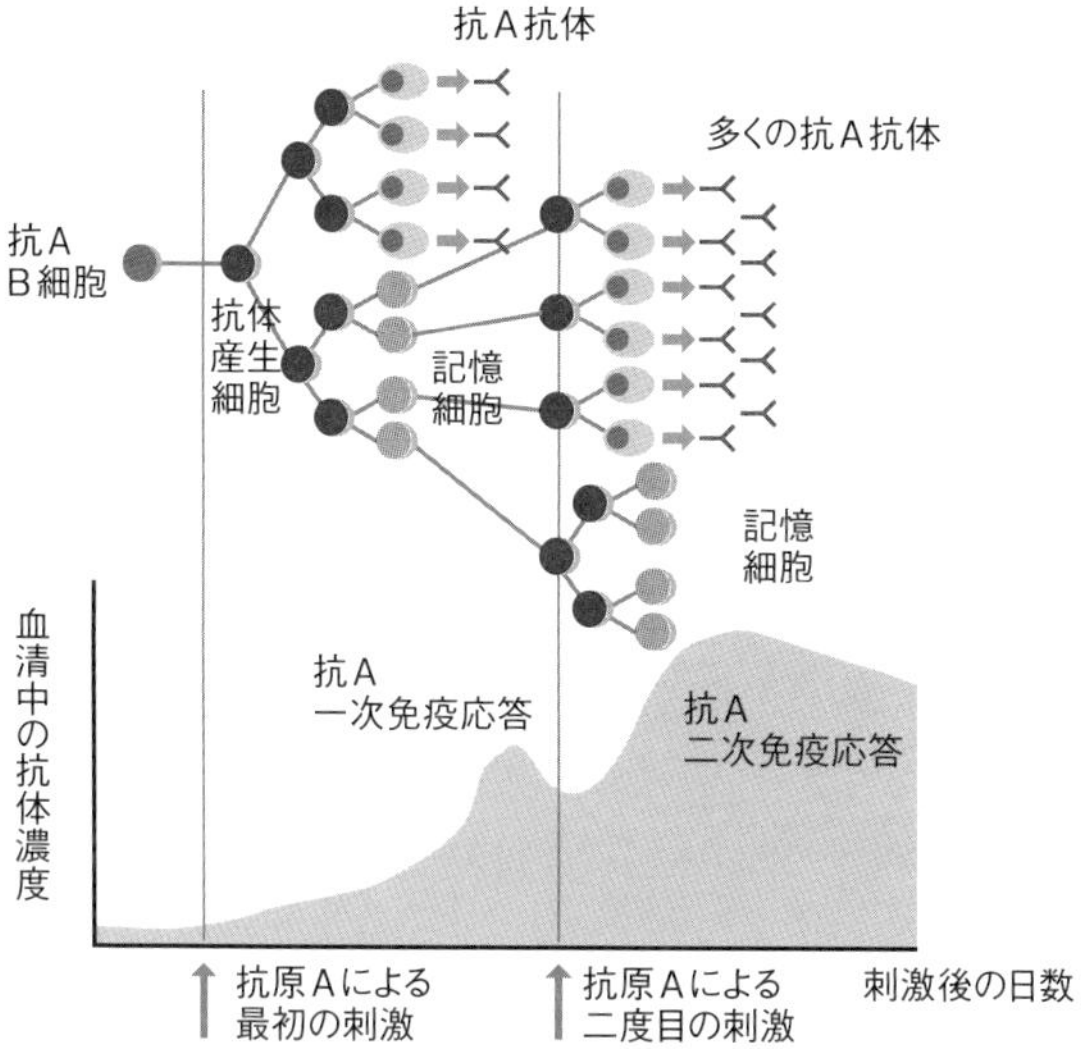

図6　抗原Aを持つ病原体が感染すると、抗原Aに対して反応するB細胞の数が増えると同時に、抗原Aに対して親和性を上げ（抗A一次免疫応答）、病原体に対する攻撃力の高い抗体を作るように変化していく。これを抗体の親和性成熟と呼ぶ。病原体が除去されると、抗A抗体を産生する細胞の殆どは消失するが、そのうちいくつかは記憶細胞として残る。その後、同じ病原体が感染すると、残った記憶細胞が直ちに強力な抗A抗体を大量に作り（抗A二次免疫応答）、短期間で病原体を撃退することで、発症しないか、発症しても軽症で治癒することになる。

だが、タンパク質の塊である自己成分に対しては免疫応答を起こさない。この遺伝子再構成がランダムに起こるため、実際には自己反応性を持つT細胞やB細胞は作られるものの、それらは取り除かれたり、働いたりしないようにするメカニズムがありこれを自己免疫寛容という。T細胞を例に挙げると、T細胞が作られる胸腺には自己免疫調節遺伝子（AIRE）により胸腺上皮細胞で体内に存在するタンパク分子が多種類発現しており、T細胞の成長段階でこれらの自己抗原に強く反応するT細胞が、自己反応性を持つT細胞としてアポトーシス（自死）を促す信号を送られて死滅する（負の選択による中枢性自己寛容）。

負の選択をすり抜けた自己反応性T細胞は、自己抗原を認識しても、活性化に必要なシグナルが入らず、逆に活性化を抑制するシグナルが入るなどしてアナジーという自己成分に対する不応答の状態となる。また、制御性T細胞によって自己成分への攻撃が抑えられるケースもある。これを末梢性自己寛容という。自己反応性B細胞でも、同様のメカニズムで自己反応性が抑えられている。

非自己に対する免疫寛容も存在する。その一つが、母子間免疫寛容である。母親にとっては胎児の細胞は父親の遺伝情報を半分持つ非自己の存在であり、母親の免疫細胞の攻撃対象となり得るため胎盤の中では、胎児側の絨毛細胞は異物であることの印となるMHC抗原を消し、母親のキラーT細胞による攻撃を避けている。また、胎盤中には免疫反応を抑える制御性T細胞が大量に存在したり、機能性T細胞の活性化が抑えられたりしている。このような抑制メカニズムは、腸内で分解された食品が吸収される際にも働き、腸の炎症性疾患や食品アレルギーの発症を抑えている。

結語

免疫システムは非常にダイナミックな、いわば「社会性」を持ったシステムであり[3]、我々が住む社会と多くの点で共通点をみいだすことができる。例えば、免疫が病原体の侵襲から生体を守るのに対して、政府が自国民の安心・安全を保障するために警察や軍隊を組織している。社会生活を送る中で日常的に起こりうる異常事態には、警察や消防が担当し、他国からの侵略に対しては、軍隊が対応する。ここで見られる役割分担は、免疫における自然免疫と獲得免疫に相当する。自然免疫は病原体の侵入の阻止や侵入局所での速やかな反応による防御態勢を敷いている。自然免疫をかいくぐって侵入し、組織破壊や毒素による機能障害を引き起こす病原体に対しては、抗体や、サイトカイン、そして各種ヘルパーT細胞やキラーT細胞などを武器とする獲得免疫で対抗し病原体を一掃する。

一方、獲得免疫の特徴として挙げた多様性、特異性、寛容、記憶は、人間社会においても重要なキーワードである。有限な遺伝子からあらゆる物質に反応できる抗体タンパクを作りだす免疫の多様性は、我々の持つ創造性を連想する。特異性は自己と非自己を見極め、自己寛容を成立させるために発達したものであり、他者への寛容への道を示唆するものである。「生存と繁殖」のためには、非自己の排除という原則さえも迂回する免疫寛容は、過去の恩讐や妬み、嫉みが生む暴力の連鎖を治めるうえでの寛容さの重要性を示している。そして、2度なし現象を生み出す免疫記憶は、免疫系に内包される、免疫システム総体による記憶形成であり、それは、次々と出現する新たな病原体の攻撃をはねのけ、人類の生存と繁栄を支えてきた。この免疫が持つダメージに対する強靭な再生力の源は、地球規模で降りかかる、様々な危機的状況の打破へのヒントとなるかもしれない。

さあ、原始生命誕生から40億年をかけて進化した自然知能、免疫システムから、人類存続の危機を乗り越えるための知恵を探ろうではないか。

参考文献

[1]『名医図解 免疫のしくみ』 安部良監修　PHP研究所
[2]『いちばんやさしい免疫学』 安部良監修　成美堂出版
[3]『免疫の意味論』 多田富雄　青土社

安部 良（あべ・りょう）
1978年帝京大学医学部卒業。83年東京大学大学院医学研究科第三基礎医学（免疫学専攻）修了、医学博士。専門は免疫学。米国国立衛生研究所、米国国立海軍医学研究所、東京理科大学生命医科学研究所長などを経て、2018年より帝京大学特任教授、21年より現職。

体を作って守る上皮バリア

健康科学研究部門 教授
月田 早智子

体の各パートを生成する「上皮細胞シート」。その高度な機能や構成にまつわる、シート自体の形成・維持の仕組みや動態を、上皮細胞間接着・バリア構築における「タイトジャンクションのクローディン」の役割という視点から解明する研究が、新しい医療やQOL向上へつながっていく。

はじめに：「見て、考える」細胞生物学の実践

地道な研究に取り組み、これまで継続してきたモチベーションは何かと私が問われたら、

「細胞の微細構造の美しさ」と答えるだろう。細胞の構造は、無言でその機能を物語っている。構造の美しさに感動し、無言のメッセージを読み取る喜びが、さらなる研究へのエネルギーになっているのである。

生体を電子顕微鏡で繊細に観察し、構造と機能について考えることを私は学んだ。以来、新しい電子顕微鏡の技術や新しい光学顕微鏡法も取り入れながら、細胞の構造を見て、その機能を考える、「視て考える細胞生物学」としての研究を実践してきた。「美しくて巧妙な細胞構造が、どのようなものでできていて、どのように機能して、生命を保つか」を追求することに興味があるのだ。そのために、そのような構造体を生化学的に純粋に集めてくる方法を考えることも醍醐味であり、しばしば電子顕微鏡レベルでの構造が保たれているまま取ってくることができることにも感動を覚える。

私の研究の対象は、上皮細胞である。上皮細胞は、上皮細胞シートを作り、シートとして私たちの体の各パートを作る。これらパートの積み重ねで私たちの体は作られている。体を作る上皮細胞シートには、特異な機能がある。ビニールシートのように水分やものを通さない〝上皮バリア〟としての働きだ。さらに、バリアとして働きながらも、少しだけ水を通す湿ったシートや特定のものを選んで少しだけ通過させるシートなどとしても機能するという特異さもあるのだ。

このように、上皮細胞シートを舞台として起こる、美しい構造とそのタンパク質構成、そして、高度な機能との関連に注目して、その形成・維持の仕組みや動態を解明する研究に私は取り組んでいる。具体的には、上皮バリア形成に重要な上皮細胞同士を接着する装置である「タイトジャンクション（TJ：Tight Junction）」について、その3次元構造を保ったまま丸ごと単離する方法を開発した。そして、そのタイトジャンクション構成分子として、27種類の「クローディン（Claudin：ラテン語の〝Claudere〟（閉じる）に由来する。命名は月田承一郎）」のファミリーを私たちの研究室で見いだし、その構造・機能解析を軸とした基礎研究に取り組んでいる。また、最近はこれまでに得た有用な研究成果を、例えばがんの検査や治療などといった医療に応用する展開も推進している。

1．上皮バリアの「体を作る」役割

上皮細胞とは、体の表面や体腔（胸腔や腹腔など、内臓諸器官が収容されている生体内のスペース）、臓器などを形作り、その表面を隙間なく覆う細胞の総称だ。もう少し詳しく言うと、隣り合う上皮細胞同士が強く側面で接着して薄い細胞シートを形成し、体の表面や体腔器官などを形作り、その表面を覆う。血管も上皮細胞様の内皮細胞のシートが管状に丸まってできている。このように、上皮細胞は生体の形態形成に重要な役割を果たしているのである(図1)。

1-1. 37兆個の細胞で構成される多細胞生物と生体コンパートメント

私たちヒトは、複数の細胞からなる多細胞生物だ。近年、その数は37兆個余りともいわれている。これら

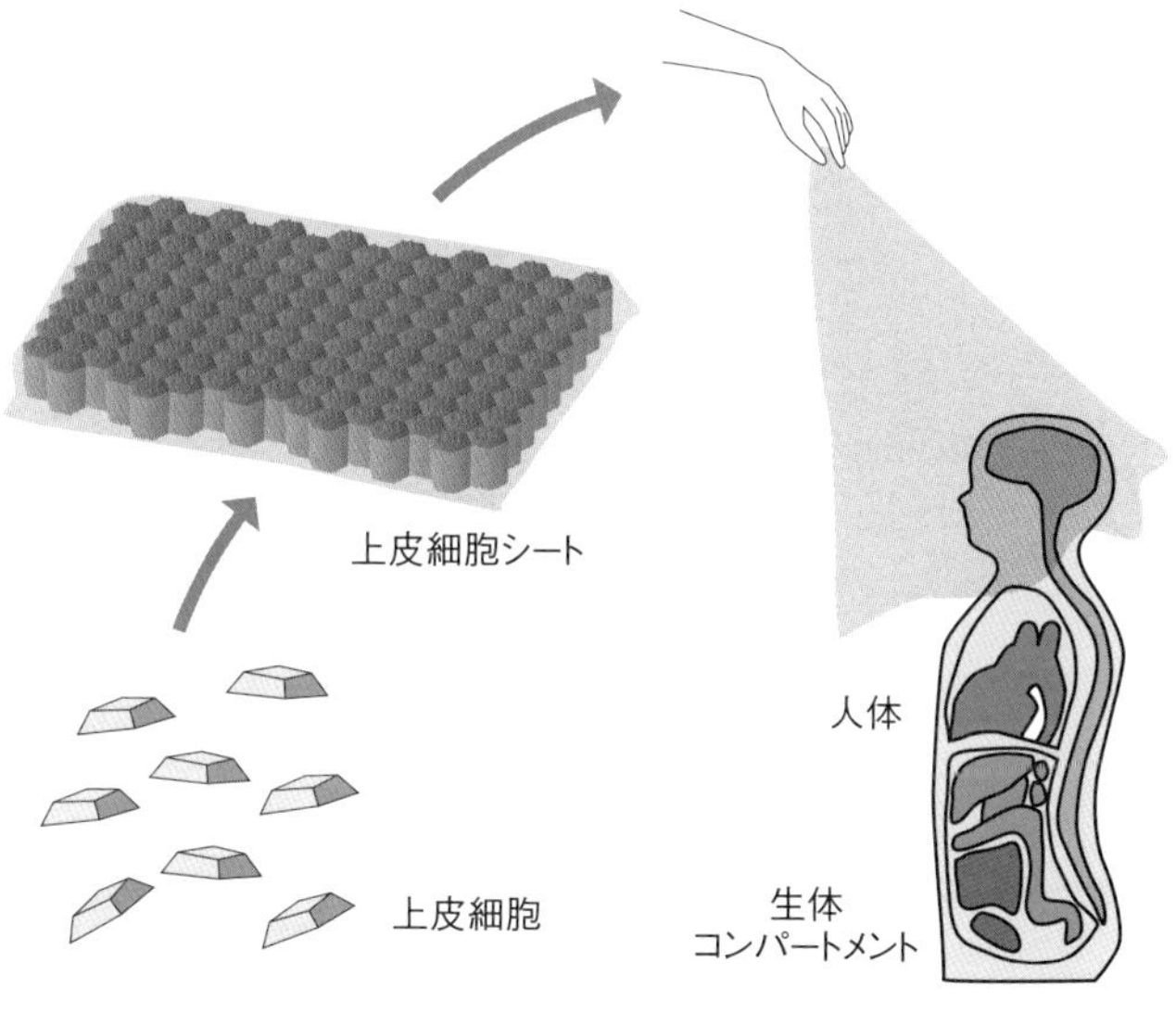

図1　上皮細胞側面での細胞間結合と、上皮細胞シード形成、そして、上皮細胞シートによる人体のコンパートメント形成

の細胞には、いろいろな種類があり、それぞれ形や性質が違っている。細胞が単純に集まり、無秩序に結合しても、それは単なる細胞の塊にすぎない。しかし、同じ形や性質の細胞が集まると、協調して働けるようになるのである。

このようによく似た形や性質、機能の細胞が集まって結合したものを組織という。組織は、上皮組織、結合組織、筋組織、神経組織の四つに大きく分類される。そして、この四つの組織の組み合わせにより、何種類かの組織が集まって協働する器官ができる。さらに目的を同じくする器官が集まって、呼吸器系や循環器系、消化器系など、いろいろなネットワークが形成され、私たちの体が機能しているのである。

こうした器官や器官系の機能は、生体のコンパートメント（マクロには体全体や胸腔・腹腔など、ミクロには毛細血管・尿細管などの体内区画）内で発揮される。コンパートメントごとに内部の環境が大きく異なるが、その壁を形成するのが上皮組織であり、主な細胞成分は上皮細胞である。

1-2. タイトジャンクションとクローディン

上皮組織での上皮細胞同士の結合には、大きな特徴がある。上皮細胞は、その側面で隣接する細胞と結合してシートとなるのである。細胞の頂端側（アピカル：Apical）から順に、隣接する細胞の細胞膜を密着させるタイトジャンクション、細胞シート形成の要となる構造としてアドヘレンスジャンクション（AJ：Adherens Junction）が配置する。これらは電子顕微鏡レベルで独特な構造を示し、「上皮細胞間接着装置」と呼ばれる。そして、上皮細胞間接着装置において細胞同士を接着させる接着剤の役割を果たしているのが「細胞間接着分子」だ。

細胞間接着分子は、細胞膜に埋

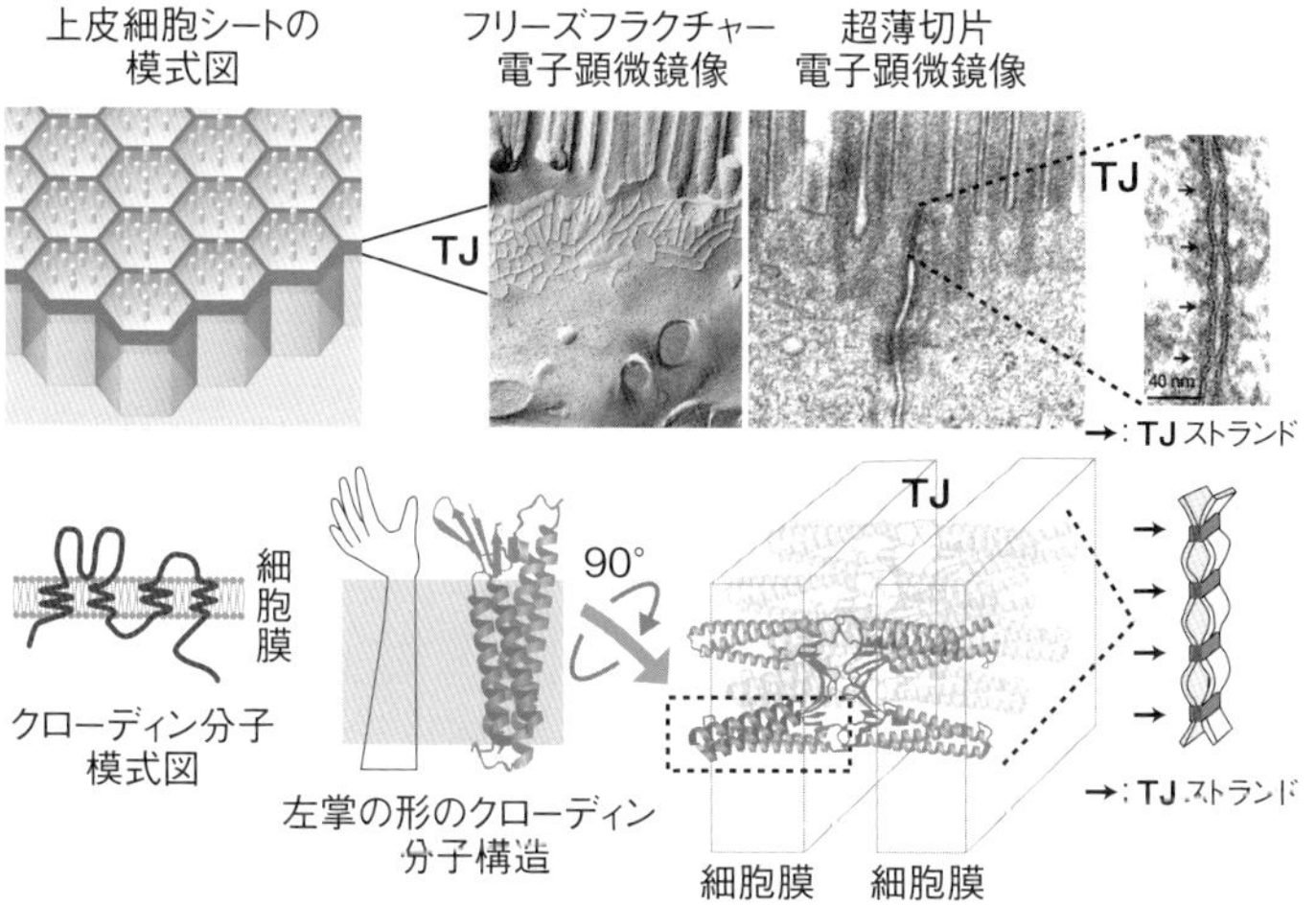

図2　上皮細胞シート細胞間のタイトジャンクション（TJ）。TJは、フリーズフラクチャー電子顕微鏡、超薄切片電子顕微鏡で特徴的な構造を示す。TJの細胞間は、接着分子クローディンの細胞外ドメインによって、細胞間バリアが構築される。

め込まれた分子であり、細胞外に出た部分で相手側細胞の接着分子の細胞外部分と接着する。上皮細胞のアドヘレンスジャンクションの主な細胞間接着分子は、カドヘリン(Cadherin)で、タイトジャンクションにおける主な細胞間接着分子は、クローディンである（図2）。

かつて、タイトジャンクション（ＴＪ）において、タンパク質としての細胞間接着分子が見つからなかったことから「幻の接着分子」といわれたクローディンは、筆者が月田承一郎（１９５３-２００５／当時、京都大学教授）と共に細胞間接着研究を始めたころ（１９８０年代後半）に取り組んでいた肝臓のＴＪ構造精製の研究成果から、月田研究室で同定され、承一郎が名付けた思い出のタンパク質である。その遺志のもと、筆者は２００５年以降、27種類のクローディンファミリー同定、分子構造解明から、細胞・個体レベルまでの総括的研究を新しい月田研究室で進めてきた。

クローディンは、分子量２万５千の小さな４回膜貫通タンパク質で、細胞膜の中で線状に重合し、細胞膜の外側でクローディン同士が結合すると、ＴＪストランドという構造体が形成される。すると、隣り合う細胞の膜同士が、まるでタンパク質の糸で縫い合わされたように密着して一体となる。線状のＴＪストランドが何重かになったタイトジャンクションにより、上皮細胞は、その頂端面の周り一周で、途切れることなく隣接細胞と密着する。このように、タイトジャンクションは絶え間なく細胞間を貼り合わせ、細胞間バリアが成立する。すると、上皮細胞の頂端面と細胞間バリアは合体して、上皮バリアとして体のコンパートメントを隙間なく覆うことになり、内部環境と外部環境を隔絶して生体内のホメオスタシス（恒常性）を確保することができるのだ。

2. 上皮バリアの「体を守る」役割

ホメオスタシスは生命維持に不可欠だ。例えば、私たちヒトは、周囲の気温が上がったり下がったりしても、体温や血圧が大きく変わることはない。もし環境の変化に伴って、ヒトの体温が大きく変わってしまうと、細胞は適切に働くことができなくなってしまうからだ。このように、体外環境に大きく影響されず、生体内の状態を一定に保つことをホメオスタシスという。

2-1. 外界からの侵入を防ぐバリア

生体内の恒常性を確保しているということは、言い換えると、前述の上皮細胞シートが、生体内でさまざまなバリア機能を創出しているということにほかならない。

生物は、単細胞生物から多細胞生物に進化してきた。この進化の過程で、上皮細胞接着の仕組みが大きな役割を果たした。

なぜなら、上皮細胞シートには、体を作るということのほかに、体を守るという側面があるからだ。とりわけタイトジャンクションのクローディンによって密着している上皮細胞シートは、上皮バリアとして体の表面や生体内の臓器を覆い、外界と隔てている。つまり、外界から生体内へと侵入しようとする異物や病原菌から自らを守るために、バリアとして機能しているのである。

2-2. ホメオスタシスを維持する仕切り

生体は大小さまざまな区画としてのコンパートメントに分かれている。上皮バリアは、各区画を成形するとともに区画内部の環境維持にも機能し、生体内ホメオスタシスを維持しているのだ。

コンパートメントとホメオスタシスの関係は、生体を冷凍・冷蔵庫に見立てると、わかりやすいかもしれない。例えば、一般的な食材を保管する冷蔵室は4℃、肉や魚介類などを保管するチルド室は0℃前後、アイスクリームをストックする冷凍室はマイナス20℃というような具合に、区画ごとに仕切られ、それぞれに異なる内部環境が維持され、冷凍・冷蔵庫として機能している。

また、私たちヒトの体は、成人では約60〜65パーセントが水分であるといわれている。血液やリンパ液など、体内の全ての液体が体内コンパートメントから漏れ出ないで保たれているのも、密閉性のあるバリアの仕切り機能が働いているからだ。

3. クローディンの謎

これまでに述べたように、上皮細胞が密着することによって、体を作ったり守ったりする機能が生まれることがわかっている。つまり、上皮細胞同士が密着結合したタイトジャンクションにより細胞間バリア機能が確立し、そしてその機能が上皮細胞頂端面のバリア機能と連携して、全体として上皮バリア機能が出来上がっているのだ。

言い換えると、接着分子クローディンが、細胞と細胞を接着させて、こうしたバリア機能を作るということに関与していると言える。

しかし、バリア機能がある一方で、上皮バリアとしての上皮細胞シートにはそれとは矛盾する機能もある。例えば、消化管では食物の消化や吸収に、腎臓では栄養や水分の再吸収に、というように細胞シートを通過する物質のやりとりがあるからだ。

この矛盾した機能の謎は、研究によって解明されつつある。現在進行中の実験結果でも、クローディンは細胞間でほんの少しずつ水を漏らしていくこともあり、どうやらさらに巧妙な仕組みがありそうなのだ。クローディンの機能は、まだまだ奥が深い。今後の研究が大いに楽しみである。

3-1. 上皮細胞間バリアと選択的透過性のある上皮細胞間チャネル

これまでの研究結果から、クローディンは27種類のファミリメンバーからなり、これらのクローディンが各臓器で複雑な組み合わせで発現していることがわかってきた。

各生体部位に特異的に多様な組み合わせでクローディンが発現してタイトジャンクションが構成される。すると、基本的には細胞間隙が閉鎖し、自由なイオンや分子の透過が遮断されることで、バリア機能が発揮されるのである（図2、図3）。

ところで、上皮細胞膜には、膜タンパク質として、高濃度から低濃度へ物質を輸送するチャネルや、低濃度から高濃度へと輸送するポンプやトランスポーターがある。いったん上皮細胞内にイオンや分子を運び、またそれを細胞の反対側の細胞膜から外に出すような機構を、上皮細胞シートを横切るトランスセルラーの輸送（経細胞輸送）という。

また、27種類のクローディンの中には、選択的イオン透過性を示す細胞間チャネルを形成する種がある。これを、上皮細胞シートを横切るパラセルラーの輸送（傍細胞輸送）という。

これらの物質移動により、上皮

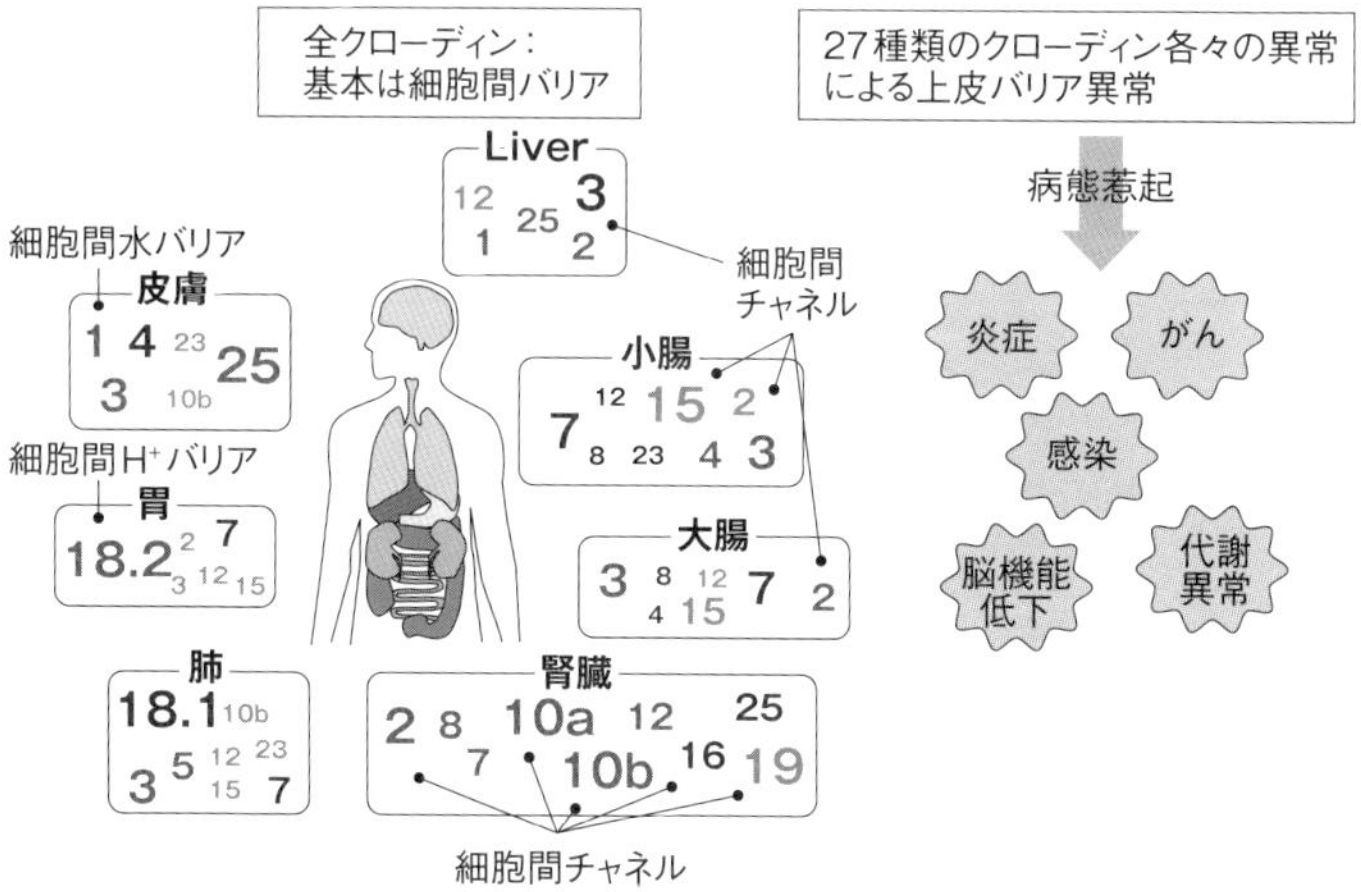

図3　上皮細胞間のタイトジャンクション（TJ）構築分子クローディンは、27種類の多遺伝子ファミリーを構築する。27種類のクローディンは、臓器ごとに異なる種類と異なる比率で発現しており、各臓器に特異的な細胞間バリアを構築する。おのおののクローディンの変異によるいろいろな病態が知られている。

バリア機能とは矛盾するような上皮細胞シートを横切る物質のやり取りが可能になっているのである。

4. 体を作って守るクローディン

タイトジャンクションにおける、クローディンによる上皮細胞シートを横切る物質透過性制限は、ホメオスタシスすなわち内部環境恒常性のコントロールに関わっている。なぜなら、透過性制限の破綻がさまざまな病態の出現に直結するということが、これまでの研究で明らかになっているからである。

4-1. いろいろな臓器でのクローディンの発現とその発現の異常による病態

クローディンは、臓器や生体部位ごとに27種類のファミリーメンバーの発現パターンが大幅に異なる。月田研究室では、分子・細胞レベルでの研究はもとより、マウスを用いた個体レベルの研究も行ってきた。

クローディンファミリーの27種類のメンバーについて、クローディンノックダウンマウス（クローディンの発現量を減少させたマウス）あるいはノックアウトマウス（クローディンの発現を無くしたマウス）を作製し、クローディンの生体機能構築原理と病態の解析を行ってきたのである。

クローディン1の発現量を減少させたマウスは脱水やアトピー性皮膚炎を呈する。クローディン1のノックアウトマウスは、脱水によって生後1日で死亡してしまうほどであるが、クローディン1が少し残るノックダウンマウスでは、アトピーが発症する。さらに、クローディン3の発現量が低下したマウスでは汗腺からの汗の周辺組織への漏出によるアトピーが認められる。別途、クローディン7が欠損したマウスには潰瘍性大腸炎、クローディン18－2のノックアウトマウスには胃炎と胃腫瘍などの病態が現れた。

つい最近では、クローディン1ノックダウンマウスあるいはクローディン3ノックアウトマウスは、それぞれ単独では毛髪形成への影響は見られなかったにもかかわらず、クローディン1ノックダウンとクローディン3ノックアウトが同時に起こった場合には、両者の影響で、毛髪の形成異常から脱毛が起こることを見いだした。

これらの病態は、クローディンの発現量の変化により、バリア機能が弱い状態に変化したことによるものと考えられるが、間接的には、上皮バリアの構築変化による可能性もある。

また、クローディン2と15の同時ノックアウトマウスの腸管内に生じるナトリウムイオン欠乏による致死性栄養吸収障害や、クローディン2のノックアウトマウスに生じる胆汁循環障害や胆石などの病態は、細胞間チャネルとして働くクローディンが変化して上皮細胞シートの透過性が損なわれることによると考えられる。

このように、クローディンの変異によってさまざまな病態が起こるということは、逆に言えば健康維持のためにクローディンが生体内で非常に機能しているということを示している。

4-2. 体の内側から健やかに美しく

27種類のクローディンを対象とした体系的研究は、世界的にその重要さが認識されつつある。クローディンと病態の関係から、薬や検査・治療法を導き出す研究が進行中だ。その中でも胃がんの治療薬（抗がん剤）が、もうすぐ世に出るところまで来ている。

これは胃がんの約80%で、胃に特異的なクローディン18-2が発現していることに注目したことによる、クローディン18-2を標的とした抗クローディン抗体である。胃がんのみならず、すい臓がんなど多くのがん種で効果が期待できるとして、注目されている。

このほかにも、クローディン1やクローディン6の特異的モノクローナル抗体についても、抗がん医薬品応用を目指した研究が国際的に展開されている。また、抗体以外でもタイトジャンクションを対象とした、医薬品も考えられる。こうした国際的な潮流に、月田研究室も無縁ではない。特許の可能性や医療への応用も追求しているのである。

また、皮膚は、生体防御の最前線の一つである。皮膚上皮バリアの異常により、異物が体内に侵入したり、炎症が起こったりすることにより、その影響が多臓器機能に及ぶこともあり得る。バリア機能は、全身の健康維持にも重要である。

ここから発想して、皮膚最表層上皮細胞シートのバリア機能や、体の内側でのバリア機能を操作することで病気の予防・治療、あるいは美容効果も可能になるのではないか。そんな期待も高まる。

おわりに：今後の課題

未知の細胞構造や機能、その仕組みを解明したい。それが私の研究の原点にある。そして、その時々で受ける構造美の感動が、研究継続のモチベーションになっている。

クローディンの立体構造は不明だったが、２０１４年に共同研究（名古屋大学・藤吉好則教授研究室）によって、世界で初めてクローディン15の構造を原子分解能で解明することができた。クローディンが細胞外に掌を向けたような構造（図2の下段参照）を見た時の感動は忘れられない。また、分子構造は実に大きなことを語る。分子構造も踏まえた上で、細胞・個体レベルでのタイトジャンクションの機能やその操作法を追求することには大きな醍醐味がある。

また、ここでは、紙面の関係で触れなかったが、タイトジャンクションと上皮細胞頂端面が一体として上皮バリアの働きのために機能する仕組みとして、クローディンの視点以外にも、細胞骨格などにも注目している。ダイナミックな上皮バリアの動態を解明する内容であり、これもまた、上皮バリア制御などを考える上で注目される。

27種のメンバーで構成されるクローディンファミリーの機能の全容を解明するには、さらに研究の日々が続く。基礎研究は地道な日々の積み重ねだが、研究で得た有用な成果を、社会に還元して新しい医療やＱＯＬ（Quality of life：生活の質）向上のために役立てたい。その方向性は、またいろいろな意味で基礎研究に還元され、基礎・応用研究のスパイラル的科学の発展につながるからである。

参考文献

[1] #Tsukita S, Tanaka H, and Tamura A. The Claudins: From Tight Junctions to Biological Systems. Trends Biochem Sci. 44(2):141-152. 2019 https://doi.org/10.1016/j.tibs.2018.09.008

[2] 鈴木浩也、田中啓雄、田村淳、月田早智子「タイトジャンクションによる上皮細胞間バリア機能」実験医学増刊Vol.35 No.7: 生体バリア 粘膜や皮膚を舞台とした健康と疾患のダイナミクス: 19 - 25、2017年

[3] 矢野智樹、月田早智子「上皮細胞間接着装置」生化学. 89 : 830 - 840、2017年

[4] 月田和人、北又学、田村淳、月田早智子「微小管依存的なアクチン核形成因子の液-液相分離による、時空間的な上皮バリア制御」実験医学. 41 : 2151 - 2154、2023年

月田 早智子（つきた・さちこ）

帝京大学先端総合研究機構健康科学研究部門教授。大阪大学名誉教授。東京大学大学院医学系研究科博士課程修了。専門は、分子細胞生物学、個体解析学、上皮バリア学。東京大学医学部学振研究員、東京都臨床医学総合研究所研究員、岡崎国立共同研究機構生理学研究所助手、京都大学医学部保健学科教授、大阪大学大学院生命機能研究科/医学系研究科教授、などを歴任。上皮細胞間バリアを構築するタイトジャンクション（TJ）について、その接着分子クローディン発見の礎を築き、さらに、いろいろな角度からTJ研究、クローディン研究を基軸に上皮バリア研究を展開。2015年の東レ科学技術賞をはじめ数々の受賞歴がある。

細胞内シグナル伝達研究と治療法開発

健康科学研究部門 准教授
森川 真大

高齢者のさまざまな疾患に対して、治療法の研究開発が進んでいる。中でも、高齢とともに衰える骨と筋肉に着目した、骨格筋を維持する基礎研究が進行中だ。カギとなるのはミオスタチンという骨格筋を衰えさせる物質の存在。この物質の働きを阻止することが骨格筋を助けることにつながる。

筆者は、医学部出身の基礎研究者として、病気の成り立ちや治療法開発に関係する研究をしている。「基礎研究」という言葉はある程度一般的になったが、特別な応用・用途を直接に考慮することなく、新しい知識を得たいという知的好奇心を原動力とする。好奇心を表す英語curiosityを使いcuriosity-driven research（好奇心駆動型研究／研究者の自由な発想に基づく研究）といわれることもある。ただ、医学・生物学の分野では、病気の成り立ちや治療法に関係する点が研究対象になることが多い。仮説が正しいか否かを実験動物で確認するため、注目する遺伝子を欠損させた動物を解析することや、病気のモデルになる実験動物で治療効果を評価することが日常的に行われている。その結果、医学・生物学分野の基礎研究の成果発表／プレスリリースには「難病の原因の解明につながる」「新たな治療法開発につながる」、などと将来の展望が書かれることがある。しかし、こうした基礎研究の成果がヒトを対象とした治療に結びつくには、長い時間が必要になることが多い。例えば、単純化された動物モデルが多彩なヒトの病気を再現していないため、一部の患者さんにしか当てはまらない場合がある（**図1**）。また、実際に新薬が開発されるまでには

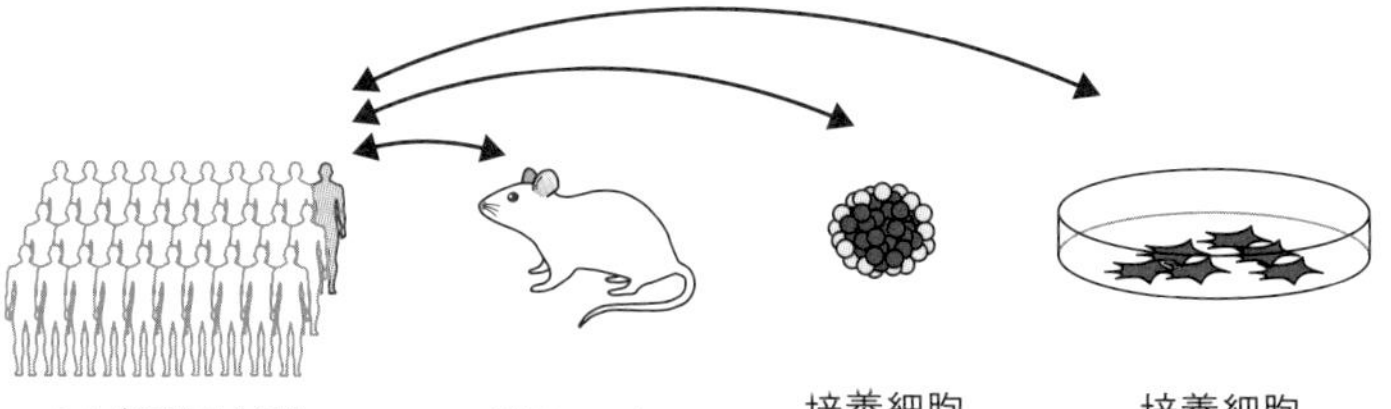

図1　動物モデルや培養細胞とヒトとの対応。医学・生物学の分野では、ヒトの病気を研究対象とするが、ヒトで直接実験をすることが難しい。動物モデルや培養細胞を用いるが、単純化された実験モデルは研究対象の一部のみにしか対応していない可能性がある。

長い年月と莫大な費用がかかる。しかし、こうした基礎研究の積み重ねがあってこそ、現代の医学があることも事実だ。

筆者は、トランスフォーミング増殖因子（ＴＧＦ）-βとそれに関連するサイトカイン（生理活性タンパク質）に関する研究を行ってきた[1、2]。ＴＧＦ-βには哺乳類では30種類以上の構造の類似したタンパク質が存在し、総称して「ＴＧＦ-βファミリー」と呼ばれている。ＴＧＦ-βファミリー分子は生体内で多彩な機能を果たし発生・分化で重要な役割を果たす。このＴＧＦ-βファミリー分子が心血管系異常、骨形成異常、腫瘍形成などの多様な病態に関与するため、シグナル伝達の研究が予防法や治療法の開発につながることが期待できる。しかし、これまで多くの製薬会社がＴＧＦ-βファミリーに関係する複数の治療薬候補を開発してきたが、ヒトにおける臨床試験で効果が不十分だったり、標的外の組織・臓器で副反応を生じたりするなどの理由で開発が中断されたものが多い。そこで、製薬会社が開発を中断してしまった疾患に対し、ＴＧＦ-βファミリーに対する長年の基礎研究の成果を有効活用して新たなアプローチを見いだすことができるのではないか、と考えて研究を続けている。

1. 細胞内シグナル伝達の研究と治療法開発

ヒトの体は、平均すると20μm程度（0・02㎜程度）の大きさの細胞と呼ばれる小さな単位で構成されている。細胞は、細胞にとっての外界である周囲の環境変化を感知し、細胞内部に情報（シグナル）を伝え、環境変化に対応して必要な機能を発揮する。細胞の表面には、周囲の環境の情報を受け取るアンテナ役のタンパク質があり受容体と呼ばれている（図2）。また、受容体ごとに刺激役となる分子は決まっていて、受容体に対するリガンドと呼ばれている。リガンドが受容体に結合すると、細胞の中でタンパク質などの化学反応が次々と起こって情報（シグナル）がリレーされ、遺伝情報（DNA／設計図）が保管されている核の中まで環境変化の情報が伝えられる。核の中では、DNAの遺伝情報が運搬役のRNAに写し取られ、核外に運ばれたRNAから製品としてのタンパク質が作られる。この新たに作られたタンパク質が、生体で必要な機能を果たす。生物学の分野では、細胞外の環境変化を感知して細胞の中に情報を伝える一連の流れを細胞内シグナル伝達と呼ぶ。

細胞内シグナル伝達には種々の様式がある（図3）。例えば細胞の数をコントロールするのは増殖因子と呼ばれる一群のタンパク質で、リガンド（増殖因子）が受容体に結合することで細胞内にシグナル伝達する。増殖因子が使う受容体はチロシンキナーゼという酵素活性を持っていることが多い。リガンドが受容体に結合すると、細胞内で複数のタンパク質がシグナルをリレーし、核の中までシグナルが伝えられる。増殖因子や受容体型チロシンキナーゼのシグナル伝達経路は、最も研究が進んで

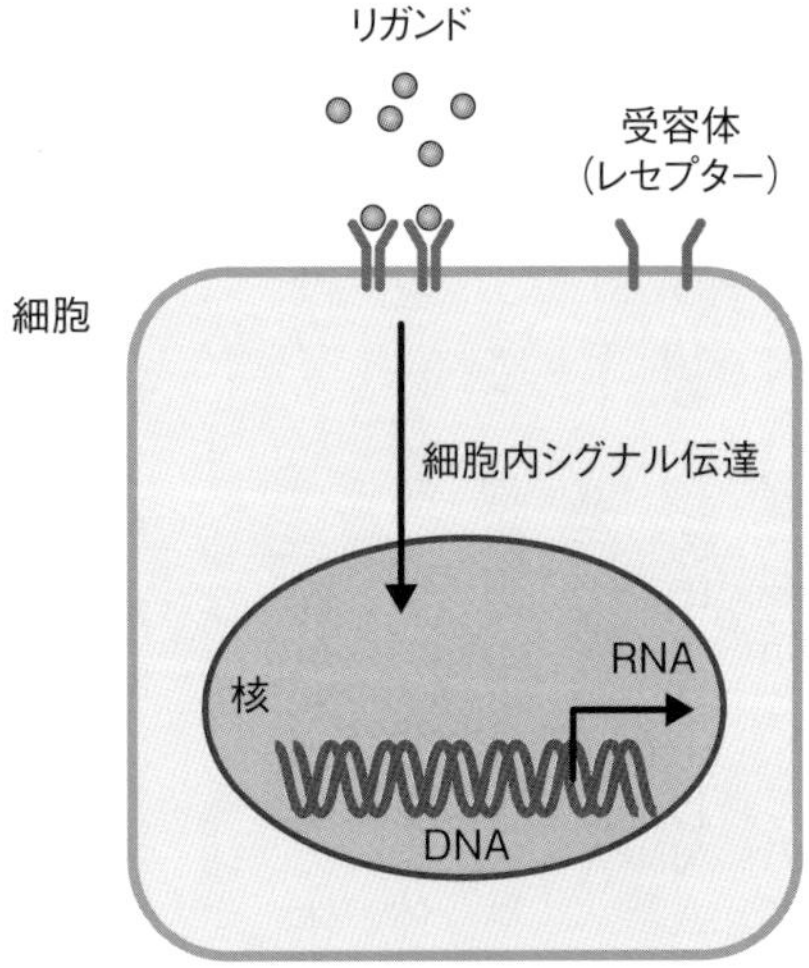

図2　細胞内シグナル伝達とタンパク質合成。細胞の表面にある受容体にリガンドが結合すると、遺伝情報（DNA／設計図）が保管されている核の中までシグナルが伝えられる。核の中では、DNAの遺伝情報が運搬役のRNAに写し取られ、核外でタンパク質が作られる。

いる経路の1つだ。この経路に関しては、途中に出てくるタンパク質の立体構造もほぼ解明され、それらタンパク質に結合する治療薬候補も複数見つかっている。細胞内シグナル伝達の他の様式としては、TGF-βの場合のように受容体から1つのタンパク質が細胞膜から核まで移動し遺伝子発現を調節する場合がある。また、NOTCH（ノッチ）シグナルが代表的だが、細胞膜上の受容体自体が切り離されて核に入る場合も知られている。さらに、ステロイドホルモンのように細胞内に受容体がある場合も知られている。こうした各種シグナルが細胞外の環境変化に応じて細胞の働きを調節し、生体全体として正常な状態を維持しようとしている。また、個々

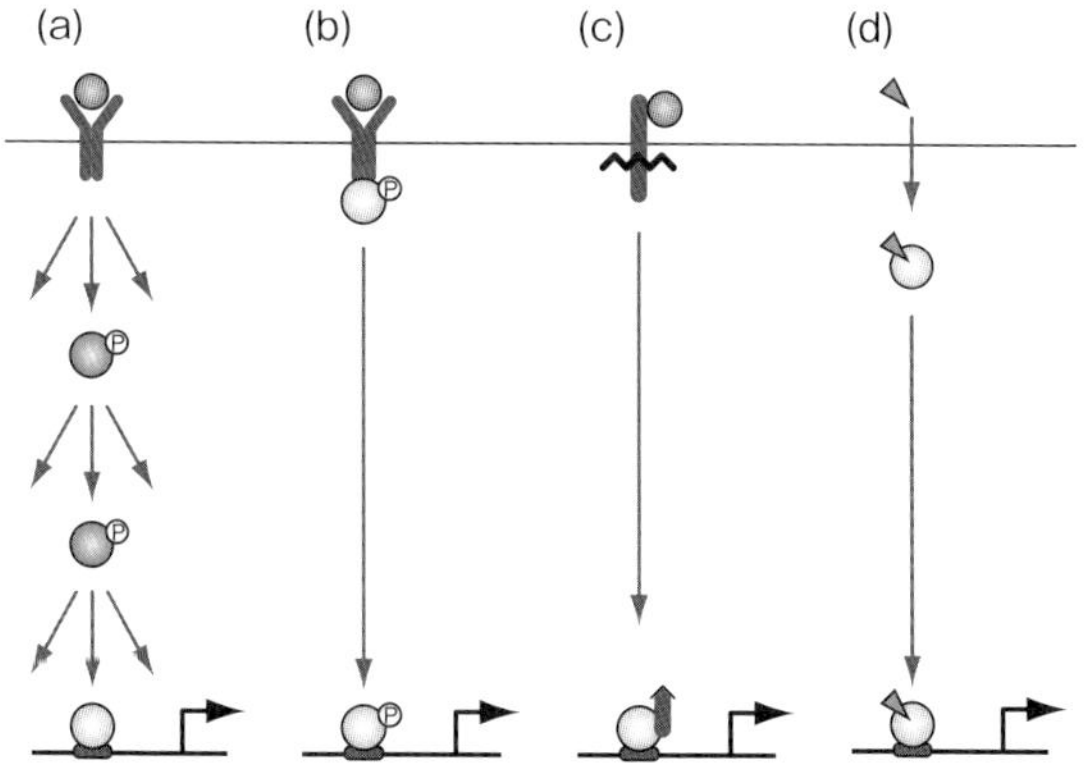

図3　細胞内シグナル伝達の種々の様式。それぞれの様式では、(a) 増殖因子と受容体型チロシンキナーゼ、(b) TGF-βファミリー、(c) NOTCHシグナル、(d) ステロイドホルモンが代表的である。

のシグナル経路の異常が特定の病気の発生や進展に関与することも知られている。

病気の1つとして「がん」を例にする。がんは、細胞の増殖にブレーキがかからなくなり、無制限に細胞の数が増えることが特徴の1つだ。正常な細胞では、増殖因子が細胞の数を増やすアクセル役として働く。また、アクセルを踏みすぎた場合にはアクセルを解除する機構や別のブレーキ役の機構が働き、安全弁として機能する。これに対し、がん細胞ではアクセルを踏み続けるような異常やブレーキが壊れるような異常が起きている。例えば、肺がんの5%程度では、受容体型チロシンキナーゼの1つであるALKが他の遺伝子と融合したALK融合遺伝子が原因

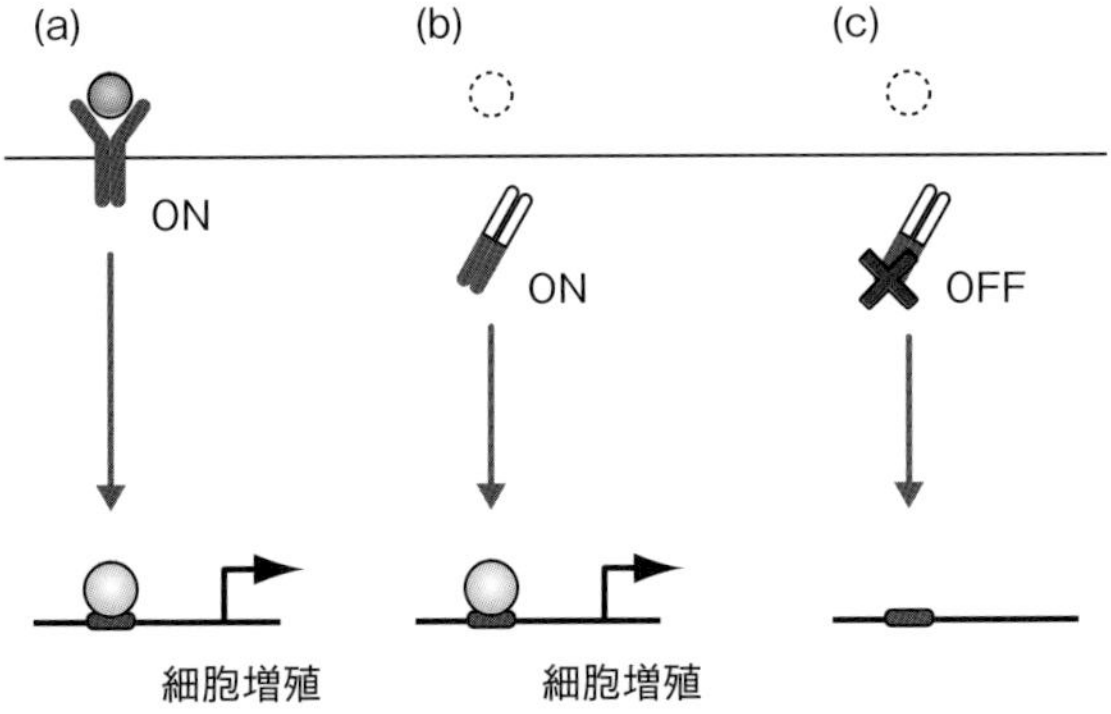

図4　受容体型チロシンキナーゼと分子標的薬。(a) 受容体型チロシンキナーゼALKは、リガンドが結合することで細胞内にシグナル伝達する。(b) 肺がんでは異常な融合タンパク質となり、リガンドがなくてもONの状態になる。(c) ALKを標的とする分子標的薬が効果を発揮する。

だ。このＡＬＫ融合遺伝子から作られるＡＬＫ融合タンパク質は、外界にリガンドがなくてもリガンドが結合した状態をまねてしまうため、アクセルを踏み続けて暴走してしまう（図４）。一方、ＡＬＫのチロシンキナーゼの酵素活性が常にＯＮになることが病気の原因ならば、ＡＬＫからその先（下流）にシグナル伝達するのを止めてしまえば良い。こうした考え方から、ＡＬＫの酵素活性を阻害する（邪魔して機能させなくする）薬が注目され、ＡＬＫの分子標的薬は臨床で使用されている。ただ、がんも黙っているだけではない。分子標的薬で治療中のがん細胞集団の中には、薬が効かなくなる変異を持った細胞や別の経路で細胞増殖が可能になった細胞が出現し、治療薬が効かなくなる場合がある。研究者側も、治療抵抗性のがん細胞を詳細に解析し、がん細胞の新たな弱点を探っていく。このように、シグナル伝達の詳細な分子機構を明らかにすることで、病気の成り立ちを明らかにし、治療となる標的を見つけ、治療法開発につなげること目指して研究が進められてきた。

ＴＧＦ-βファミリーに関しては、現時点で治療薬として臨床応用されたものは限られている。その理由として、ＴＧＦ-βのように複数の組織・臓器で重要な役割を果たしているサイトカインでは、標的外の組織・臓器でもＴＧＦ-βの機能が失われるため、副反応を生じてしまう。また、30種類以上のTGF-βファミリーの中で、標的と類似した機能を持つ他のファミリー分子が代役として機能する（機能を代償する）場合もあるため、一部分だけを阻害しても効果が不十分のこともある。「帯に短したすきに長し」ということわざもあるが、TGF-βファミリーに関する治療薬を開発する場合、阻害する必要がある因子を過不足なく、副作用を起こさないように必要な臓器でだけ、阻害することが重要である。

2. 骨格筋研究への応用

TGF-βファミリーの中で、ミオスタチン（増殖分化因子8／GDF8とも呼ばれる）は主に骨格筋で産生・分泌されて骨格筋自身を負に制御するブレーキ役として機能する。このミオスタチンは、品種改良で作られたベルギーの牛「ベルジャン・ブルー」（Belgian Blue）から見つかったものだ（図5）。ベルジャン・ブルーはdouble muscling（骨格筋が二倍、通称「豚尻」）と呼ばれる骨格筋肥大を認め、原因遺伝子を探している中でミオスタチン遺伝子が特定された。マウスやイヌなど他の動物でも、骨格筋肥大を認める系統でミオスタチン遺伝子異常が確認された。さらに、ヒトでもミオスタチン遺伝子の変異によって骨格筋肥大を生じることが報告され、ミオスタチン関連筋肉肥大と呼ばれている。

　ミオスタチンは骨格筋のブレーキ役となるため、ミオスタチン阻害薬はこのブレーキを解除し、骨格筋肥大や筋力増大をもたらすことが期待できる。こうした背景から、ミオスタチンやそのシグナル経路は骨格筋萎縮に関して介入可能な標的と考えられてきた。近年、生体が作る抗体などを利用した生物学的製剤の開発や臨床応用が進み、例えばＴＮＦ-αやＩＬ-６を標的とした抗体は既に臨床応用されている。抗体は、体外から侵入した異物に対して免疫機構が作るものだ。標的タンパク質に結合する抗体を薬として用いることで、標的タンパク

図5　骨格筋が肥大しているベルギーの牛「ベルジャン・ブルー」(Belgian Blue)。

質の機能を失わせることが可能になる。大手製薬会社では、目的となるタンパク質に結合する抗体を迅速に作成・改良する方法が確立している。ミオスタチンに関しても、これまで少なくとも大手製薬会社4社がミオスタチンの機能を阻害する抗体（抗ミオスタチン抗体）を開発してきた。マウスでは、抗ミオスタチン抗体を投与してブレーキ機能を壊すことで、成獣であっても骨格筋肥大が認められ、筋力が強くなることが報告された。しかし、ヒト患者における臨床試験では抗ミオスタチン抗体単独では効果不十分という結果になり、開発が中断している。この理由として、ヒトではミオスタチンと同様の機能を持つGDF11やアクチビンがミオスタチンの代わりに働き、代償的に機能すると考えられている（図6）。

そこで、骨格筋のブレーキ役の複数のTGF-βファミリー分子を一括して阻害する生物学的製剤が開発された。生物学的製剤としては、標的分子と結合する受容体を活用し、受容体の一部と抗体の一部（Fc領域）とを融合させたFc融合タンパク質医薬品の開発も盛んに行われている。ミオスタチンに関しては、ActRⅡB受容体を利用して、ミオスタチンを含む複数のファミリー分子を一括して阻害可能なリガンドトラップ製剤（ActRⅡB-Fc製剤）が開発された。ActRⅡB-Fc製剤は、マウスやサルなどの実験動物で効果が認められ有望視された。さらに、デュシェンヌ型筋ジストロフィー患児での臨床試験（第2相）で、ＡｃｔＲⅡＢ-Ｆｃ製剤を投与された患児では骨格筋が統計学的に有意に肥大し、歩行機能も改善する傾向だった。しかし、鼻出血などの血管の副作用を認めたため、ＡｃｔＲⅡＢ-Ｆｃ製剤の開発は中断した。この理由として、ＡｃｔＲⅡＢ-Ｆｃ製剤が骨格筋のブレーキ役だけではなく、血管内皮細胞の機能に重要なＢＭＰ９にも結合し阻害するためと考えられた（図５）。この他にも、ミオスタチンを含む複数のファミリー分子と結合するフォリスタチン（ＦＳＴ）という生体内に元々存在するタンパク質を使ったＦＳＴ-

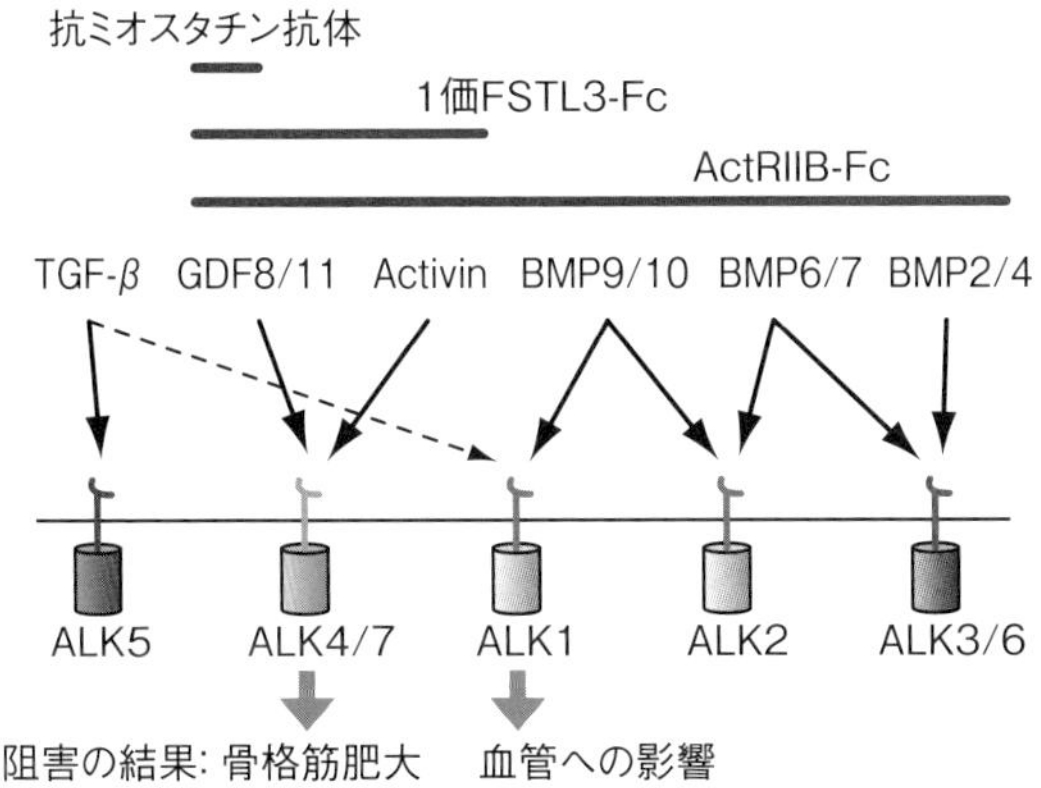

図6　各種ミオスタチン阻害薬とその阻害範囲。TGF-βファミリーリガンドとその受容体、ミオスタチン阻害薬との対応を示す。ミオスタチン（GDF8）、GDF11やアクチビン（Activin）が骨格筋のブレーキ役で、この部分だけを過不足なく阻害する必要がある。

Ｆｃ製剤も開発されたが、局所注射でしか使えないため効果は限定的だった。このように、これまで種々のミオスタチン阻害薬が開発されてきたが、効果不十分や副作用のため開発が中断され、現在までのところ臨床応用された製剤はない。

3. 新たなミオスタチン阻害薬候補の開発

これまでのミオスタチン阻害薬開発の歴史から、ミオスタチンを含む複数のファミリー分子を過不足なく阻害することが重要と予想された。しかし、ミオスタチン阻害薬を積極的に開発していた製薬会社は、既に3種類以上の製剤が臨床試験で失敗に終わっていたため、新規製剤を開発することは後ろ向きだった。一方、ＴＧＦ‐βファミリーには40年以上にもわたる基礎研究成果の蓄積があり、こうした研究背景を生かし、新たなミオスタチン阻害薬候補を見いだすことが大学（アカデミア）の役割だと筆者らのグループは考えた[3]。

そこで、筆者らは標的となる複数のファミリー分子を過不足なく阻害しうるフォリスタチン様因子3（ＦＳＴＬ3）に着目した[4]。まず血中安定化を図り臨床応用を可能にするため、一般的な方法でＦｃ融合タンパク質としてＦＳＴＬ3‐Ｆｃを作成した。この場合、

2つのＦＳＴＬ３-Ｆｃ分子が二量体を作り２本腕のＦＳＴＬ３-Ｆｃ（２価ＦＳＴＬ３-Ｆｃ）になる。ただ、この２価ＦＳＴＬ３-Ｆｃをマウスに投与してみると、投与後からすぐに血液中から排除されてしまった。原因を探る中で２本腕の状態が血中半減期に悪影響を与えていると考え、タンパク質工学の手法を駆使して１本腕のＦＳＴＬ３-Ｆｃ（１価ＦＳＴＬ３-Ｆｃ）を作成した。１価ＦＳＴＬ３-Ｆｃは、マウス血中での安定性が改善し、正常若齢マウスや筋ジストロフィーモデルマウスで骨格筋肥大と筋力増大を認めた。治療効果のないＦｃ蛋白を投与されたマウスに比べて後肢の骨格筋重量が３割増加した。これは、ヒトの臨床試験で副作用を認めて開発が中断した先行製剤のＡｃｔＲⅡＢ-Ｆｃ製剤と同等の骨格筋肥大効果だった。また、ＡｃｔＲⅡＢ-Ｆｃ製剤はマウスの実験でも膵臓や脾臓での副作用を認めたが、１価ＦＳＴＬ３-Ｆｃ製剤を投与したマウスでは同様の副作用を認めなかった。ここまで示したように、１価ＦＳＴＬ３-Ｆｃ製剤はマウスまでの実験結果しかない。ただ、標的となる複数のファミリー分子への選択性が高く、ＡｃｔＲⅡＢ-Ｆｃ製剤で副作用に関係したＢＭＰ側に影響を与えないため、１価ＦＳＴＬ３-Ｆｃ製剤をヒトで用いた場合には血管での副作用を回避できると期待される。

4. 今後の展望

骨格筋は単に運動器官として働くだけではなく、重量ベースで全体重の約40％を占め多彩な生理活性物質を分泌する、重要な内分泌臓器であると認識されるようになってきた。これまでの疫学調査で、筋量を維持できている高齢者は種々の疾病の罹患率が低下し長寿である傾向が報告されており、骨格筋の健全性維持が老化制御において重要であることが示唆されている。こうした観点からも、近年骨格筋の機能回復や再生に注目が集まり、ミオスタチン経路は骨格筋萎縮に関して介入可能な標的と考えられてきた。しかし、複数の製剤が臨床試験で失敗に終わっていたため、製薬会社主導で新規製剤が開発される可能性は低いと考えられる。

有効でかつ副作用の可能性の低いミオスタチン阻害薬は、高齢者におけるサルコペニアの治療薬として有望である。また、進行したがん患者で認められる悪液質の骨格筋萎縮に対する治療薬候補になりうる。さらに、ミオスタチン阻害薬は骨格筋機能の改善により、心不全、慢性腎臓病（ＣＫＤ）といった他の疾患の病態改善につながることも期待される。

FSTL3製剤を用いた研究を通して、高齢社会の課題である健康寿命の延伸と平均寿命との差の縮小の達成に貢献することを目指したい。

参考文献

[1] Morikawa, Masato, Derynck, Rik, Miyazono, Kohei. "TGF-β and the TGF-β family: context-dependent roles in cell and tissue physiology." The Biology of the TGF-beta Family (Cold Spring Harbor Perspectives in Biology), edited by Rik Derynck and Kohei Miyazono, 27-50, Long Island, NY: Cold Spring Harbor Laboratory Press, 2017

[2] 森川真大, 宮園浩平.「Smad経路を介したTGF-βファミリー分子のシグナル伝達機構」.『医学のあゆみ』234, 331-6 (2010)

[3] 小崎丈太郎.「小崎J太郎のカジュアルバイオ・ミオスタチン阻害薬をめぐる攻防、アカデミアはどこまで創薬に迫れるか」. 日経バイオテク. 2021

[4] Ozawa, Takayuki, Morikawa, Masato, Morishita, Yasuyuki, Ogikubo, Kazuki, Itoh, Fumiko, Koinuma, Daizo, Nygren, Per-Åke, and Miyazono, Kohei. "Systemic administration of monovalent follistatin-like 3-Fc-fusion protein increases muscle mass in mice. " iScience, 24(5), 102488, 2021

森川 真大（もりかわ・まさと）

東京大学大学院医学系研究科病因・病理学専攻博士課程修了。専門分野は、実験病理学、病態医化学、腫瘍生物学。公立昭和病院臨床研修医、東京大学医学部附属病院　臨床研修医、東京大学医学部附属病院血液・腫瘍内科専門研修、スウェーデン王国ウプサラ大学ルートヴィヒ癌研究所博士研究員などを経て2022年より現職。加齢に伴う骨格筋萎縮・筋力低下という高齢化社会が抱える課題に取り組む。

動物の形作りと器官形成の仕組み

複雑系認知研究部門 特任教授
浅島 誠

卵からどのようにして親になるのだろうか。特に脊椎動物の形作りで最初に分化の引き金を引く誘導物質はどのような分子であろうか。体の部分である各器官などと体という全体がいかに調和しながら統一した形作りをするのか、その仕組みを分子の言葉で探る。

初めに

地球上には約８００万種の生物がいると言われており、それぞれの生物は特有の形を持ち、行動をしている。そのなかで私たちヒトは、動物界のうち背中に脊椎を持つ脊椎動物に属している。脊椎動物には魚類やカエルやイモリの両生類、トカゲやワニの仲間の爬虫類、鳥類、ヒトやネズミの哺乳類がいる。丸い形をした1個の細胞の受精卵から、やがて発生が進むと幼生になり、魚やカエルやヒトに成長し、さまざまな形になる。動物の体の作りは古くから多くの人が興味を持ち、その仕組みを理解しようとさまざまな研究がなされてきた。

そのような中でカエルやイモリは古くから卵が大きかったり、世界中で生息したり、胚手術が容易であったりして卵から親への形作りの研究に用いられてきた。卵が発生して親になる形作りでは、カエルなどとマウスやヒトで、一見違うと思うかもしれない。しかし、基本的には同じ仕組みで発生過程を規則正しく進めながら成長し成体になる。

1個の細胞の受精卵は分裂して細胞数を増やし、その後形態形成運動をしながら形作りの原型を作る。カエルなどはやがてオタマジャクシ幼生となり、ヒトなどでは胎児になる。オタマジャクシ幼生と胎児は違うように見えるが、90度回転して横に引っ張るとよく似た形になる。しかも「脊索」と呼ばれるところは、発生過程では形作りの中心になるところである。一見違うように見えて共通の発生の仕組みがある。さらに大人になった時に、脳の大きさ、器官や組織の大きさの場所は違っても、成体になったカエルと人を比べて大きく異なる器官は乳腺だけである。人は乳腺を持ちカエルは持っていない。ヒトなどの哺乳動物のみが乳腺を持つので哺乳動物と言う。クジラの仲間は海にいるが乳腺を持つのでヒトと同じ哺乳動物である。ここでは脊椎動物の初期発生での形作りの仕組みを述べる。

1. 形作りにはオーガナイザー（形成体）が必要である

1-1. オーガナイザーの発見と二つの誘導作用

今から100年前まで、多くの人たちは「前成説」という考え方をしていた。これは動物の形は卵や精子の中にすでに原型が決まっていて、そのものが殻を破って出てくるだけである、つまり形は最初から決まっているとした考えである。

今から約100年前の1924年、ドイツのシュペーマンとマンゴルドが、生物の形は、発生の初期原腸胚の背側の原口上唇部という胚の一部に、形作りの中心ができることを見つけた。これはオーガナイザー（形成体）と呼ばれ、それが本体となって誘導作用により形作りが起こるということを、移植実験で示した。また、背側にできたオーガナイザー領域を腹側に移植すると、誘導作用により二次胚と言われるもうひとつの個体ができ、さら

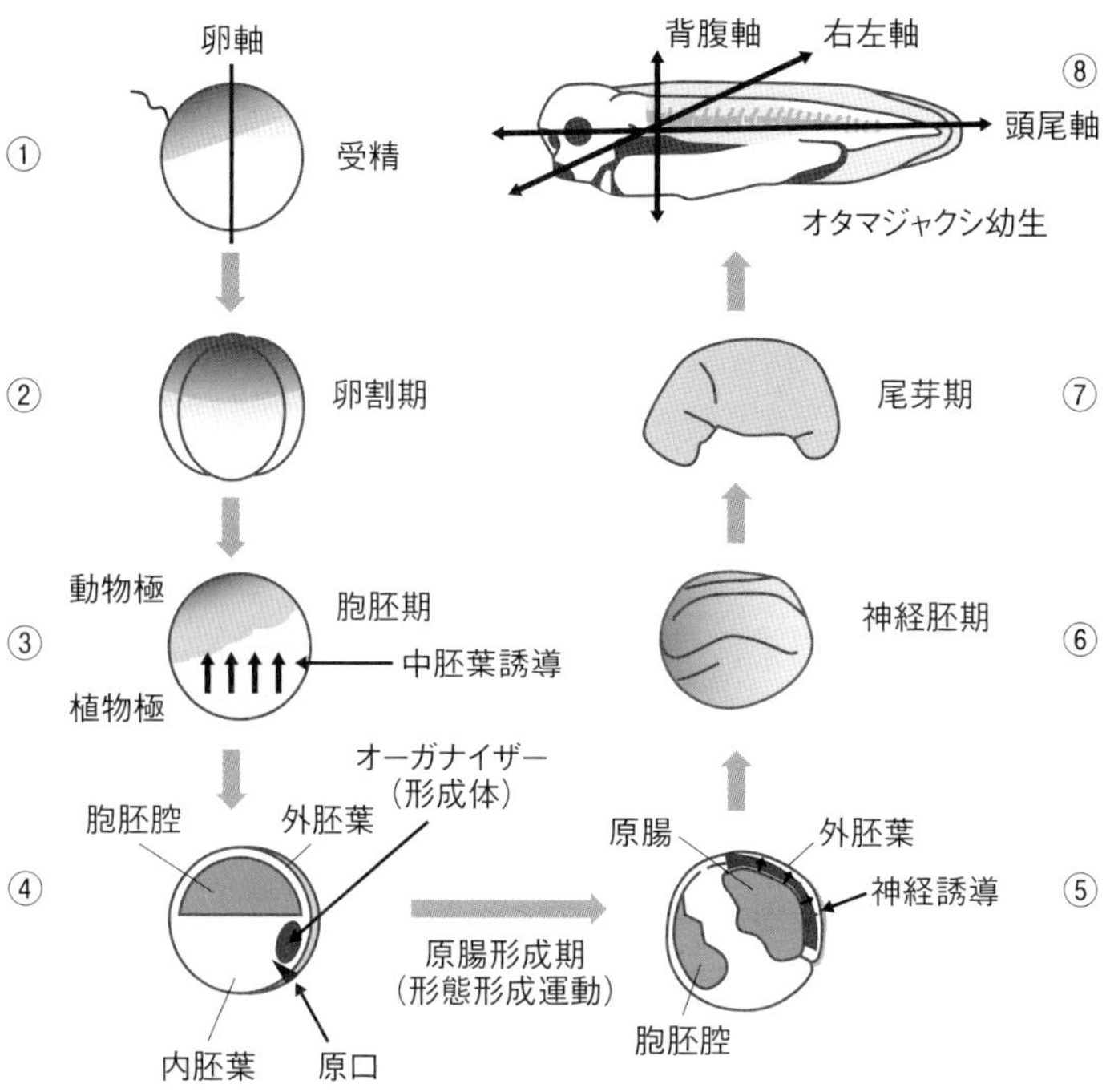

図1　受精卵から幼生までの形づくり
カエル卵は受精後①、分裂②して胞胚期となる③。この頃、胚の植物半球から動物半球に向かって中胚葉誘導がおこり、背側の帯域でオーガナイザー（形成体）となる④。このオーガナイザー領域は初期原腸胚の原口上唇部にあたり、この部分は陥入してゆき、外側の外胚葉に対しては神経誘導を起こし中枢神経系をつくる⑤。やがて神経胚となる⑥。その後、尾芽期⑦を通りオタマジャクシ幼生⑧となる。

にオーガナイザー領域を取り除くと、うまく形作りは進まず、個体にならないということを示したのである。

それでは発生過程でどのようにしてオーガナイザー領域ができてくるのであろうか。

受精して卵割が進んでくると（①と②）、やがて細胞数が約８０００個の胞胚期になり、卵黄の多い植物半球から、色素の多い動物半球側に向かって、脊索や筋肉などの中胚葉組織を作るような中胚葉誘導因子が出てくる（③）。この中胚葉誘導因子が胚の背側の原口上唇部に形作りのセンターであるオーガナイザー領域を作る（④）。この領域は原口上唇部からなだれ込むように陥入していき、外側の外胚葉に中枢神経を作るように神経誘導因子が出て誘導作用を行う(⑤)。この中胚葉誘導(③)とそれに続くオーガナイザー形成(④)とその部分の陥入による神経誘導（⑤）を通して神経胚（⑥）となり、さらに尾芽期そしてオタマジャクシ幼生となり、生物の基本形である胚軸（頭尾軸、背腹軸、左右軸）が出来上がり形の原型となる（⑧）。

１-２．二つの誘導因子の二重勾配説

どうして動物の体は、頭があり手足が左右にあって調和のとれた形をしているのだろう

か。そこには動物の発生過程で二つの誘導因子の勾配が必要であるとする二重勾配説がある。最初に必要な勾配は、オーガナイザー領域と関係する中胚葉誘導因子で、それは尾方から頭部に向けての勾配である。もう一つは、背側から腹側に向かって勾配を作る神経誘導因子である。そしてこの二つの誘導因子の混ざり具合で体の部域ができると発生学では考えた。つまり、頭端部は神経誘導因子が多

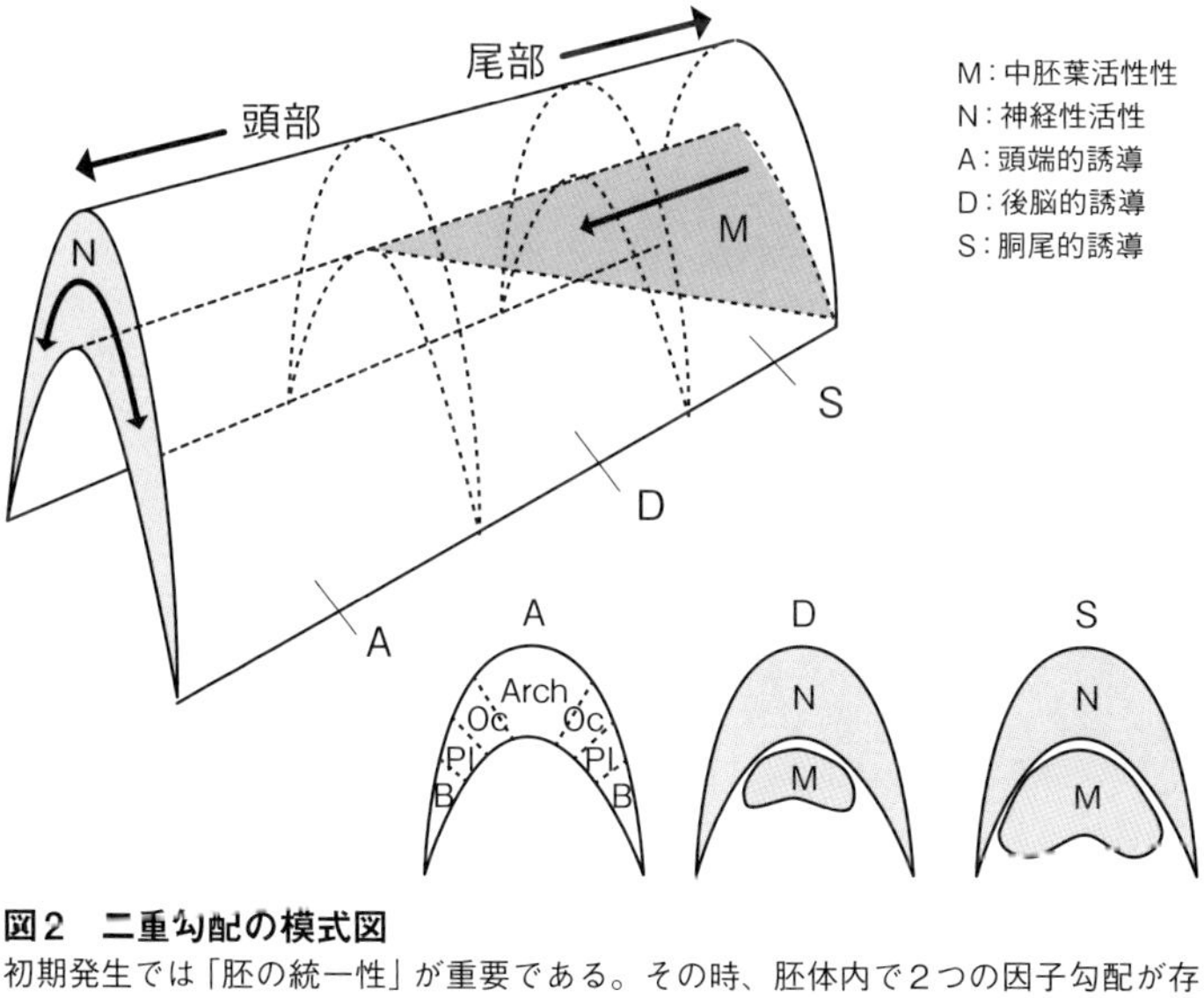

図2　二重勾配の模式図
初期発生では「胚の統一性」が重要である。その時、胚体内で2つの因子勾配が存在すると考えられる。尾方から前方への中胚葉誘導因子（M）と背側から腹側に向かって神経誘導因子（N）である。この二つの誘導因子の混合の仕方で、Nのみの時は頭端部、それにMが少し加わると後脳部、Mが多量になると胴尾部ができる。A　は頭端部、Dは後脳部、S は胴尾部を表す。それゆえ　A とD部域は頭部で体の前方を示し、S は胴尾部で体の後方を示す。

く中胚葉誘導因子は無く、後脳部（中・後脳部）は神経誘導因子と少しの中胚葉誘導因子によりでき、胴尾部は神経誘導因子に多くの中胚葉誘導因子が作用してできるとしたのである。動物の初期発生において、なぜ調和のとれた「胚の統一性」が作れるのかについて、誘導物質の二重勾配説はよく説明している。そして、この中胚葉誘導因子と神経誘導因子の物質（分子）として明らかにする研究が長い間なされてきたのである。

2．オーガナイザー領域と原腸形成運動、そして生物の形作り

2-1．原腸陥入と形態形成

中胚葉誘導によりオーガナイザー領域ができると、初期原腸胚でこの領域である原口上唇部は、やがて原口から胞胚腔に向かってなだれ込むように陥入していく。陥入した中胚葉の細胞群は外側の外胚葉を裏打ちするようにして陥入していく。この一連の陥入運動が原腸形成運動、または形態形成運動とも呼ばれ、動物の形作りでは極めて重要である。この原腸形成運動を通して、オーガナイザー領域では自らは中胚葉の脊索などに自立分化しながら、裏打ちした外側の外胚葉には前方から前脳、中脳、後脳、脊髄というように中枢神経

を誘導していく。一方、内側の内胚葉に向かっては前方から咽頭、消化管を作っていく。それゆえ前方の頭部には前脳などの脳があり、そこにまた咽頭ができる。

この原腸形成運動を通して生物の体の原型ともいえる頭と尾の頭尾軸、背側と腹側の背腹軸、右と左の左右軸の3軸が形成されて立体的な体の形作りがなされる。このようなドラスチックな細胞群の動きにおいても胚は全体として統一の取れた形作りが見られる。これを「胚の全機性」という。

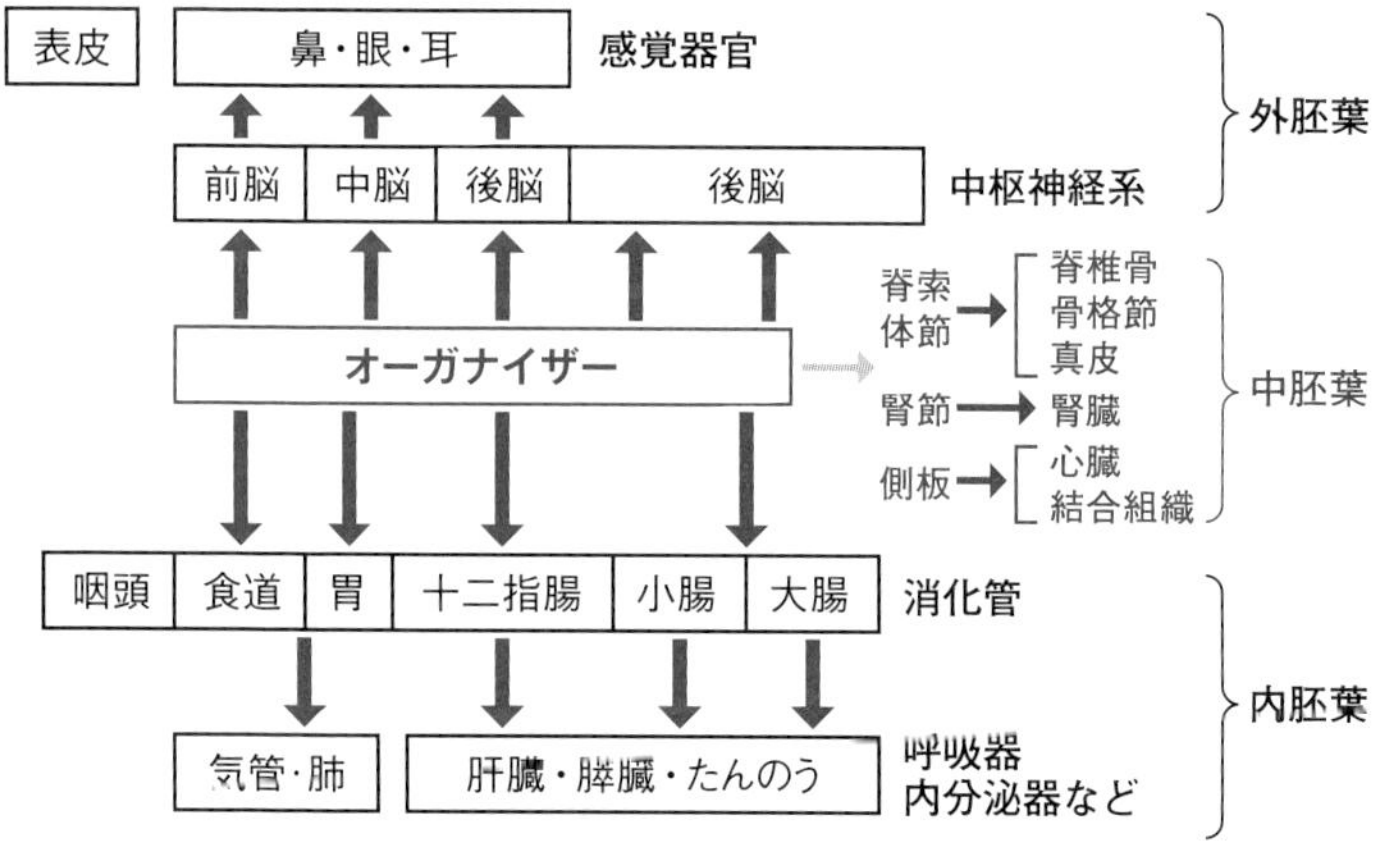

図3　オーガナイザーを中心とした誘導の連鎖による形作り
初期原腸胚期にオーガナイザーが形成されると原腸陥入が起こる。オーガナイザーは脊索などに自立分化し、外側の外胚葉に対しては前脳や脊髄と中胚神経系を誘導する。更に鼻などの感覚器官を誘導する。一方、内側の内胚葉に対しては、食道、胃、小腸などの消化管を誘導する。更に高次の誘導が起こり、気管や膵臓などができる。

2-2. 原腸形成と誘導連鎖

この原腸形成は生命科学上重要な多くの事柄が短期間に起こる発生段階である。それらは3軸形成のみならず、胚葉間相互作用、神経誘導、内胚葉誘導、細胞間相互作用、細胞運動、新たな遺伝子発現などが見られ、原腸陥入運動なくしては動物の形作りは起こらない。原腸形成が終わると中枢神経系からは発生の進行に伴ってさらに「誘導連鎖」が進み、高次の誘導である眼や鼻、耳などの感覚器官が作られてゆく。一方、内胚葉の咽頭や消化管からは「誘導連鎖」が起こり肺や肝臓、胆のう、膵臓など内臓が作られ、体は次第に形成されてゆくことになる。

3. 中胚葉誘導因子の本体の物質のアクチビンタンパク質を同定する。

上記で述べたような形作りの最初の引き金となる中胚葉誘導因子とは一体どのような物質または分子だろうか。中胚葉誘導物質が同定されるまで、研究者はさまざまな誘導因子の候補を発表してきた。中胚葉誘導因子が完全に同定されるまで65年の歳月が流れたのである。その間、発生生物学では、この中胚葉誘導因子と神経誘導因子の探索は胚誘導の中心課題であったが、解明できなかった。一時はそのような誘導因子（分子または物質）は存在しないとまで言われていた。そのような中でドイツのハインツ・ティーデマン教授は40年近くニワトリ胚から中胚葉誘導因子を探し続け、タンパク質というところまでは明らかにしたが分子構造は決められなかった。著者らは最終的にある特定のヒトの培養細胞株の上澄みに誘導活性があることを見つけ、その中で15年かけてやっとアクチビンという単一タンパク質に強い誘導活性を見つけることができた。この間、学会等では冷淡に見られていたが、アクチビンが中胚葉誘導因子であると分かると、世界中で追試が行われて証明され、多くの研究者がこの分野に参入するようになり、状況は一変した。アクチビンは、今では成長因子の一つであるＴＧＦ-β（形質転換成長因子）に属しアクチビン／ノーダル系となっている。

3-1．アクチビンで未分化細胞に濃度依存的にさまざまな器官や組織を作り出す

アクチビンタンパク質が中胚葉誘導因子であると証明することは正常な胚体でも可能であるが、試験管の中で証明できると分かりやすい。胞胚期の予定外胚葉は未分化細胞の塊で、この部分はアニマルキャップと呼ばれている。未分化細胞塊であるアニマルキャップ

に何も与えなければ、不整形表皮となる。低濃度の０・５ｎｇ／㎖のアクチビンを与えるとアニマルキャップはやがて透明な細胞塊になって、その中に血球ができる。さらに10倍の５ｎｇ／㎖を与えると筋肉ができる。さらに高い濃度の50ｎｇ／㎖を与えると網目状の脊索ができる。単一のタンパク質で形態形成の中心となる脊索も誘導できたのである。それは勾配の概念にも相当する。さらに濃度を高めると拍動する心臓ができたり、肝臓ができたりする。他にアクチビンとレチノイン酸というビタミンA誘導体を入れると腎臓ができたり、あるいは膵臓ができたりする。体の中のいろいろな臓器ができるのである。

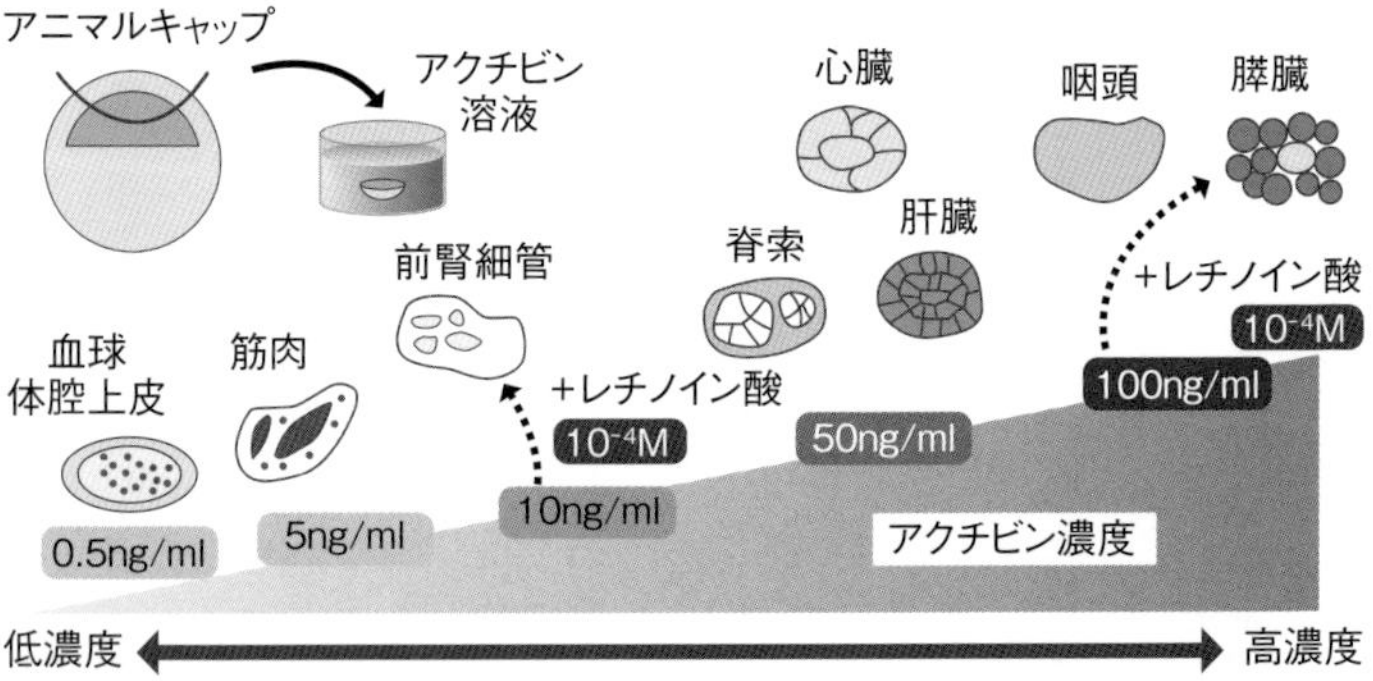

図４　アクチビン処理したアニマルキャップから生じる主な組織と器官
未分化細胞の塊（アニマルキャップ）にアクチビンを処理すると濃度依存的に血球、筋肉、脊索、肝臓、咽頭などを誘導する。またアクチビンとレチノイン酸とで腎臓や膵臓を試験管内で作ることもできる。これら試験管内でできた器官を胚に移植すると機能することが解っている。

3-2. 器官形成は遺伝子の規則正しい発現順序によりできる

未分化細胞であるアニマルキャップに、試験管の中で少量のアクチビン（5ng／mℓ）を加えて培養すると、筋肉が分化し誘導される。アクチビンを未分化細胞に処理した後、どのような遺伝子が発現して筋肉に至るのか変化を見ると、時間の経過に合わせてドミノ倒しのように規則正しい遺伝子の発現が次から次へと起こることが分かる。まず筋肉分化に最も重要で筋肉分化の扉を開くカギ遺伝子が発現する。扉のカギ遺伝子が発現した後、規則正しく遺伝子が次々と発現していくのだが、時々関門があり、遺伝子が正しく発現し筋肉の分化の方向に進んでいるかをチェックする遺伝子がある。やがて筋肉の分化が始まると細胞は伸長し、筋肉タンパク質であるアクチンやミオシン分子ができてくる。その後、筋肉が神経と結びつくために必要である神経受容体遺伝子が出てくる。このようにして未分化細胞から筋肉ができるための時間を追って、どのような遺伝子がどのような順序で発現してきて筋肉ができるかが分かってきた。

生物の形作りや器官形成では、発生という時間軸に伴い規則正しく非常に多くの遺伝子を発現していき、筋肉分化のプログラムを進めていく。このようなプログラムの進行は筋肉のみならず心臓や膵臓、脳などの中にある他の器官や組織も同じである。初期発生と器官形成の関係を遺伝子または分子の言葉で説明できるようになり、遺伝子の動的な発現と細胞分化の関連が解明されつつある。

3-3. 発生過程で見られる遺伝子発現ネットワークのシステム

未分化細胞塊のアニマルキャップに高濃度のアクチビン処理をしてオーガナイザー領域である脊索を作る時にどれくらいの遺伝子が発現するのか。形作りのセンターを作るまでに約1万5000個の遺伝子が発現変動する。胚体の全体で見ると更に多くの遺伝子が同時に動いていることが分かってきた。このような膨大な遺伝子発現では、遺伝子はお互いにネットワークを作っている。例えばc-Mycという遺伝子は本来、細胞分裂や増殖に機能するが、細胞間の相互作用や糖の合成にも関係し、細胞分化、ガンとも深く関係する。一つの遺伝子でも複数の機能を持ち、細胞内情報伝達により遺伝子同士でネットワークを作っている。動物の発生過程を見たとき、一つの遺伝子を見るのではなく遺伝子相互のネットワークで見ていくと時間の経過とともにネットワークの質が変化し、さらに上位の遺伝子発現ネットワーク形成をしていることが分かる。動物の初期発生という形作りの中では時間的変化に伴い遺伝子ネットワークを次々に新しく形成しながら、一方ではそのネットワークを壊しながら新しい発生過程を進めていくことになる。

4. カエルの発生とマウスの発生の比較

4-1. 両生類とマウスの器官形成の仕組みは基本的に同じである

カエルで分かったことはマウスでも成り立つだろうか。マウスの未分化細胞から同じようにさまざまな器官や組織を試験管内で作ることはできるかどうか。マウスの未分化細胞である胚性幹細胞（ES細胞）または人工胚性幹細胞（iPS細胞）を用いて、試験管内で、アクチビンとレチノイン酸を加えると、これらの未分化細胞から腸管ができたり、完全な膵臓ができたりする。試験管内でできた膵臓をインスリン分泌しない糖尿病モデルマウスに移植すると、膵臓に生着しインスリンを産生して糖尿病が治り、健康なマウスになる。このことは、試験管の中で作ったさまざまな臓器や組織がマウスの生体内でも機能するということになる。そうすると、一般に、水中などのカエルの卵発生と母体の中で発生するマウス卵では発生の仕組みや器官形成の仕組みが違うと言われていたけれど、そうではなくて、未分化細胞塊にアクチビンなどの成長因子で処理するとカエルの器官形成とマウスなどの哺乳動物の器官形成は同じシステムでできていることになる。カエルなどの両生類とマウスなどの哺乳類とは「共通の器官形成システム」で作られることになる。

4-2．両生類の器官形成の仕組みはヒトなどの再生医療の研究の始まりとなる

カエルなどでできた器官形成がマウスでも可能なことを述べたが、これは誘導された器官の大きさ、移植のタイミング、器官の発生過程、遺伝子の発現具合、免疫反応などいろいろな条件がそろい、一致しないと器官移植はうまくいかず機能しない。試験管内でできたことがすぐに

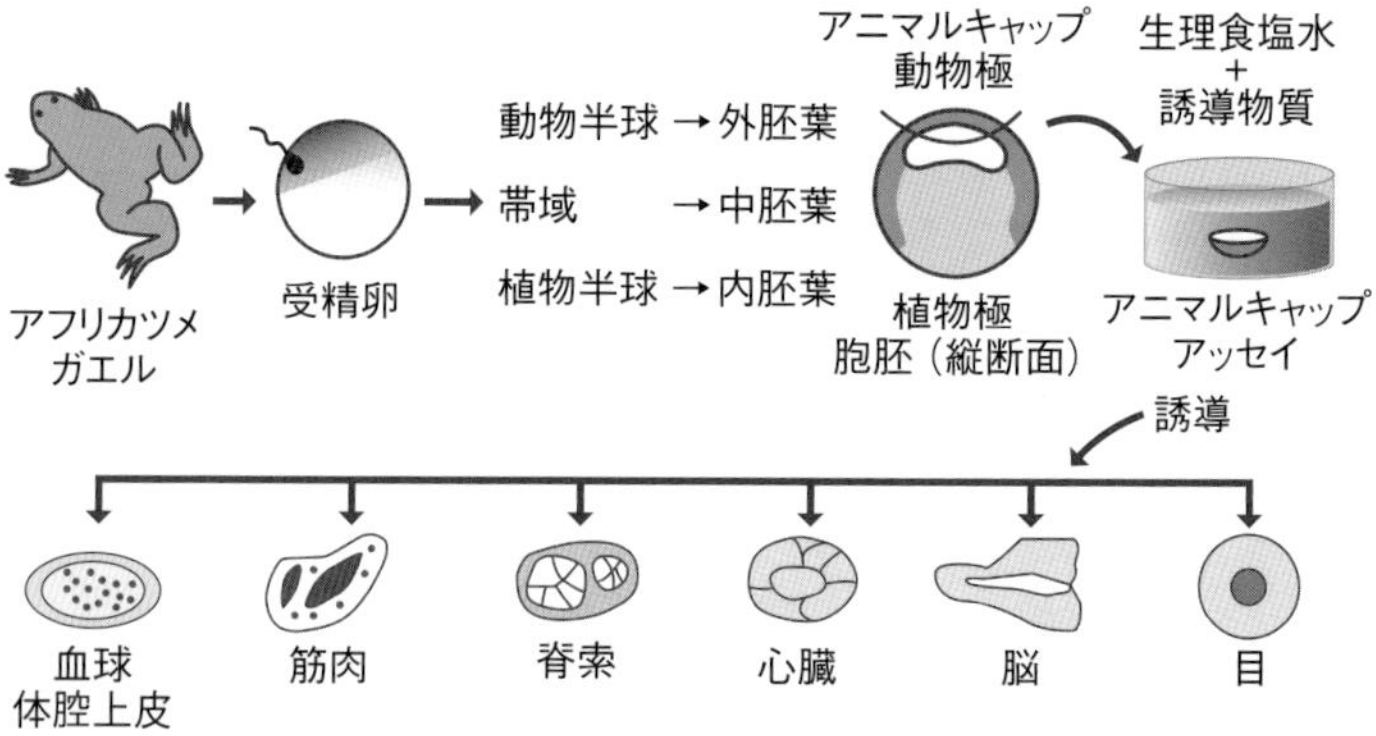

図5　アフリカツメガエルのアニマルキャップを用いての試験管内での器官形成
ツメカエルの胞胚期のアニマルキャップ（未分化細胞塊）をアクチビンなどの様々な成長因子で処理すると、体の中の20余りのほとんどの器官や組織を誘導し作ることができる。
それらは筋肉や心臓、膵臓など中胚葉や内胚葉のみならず脳や眼などの外胚葉系器官の誘導もできる。

生体には適応できないなど大きな壁があり、ヒトなどの器官や組織移植までには大きさや免疫反応などまだまだ条件設定を確定する上での困難さがある。

最近ではヒトの未分化細胞であるＥＳ細胞（胚性幹細胞）やｉＰＳ細胞（人工多能性幹細胞）から腎臓、膵臓、心臓などの原基を作ることが可能になっている。今、世界では未分化細胞にアクチビンなどを加えることによって、例えば肝臓とか膵臓などを試験管内で作成できる。その他、いろいろな成長因子などの誘導分子で処理するとさまざまな臓器を作ることができるようになった。アクチビンは、その最初の誘導分子の大切な候補分子の

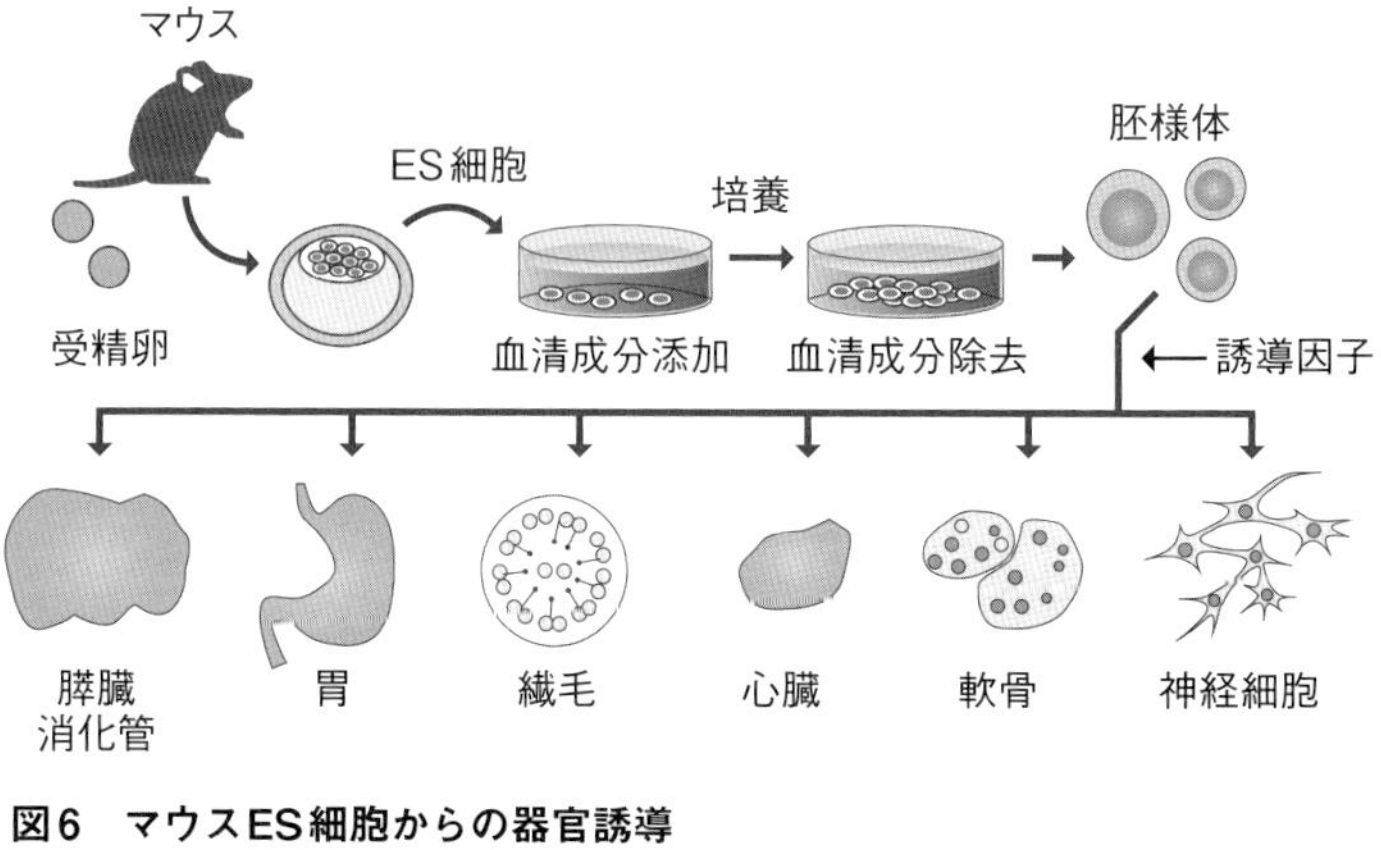

図6　マウスES細胞からの器官誘導
マウス胚の未分化細胞であるES細胞（胚性幹細胞）を取り出し、未分化細胞塊である胚葉体をアクチビンなどの様々な成長因子で処理すると、カエルのアニマルキャップと同じように膵臓や筋肉、心臓、神経細胞などを誘導することができる。

一つとなっている。

5. 動物の発生の仕組みから見えてくること

5-1. 発生過程は膨大な分子の複雑なネットワークシステムで進む

上に述べたように、私たちヒトの体のでき方はカエルなどと共通するところが多い。特に初期発生における基本的な体の形作りの原型での細胞増殖と分化、胞胚形成、オーガナイザー領域形成、原腸形成運動と形態形成運動、中枢神経形成などが共通してみられる。またこれらの発生過程で働くアクチビン／ノーダルなどのTGF-β系やFGF系、Wnt系などのさまざまな成長因子などが関わっている。これらの因子の働きにより、因子からのシグナルを受け取った細胞は遺伝子を発現して分化していく。発生過程では発生の進行に伴って出現するタンパク質や糖タンパク質により、受け取った細胞内で発現する遺伝子数も指数関数的に増加していく。この時、誘導するタンパク質分子や発現する遺伝子は独自に発現するのではなく分子間相互作用がネットワークを形成している。発生過程では細胞間の相互作用が大変重要であるが、それは遺伝子を含む分子間相互ネットワークでもある。そのネットワークは発生過程が進むほどより複雑になり「ネットワークのネットワーク」となり高次の複雑なシステムとなっていく。

5-2. 発生と病気の関係

分子間相互ネットワーク、細胞間相互作用、胚葉間相互作用、組織間相互作用などを通して胚は「個としてのまとまり」を持って発生を進める。「個としての統一性」を維持しながら時間軸に沿って発生を進めることになる。動物の受精卵からどうして調和のとれた体の形作りがなされるのかという問いに対してようやく分子の言葉で語れる糸口が見つかったばかりで、まだまだ未解明の部分が多い。発生過程のさまざまな成長因子や、それによって誘導される多くの遺伝子の発現や分子の動きの解明が進むことにより、機能すべき遺伝子の働きが抑えられたり、過剰に発現したりすることにより、さまざまな病気や疾病、病態が見られるようになる。発生過程での遺伝子の発現の欠損がさまざまな病気の原因であることは現在では数多く知られている。

例えばサル遺伝子（SALL-1遺伝子）という遺伝子が働かないとカエルでもヒトでも腎臓形成がうまくいかない。ヒトでも腎臓形成でサル遺伝子が働かないと腎形成不全症が起こることはよく知られている。今後はサル遺伝子を活性化するような新しい治療薬の開発や遺伝子治療などが期待される。現在では非常に多くの病気の原因遺伝子が発生過程と深く結びついていることが明らかになってきているので、新薬の開発などが世界中で進められている。

両生類とマウスやヒトなどの哺乳類では、共通の遺伝子を使って器官や組織形成をしていることが明らかになってきている。このようにカエルなどを使った基礎的な研究は、ヒトの病気などの応用的な研究と深く結びついており、重要である。

参考文献

[1] L. Saxen and S. Toivonen (1962) “Primary Embryonic Induction”Logos Press, Prentice-Hall

[2] 中村治・川上泉編 (1977)『オーガナイザー』みすず書房

[3] 浅島誠 (1998)『発生のしくみが見えてきた』岩波書店

[4] 木下圭・浅島誠 (2003)『新しい発生生物学』講談社、BLUE BACKS

[5] 浅島誠編集 (2004)『実験医学増刊 Vol.23 No.1　発生・分化・再生研究2005』羊土社

[6] 浅島誠 (2016)『生物の「安定」と「不安定」：生命のダイナミクスを探る』NHK出版、NHKブックス

浅島 誠（あさしま・まこと）

帝京大学先端総合研究機構複雑系認知研究部門特任教授、先端総合研究機構機構長。東京大学大学院理学系研究科動物学専攻博士課程修了（理学博士）。専門は、発生生物学、動物科学。横浜市立大学教授、東京大学教養学部教授、東京大学大学院総合文化研究科長・教養学部長、東京大学副学長・理事、日本学術振興会理事、東京理科大学副学長などを歴任。著書に『発生とその仕組み』（出光書店）など。

IV

未来をデザインする、創造する

人間の存在を問う

ヒューマニティーズ研究部門 特任教授
羽入 佐和子

人間は身体的、知性的、理性的な存在であり、「実存」と「理性」を通じて自己探求し未来を志向する一方、AIは知性のみの存在である。今後AIが進展し人間の思考に近づいたとき、人間は自身の存在や価値観について問い続ける必要が生じてくるだろう。

1. はじめに

今あらためて、「人間とは何か」が問われている。その背景には、科学の進歩に伴う技術開発、特にＡＩ（Artificial Intelligence）に象徴される情報技術の急激な進展がある。中でも生成系ＡＩは、これまで人間に固有の能力と考えられてきた思考を担い、創造する機能をも備えるようにも見受けられる。

われわれを取り巻く情報環境は急速に拡大し、その利便性によって次第に日常的な環境の一部ともなり、情報が形成する世界があたかも現実であるような感覚を抱かせるまでに進化してきた。そこで、「人間が現実に生きるとはどのようなことなのか」、そして「人間とは何か」がこれまでにない形で問われているように思われる。

「人間とは何か」は、自然科学や社会科学の問いでもあるが、その場合には、問う対象を限定し、それによって確実な回答を得ることが試みられる。

それに対して、ここで問う「人間とは何か」は、全体的な存在としての人間への問いである。それは人間存在についての普遍的な問いであると同時に、生きる個々の存在についての問いでもあり、哲学の問いである。哲学は、人間の本質を問い、個々の人間存在を、分析的にではなく全体的存在として総合的に問うからである。

2. 二つの問い

「人間とは何か」は時代の変化にかかわらず、時代状況の如何を問わず、人間にとって根本的な問いであり続けてきた。それは古代ギリシア以来哲学の問いであり、また同時に学問の根底に位置する問いでもあった。しかし、現在この問いは二つの点で、学問的な問いというより日常的な問いとなっているように思われる。

第一には、人間が生きることとは何を意味するか、という問いである。

2020年春、新型コロナウイルス感染症の蔓延に伴って感染の抑制と社会基盤を確保するための行動制限が人々に求められた。そしてそれは、社会の存続あるいは人類の存続のためにやむを得ないことと理解された。

この経験を通して気づかされたことがある。それは、「人間が生きる」とは生存することだけなのか、それは確かに「生きること」の基本であるとしてもそれだけなのか、と問うことの重要性である。

人々の直接的な交流が困難になり、予定されたイベントの多くが中止されたり制限されたりする状況の中で、それらの活動は「生きること」の一部であるばかりでなく、むしろ人が生きるために欠くことのできない要件であることを再認識させられもした。生命が脅かされ日常性が揺らぐ状況は、こうして「生きること」の意味を問う機会ともなったのである。

そして第二の問いは、「リアル・real」とは何か、である。

「リアル」は、ある時間的空間的な制約の中で変化し続ける「現実」を意味すると解釈するのが一般的であり、人は「リアルな現実」であるこの世界の中で生きている。また、この「現実」に加えて「仮想現実（virtual reality）」という表現がある。情報によって形成された仮想の世界である限り、この世界は時間空間の制約下にある「リアルな現実」ではない。しかし、例えば仮想空間のゲームに自分を登場させることでこの空間に関わることもできる。この時、「リアルな現実」の中にいる「私」は仮想空間の「私」ではないと言い切ることはできるであろうか。

刻々と変化する時間と空間の中に生きる自分を「リアル」と言うとき、「私」はそのように変化し続けるだけの存在なのか。仮想空間にある「私」は、「リアルな現実」の中にいる「私」とどのような関係にあるのか。このような問いが生じるとき、「リアル」のもう一つの意味、つまり「本当の」、「真の」という意味での「リアル」が論じられることになる。

人でも物でも同様に、時間の経過に伴って変化してゆくものが、その時限りのものなのではなく、変わらない自己のような何か普遍なものでもあると考えるとき、「リアル」は単なる現象としての「現実」以上の意味をもつことになる。

人と人とが直接対面できない状況下で、インターネットを活用する場面が急速に拡大し、リモートワークやWEB会議をはじめ、空間を超えた交流が日常化しつつある。今や空間を共有しないコミュニケーションに違和感を覚えないようにもなった。そこでは、情報のみによって意見を交わし、画面を通してのみ個々人は存在する。すると、人が身体をもって三次元的な空間に存在することは必須ではなくなり、現に生活する空間と仮想空間との差異や境界はあいまいになる。

そこで、「今、ここに、生きる私」とはそもそも何か、私が知る「特定の他者」とはいかなる存在か、インターネット上の空間に存在する自分や他人とどこが同じでどこが違うのか、自分の「リアル」はどこにあるのか、が問われてきているように思われる。それはさらに「リアル・real」とは何かを問うことでもある。

そこで、これら二つの問い、「人間が生きるとは何か」、「リアル・realとは何か」を問うことを通して、今の我々が生きる時代の「人間の存在」を問うことにしよう。

3. 歴史の転換点

今は歴史の転換期にあるとも言われる。

かつてドイツの哲学者ヤスパース（Karl Jaspers,1883-1969）は、「枢軸時代」という表現で歴史の転換点に言及した。それは紀元前500年頃を中心とする数百年の間を指し、中国、インド、ヨーロッパのそれぞれの地域で、相互に関わることのないままほぼ同時に人間の存在が根本的に問われ、その存在が自覚された時代を意味する。そのことからこの時期は人間存在の一つの転換期と見なされた。

それに対して、近代の科学と技術は人間存在にとってどのような意味をもつのか。

近代科学の進歩と技術開発は明らかに人々の生活を豊かで快適にした。それは人間の知の偉大さを象徴してもいる。従って、科学と技術の価値は十分に評価されるべきであり、人類はこれからも科学的解明や技術開発に挑戦し続けることが期待される。その意味で、近代科学の発展は歴史の一つの重要な転換点となった。

しかし近代科学が発展した時代は、人間の存在が根本から問われた「枢軸時代」ではない。むしろ科学的な挑戦を通して、あるいは科学の偉大さの陰で、人間存在の根本的意味は次第に等閑視されていったともいえる。それをヤスパースは次のように表現する。
「内面的には、枢軸時代に問題であったものとは明らかに異なる別のものが問題である。当時は充実が、そして今日では空虚が問題なのである。」〔1〕
近代科学の時代は、確かに人類の重大な転換期でありながら、人間性という点からすれば、「充実」ではなく「空虚」な時代への転換期であったという見方である。
そしてこの時代状況から、人間存在の個別的な在り方が着目され、「いま」「ここ」に生きる特殊な人間の存在として「Existenz（実存）」をテーマとする「実存の哲学」が哲学の一つの潮流となっていった。

4．「実存」という存在

精神病理学の医師でもあったヤスパースは、科学者として、また哲学者として、自らの経験を踏まえて独自の思想を展開した。その思想は、一人ひとりの人間を科学や医学の対象としてではなく全体として理解し、個々の人間存在を「実存」として捉える試みであった。

そこで以下、ヤスパースの「実存」を手がかりにして、人間存在の「リアル」について考える。

まず、「実存」については次のように表現されている。

「実存は、決して客観となることなく、私が考え、行動する根源である。」[2]

自己存在は、身体的存在であるとともに、知る能力を有し、想像し創造する存在でもある。それは、生命を維持し、思考し、文化を担い、何かを願い、時に祈ったりもする。「実存」はそのような自己存在の根源であるという。すると「実存」は、身体や知性や精神とは異なって、それぞれのはたらきを担っていることになる。従って、「実存」に着目することは、多様な活動の全体を捉えようとする試みでもある。つまり「実存」は、身体的、知的、精神的活動を行う多層的な自己存在を全体として総体的に理解するための核をなす表現である。

この存在についてヤスパースは、「限界状況」、「コミュニケーション」、「歴史性」、そして「理性」について説明することを通して明らかにしようと試みている。

［限界状況］

誰でも人は常に何らかの状況の内に在る。つまり「状況－内－存在」である。もしある状況から逃れたとしても、別の状況に身を置くことになるからである。中でも、全ての人にとって決して避けられない状況があり、これをヤスパースは「限界状況」と呼んだ。「死」、「苦しみ」、「争い」、「責任」から人は逃れることができない。日々の生活の中で人々は多様な苦しみや争いを経験する。また、自らが下す判断や行為には責任を負わなくてはならない。そして何より死を避けることができない。経験できるのは他者の死や親しい人の死であり自らの死ではない。しかし自らも死を避けることができない存在として生きている。これらの状況は不可避であるだけでなく、各自がそれぞれ異なった仕方で直面し、自分の仕方でその状況を引き受け対処しなくてはならない。これは自らの限界を知り自らを問う機会となる。そしてこの状況にいかに対処するかは、いわば「実存」の決断であり、同時にこのことは人が生きる証しでもある。

［コミュニケーションと「実存の交わり」］

また人は、身体をもった存在として他者と空間を共有し、知識や意見を交換し、あるいは精神的活動を通して交流する。これは日常的なコミュニケーションである。それに加えて、他者との交流がかけがえのないものとなることがある。

日々人々は、それぞれに自らの経験を蓄積しながら独自の「歴史」を創りつつ生きる。そして、同じように独自の「歴史」を生きる他者との交わりを通して新たな自分に気づき自らの歴史を豊かなものにすることがある。これはかけがえのないコミュニケーションとして「実存の交わり」と呼ばれる。

それぞれの状況の中で、限りある存在として人は生きている。そして、死や苦しみや争いを避けることができないとしても、各自がそれを引き受け、決断し、自らの行為に責任をもたざるを得ない。また、「実存の交わり」を通して、自らを見つめ直し新たな自分の在り方に気づきつつ自らの歴史を紡ぎつつ生きる。これは「実存のリアル」である。

［理性と実存］

また、この「実存」にとっては「理性」の思惟が重要な意味をもつ。

「理性」は、限りなく対象を探究しつづける思惟を意味し、この思惟は、ある特定の思考方法やそれによって得られた知識を固定化することなく問い直し、また特定の価値観に固執することはない。いわば限りなく開明しようとする思惟である。

一方では「実存」として個人のリアルな在り方が示され、他方で「理性」は、広く問い続ける思惟として「実存」に担われる。そして実存と理性は、人間の在り方としてどちらも欠くことができず、両者のこの相即的な関係をヤスパースは次のように表現している。

「実存は理性によってのみ明白になり、理性は実存によってのみ内実を得る。」[3]

生きることのリアルは「実存」という個人の在り方を単に優先させることではない。それは「理性」を通して、多様な知の在り方に目を向けて自己の在り方を見定めることでもある。またその時「理性」はただ問うだけではなく、「実存」に担われることによって現実的で内容のある思惟になる。

したがって「実存」と「理性」のこの相即的な関係は、「理性」を備えた「実存のリアル」を意味してもいる。

【理性の運命】

ところで、この意味での理性の思惟を理解するにはカント（Immanuel Kant, 1724-1804）の考え方が参考になる。

カントが考える「理性（Vernunft）」は、「悟性（Verstand）」あるいは「知性」と区別される。

「悟性」や「知性」は科学的な認識のための思考方法であり、「理性」は科学的知の限界を意識し、それを超えて全体的なものを目指す。この時「理性」は、知識を超える対象として「理念」を想定し、思考をそこに向けようと試みる。

科学的思考である知性は、探究する対象と方法を明確に設定し、その限りで得られる成果を確かな知と認める。それに対して「理性」は、そこにとどまることなく、それ以上のものを問い続ける。しかしそこでは確かな知が得られるわけではない。それをカントは「理性の運命」と表現した。

「人間の理性は、ある種の認識について特殊な運命を担っている。すなわち理性が斥けることもできず、答えることもできないような問題に悩まされるという運命である。」[4]

神は存在するか、不死は可能か、自由とは何か。善とは何か。真とは何か。超越的な存在とは何か。この種の問いは科学的には答えられないし、「理性」によっても答えが得られるわけではない。それでも「理性」はこれらを問う。このように問うことが運命のように「理性」には課せられているからである、というのがカントの考え方である。

人間の存在については、「人格」や「尊厳」や「人間性」等が論じられることがある。それぞれに人間存在に特有な在り方を表現する概念であるが、それは科学的探究の対象とは異なって、「理念」として目指され志向されるに過ぎない。また、この種の問いに対して特定の答えを示すことは独断的にもなりかねないことから、むしろこれらは目指されることにこそ意味をもつともいえる。そして「理念」を問い続けることにこそ人間の思惟の特性があるといえるのであり、それが「理性」の思惟である。

こうして「理性」を備えた「実存のリアル」を人間の存在と考えるとき、それは明らかに単に知性（intelligence）を担う存在とは異なることになる。

5．「実存」とAI

「実存」は、身体として存在し、知性的な存在でもあり、精神的な活動を通して新たなものを創造したりもする多様な在り方をする自己存在の根源を意味する。

また、「実存」は他の誰かと代替することのできない自己存在であり、不可避的に遭遇する状況に対して決断し、責任を果たし、他者との出会いを糧として独自の経験を重ね自らの歴史を紡ぎながら生きる。

そして「理性」は、思考の限界を意識し「理念」を想定し、それを得ようと試みるのであり、「実存」によって担われている。

他方AI(Artificial Intelligence)は、あくまでも「知性」であり「理性」ではなく、また、AIが作り出す世界は、情報によってもたらされる世界である。いかに膨大な情報を用いて判断し最適と見なされた解を提示するとしても、それは「リアル」ではない。AIが提示する解は「実存」の決意とはかかわりなく、「理性」の思惟の成果でもない。なぜなら「理性」は、自らの知の限界は何か、何を目指し何を為すべきかを問い続けるからであり、しかもこの問いは「実存」が判断し決断するための要件でもあるからである。するとAIとの比較を通して人間存在の特性はひとまず次のように言うことができるであろう。

人は身体的存在であり、知的存在として科学を発展させ技術を開発し、同時に人は文化的な活動をする存在でもある。そして、それらの活動の根源が「実存」にあると理解するとき、人間の存在は、科学的探究によって明かされる存在にはとどまらない。そして人は、一人ひとり時間的にも知的にも、あるいは感覚的にも限界の中で生き、自らの責務を果たしながらそれぞれの歴史を紡ぎつつ生き、死に至る存在として在る。その在り方は他者が代わることのできない代替不可能な存在である。

また、「理性」に関していえば、「理性」は、真理とは何か、自由とは何か、死とは何か、を「理念」として問う。そこでは科学的な答えを得ることが重要なのではなく、安易な独断に陥らないために問い続けることにこそ意味がある。そして、知識を獲得するためでなく問うからこそ、人は、これまで経験のないことにも挑戦し、夢を抱き、未来を志向し、人間が人間として生きられる未来をいかに創るか、問うことができる。

これが、「理性」の思惟を担う「実存」として存在しうる人間の在り方である。

ＡＩが今後どのように発展し、人間の存在にいかなる影響を与えるかは予測できない。しかし、ＡＩ研究によってＡＩが人間の思考や在り方に限りなく近づき人間社会に多大な影響を及ぼすであろうことは容易に想像できる。この状況を認識し、ＡＩの今後の展開に注目しながら、生とは何か、尊厳とは何か、自由とは何か、を含めて、「人間が生きるとはどのようなことなのか」、そして「人間とは何か」を問い続けなければならないであろう。従って、ＡＩの展開は今後人間の存在を改めて問う貴重な機会となっていくように思われる。

引用文献

※記載した頁は、引用の際に参考にした日本語訳の頁である。

[1] Karl Jaspers『歴史の起源と目標*Vom Ursprung und Ziel der Geschichte*』1945. 重田英世訳　理想社　1978年（ヤスパース選集９）p.257

[2] Karl Jaspers『哲学　第一巻　*Philosophie Bd.1*』1932, 3.Aufl.1956. 武藤光朗訳　創文社　1970年 p.20

[3] Karl Jaspers『理性と実存 *Vernunft und Existenz*』1935, 5.Aufl. 1973. 草薙正夫訳　理想社 1980年（ヤスパース選集29）p.80

[4] Immanuel Kant『純粋理性批判 *Kritik der reinen Vernunft*』1. Aufl.1781,2.Aufl.1787. 篠田英雄訳　岩波書店　1997年（岩波文庫『純粋理性批判　上』）p.13

羽入 佐和子（はにゅう・さわこ）

お茶の水女子大学大学院人間文化研究科博士課程修了（学術博士）。専門分野は哲学、ヤスパース哲学を中心とする実存思想。国立大学法人お茶の水女子大学長、国立研究開発法人理化学研究所理事、国立国会図書館長を経て2021年より現職。著書に『ヤスパースの存在論－比較思想的研究－』、『思考のレシピ』、『哲学へ―ヤスパースとともに―』（共著）、『科学に学ぶ心の教育　第７巻』（共著）がある。

テレワークで社会のかたちも変わる

社会連携部門 特任教授
中西 穂高

新型コロナウイルス感染症により多くの人がテレワークを開始し、今では新たな働き方としての地位を得ている。個人の働き方を変えただけでなく社会の変化を促す原動力となっている。そこで幅広い視点からテレワークを考えてみる。

新型コロナウイルス感染症が流行し、政府が緊急事態宣言を発出した2020年の初頭以降、テレワークという言葉が多く聞かれるようになった。テレワークとは何か、どのような効果があるのか、特に地域活性化との係わりについて話をするとともに、テレワークの良い点と悪い点、そして将来の姿について話を進めていく。

1. テレワークとは何か

厚生労働省はテレワークを「情報通信手段を活用した場所と時間にとらわれない柔軟な働き方」と定義している[1]。一般的な言い方をすると、ネットを使って自宅にいながら会社のパソコン、サーバーにアクセスして仕事をすればテレワーク、ということになる。「テレ（離れて）」ワークなので、会社から離れた所で働くとテレワークとも言えるが、それだけでは昔からある行商や富山の薬売りみたいな働き方と区別がつかない。そうした働き方とは一線を画す意味で「情報通信技術を使って遠隔で仕事をする」ということになっている。この考えをもう少し発展させると、場所だけでなく時間も異なっていいのではないか、ということになる。みんなが一斉に同じ場所で仕事をするというのが通常の働き方だが、テレワークは時間と場所の制約から自由な働き方なのだ。

テレワークといっても、働く場所はさまざまだ。自宅で働くケース、サテライトオフィスという会社から離れた場所に設置したオフィスで仕事をするケース、駅の近くなどにあるコワーキングスペースで働くケース、リゾートで働くワーケーションというかたちもある。場所を決めず、タブレットだけをもって駅のベンチや公園やレストランで仕事をする「ノマド（遊牧民）ワーカー」もいる。働く方法も色々で、会社に雇用されてテレワークをする人もいれば、自営型で個人事業主として働くフリーランスもいる。テレワークの頻度も、毎日テレワークをする人も必要な時だけする人もいる。週1回、週2回、不定期など色々なパターンがある。このように、テレワークは色々なかたちがあるので、テレワークのメリット、デメリットを一概に論じることはできない。

テレワークという考えは、1975年にジャック・ニルスが「テレコミューティング」という言葉で提唱している[2]。1980年にアルビン・トフラーが書いた「第三の波」では、「電子機器を備えた小住宅、『エレクトロニック住宅』」で働くとガソリンを使わなくても済む、全米の都市通勤者の10数%がテレワークをするだけで、アメリカがその当時輸入していたガソリンを輸入しなくて済むとの試算を紹介している[3]。アメリカでは、自宅から会社に行くのに車での移動が多いということもあって、当初はガソリンの節約がテレワークの大きな目的であった。

2. なぜテレワーク？

日本でもテレワークの議論が長い間行われている。最初は環境問題やエネルギー問題の解決策の一つであった。2002年に制定された地球温暖化対策推進大綱では、京都議定書のCO_2削減目標達成のためにテレワークを活用して交通代替することが求められた。2007年1月の第1次安倍内閣の施政方針演説の中では、女性活躍の観点から「テレワーク人口の倍増」を進めることが表明された。これは、政府がテレワークという言葉を国会で使用した最初になる。また、テレワークは女性や働く人のためだけでなく経営サイドにも役に立つことが強調され、2009年には国土交通省、総務省、厚生労働省及び経済産業省が「企業のためのテレワーク導入・運用ガイドブック」をまとめた。2011年の東日本大震災後には、省エネ、節電の必要性からテレワークが推奨された。2016年から始まった働き方改革の中でも、多様な働き方を可能にするという観点からテレワークの推進が語られるようになった。2021年に開催された東京オリンピックに向けては、都心の混雑対策としてテレワークが推奨された。2016年のリオデジャネイロ大会が終了した翌年、当初の開催予定年の２０２０年の３年前である２０１７年以降、オリンピック開会式の7月24日を含む期間を「テレワークデイズ」と位置付けてテレワークの推進が図られた。

ＳＤＧｓとの関係でもテレワークは効果がある。テレワークは、目標5の「ジェンダー」、目標8「働きがい、経済成長」、目標9「産業、技術革新の基盤」、目標13「気候変動対策」などにおいて親和性が高い取り組みになっている。

新型コロナとの関係では、２０２０年1月に最初の感染者が出たが、2月15日には新型コロナウイルス対感染症対策本部で企業に対してテレワークを強力に呼びかけている。4月7日に東京都等に出された緊急事態宣言よりも2カ月近く前だ。それまでは議論だけで一向に進まなかったテレワークが強制的に始まった。それまでテレワークは難しいという声が多かったが、「実際にやってみたら何とかできた」、「意外と効率的に仕事できた」など、テレワークの良さに気が付いた人が多く出てきた。一方で仕事の効率が落ちたという意見も多く見られた。家では仕事がやりにくいとか、家で１人だけがテレワークならそれなりにまわるが、夫婦ともにテレワークするとダイニングルームはどちらが使うのか、仕方がないから一人は風呂場でテレワークした、とかいう声も聞かれた。皆が四苦八苦しながらのテレワークだったわけだ。

この時のテレワークは業種や働き方によって差があった。正規に比べ非正規のテレワークは進まなかった。地域間でも差が大きく東京都23区の実施率は高かったが地方はその半分以下の水準であった。また大企業ではテレワークが非常に進んだが、中小企業はなかなか進まなかった。

全体として新型コロナの流行で上昇したテレワーク実施率は、緊急事態宣言が終わると下がってきているので、テレワークが定着したとは言えない。東京都のテレワーク実施率（都内の従業員30人以上の企業の中でテレワークを実施している企業の割合）を見ると、2020年3月や4月の緊急事態宣言が始まる前は24％であったが、緊急事態宣言後には60％を超える水準まで上昇した。しかしその後新型コロナの流行が一段落すると徐々に実施率は低下して、2023年4月には47％となっている[4]。

3. テレワークは地域を元気にする

テレワークは距離的な不利をなくすことができるので、地方の企業が元気になる、地方の人の働く場ができる、地域の魅力を向上させる、といった地域活性化効果がある。地域活性化政策には、工業団地の造成や企業誘致のような誘致型のものと、地域資源の活用を図る内発型のものがある。同じようにテレワークにも、誘致型と内発型がある。また、企業に着目したテレワークと個人に着目したテレワークがある。この二種類の分類を組み合わせると、テレワークを4つの類型に分けることができる（図）。

1番目は、誘致型で企業に着目したタイプである。有名な事例として、企業向けのクラウド名刺管理サービスを行う

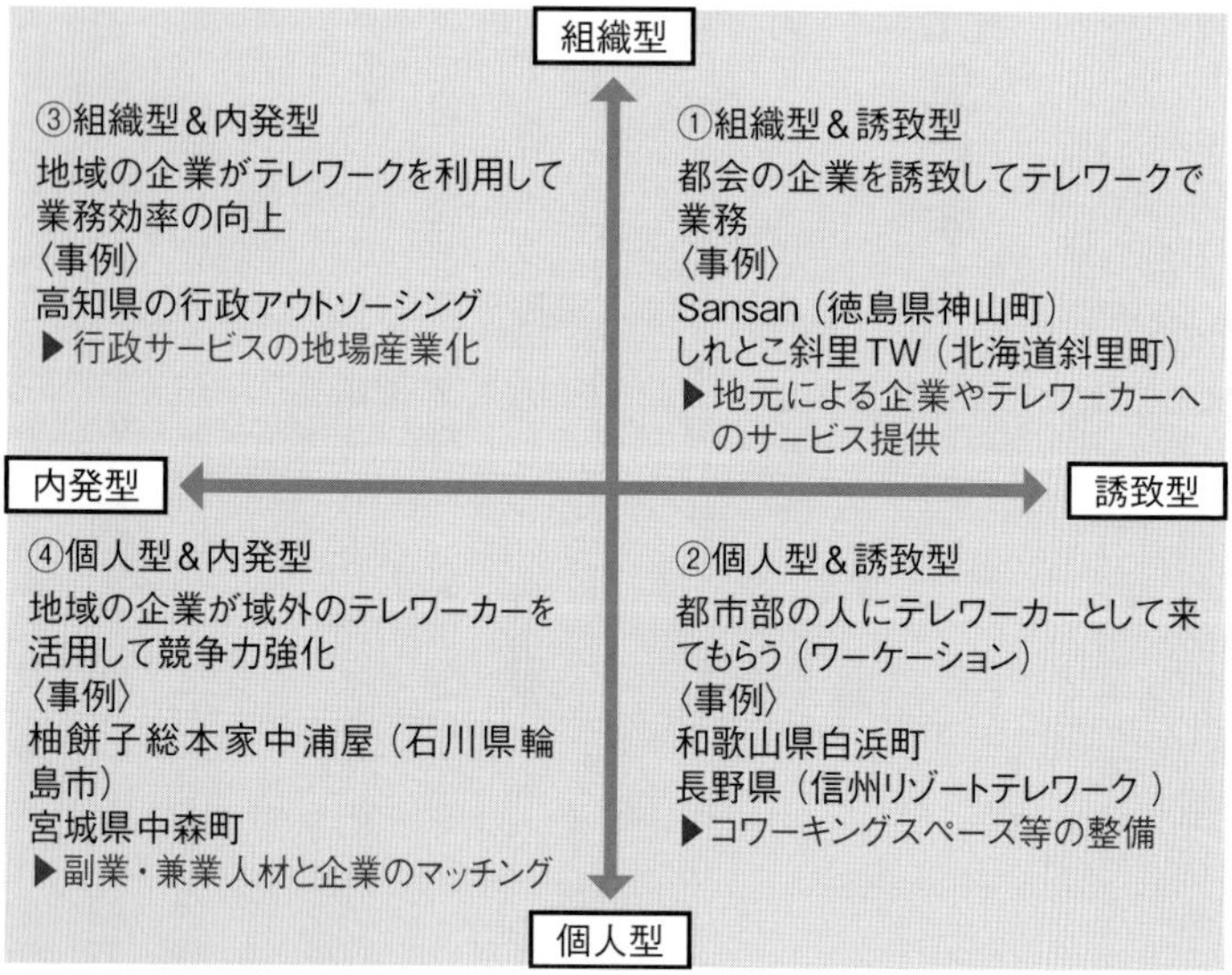

組織型
③組織型＆内発型
地域の企業がテレワークを利用して業務効率の向上
〈事例〉
高知県の行政アウトソーシング
▶行政サービスの地場産業化
①組織型＆誘致型
都会の企業を誘致してテレワークで業務
〈事例〉
Sansan（徳島県神山町）
しれとこ斜里TW（北海道斜里町）
▶地元による企業やテレワーカーへのサービス提供
内発型
誘致型
④個人型＆内発型
地域の企業が域外のテレワーカーを活用して競争力強化
〈事例〉
柚餅子総本家中浦屋（石川県輪島市）
宮城県中森町
▶副業・兼業人材と企業のマッチング
②個人型＆誘致型
都市部の人にテレワーカーとして来てもらう（ワーケーション）
〈事例〉
和歌山県白浜町
長野県（信州リゾートテレワーク）
▶コワーキングスペース等の整備
個人型

図　テレワークの類型

出典：中西穂高（2022）、「地域活性化とテレワーク」、サービソロジー、2022年3月15日、サービス学会

Sansan株式会社が、徳島県神山町にサテライトオフィスを設立しテレワークで仕事を行っているという事例がある。神山町は徳島の山奥で交通の便もよくないところだが、同社では、古民家を借り大きなディスプレイを置いて東京オフィスを映すことで距離的な感覚を縮めている。これができたのは、徳島県が非常にインターネット環境のいい所だからだ。徳島県では、地デジ対策として県内全域にケーブルテレビのための光ファイバー網を張り巡らせていた。これがインターネットにも活用されたのである。

2番目のタイプは、個人に着目した誘致型で、最近話題のワーケーションがこれにあたる。海外にもある仕組みであるが、日本では近年、観光振興の観点から推進されている。有名なのは和歌山県の白浜町である。関西有数の温泉につかりながら、マリンレジャーを楽しんで、テレワークで仕事もしてくださいという取り組みだ。長野県軽井沢町もワーケーションに力を入れている。長野県ではリゾートテレワークという言い方をしているが、夏には涼しい軽井沢に来て、観光だけでなくテレワークで仕事もしてくださいと言っている。昨今、ワーケーションは全国的に地域活性化の一つのキーワードになっており、政府も力を入れている。

3番目は、組織に着目した内発型のテレワークである。高知県では、議会の議事録のテープ起こしや書類づくりなどの行政の仕事を地域資源と考えた。高知県庁はこの地域資源を、テレワークを活用して県内各地の企業やＮＰＯに発注することにより、県庁所在地の高知市周辺だけでなく県域全体に資金の流れを作った。地方では、行政は地域最大の企業だ。テレワークは、行政の持つ経済活性化効果を地域全体に広げる手段として機能したのである。

４番目は、個人の活動に着目した内発型のテレワークである。地方の企業が東京にいる副業人材を活用しようとする動きが最近増えているが、そうした取り組みがこのタイプだ。従来のテレワークでは「地方の人が東京の仕事」をしていたが、これは仕事の流れが逆で、「東京の人が地方の仕事」をする。例えば、石川県輪島市にある和菓子屋が、新製品のプリンをネット販売するための人材を地元で確保できなかったため、東京の企業に勤めている人を、副業の形でテレワークにより働いてもらったという事例がある[5]。

4. テレワークのいいところ悪いところ

テレワークにはコミュニケーションに課題があるとの指摘が多い。ちょっとした情報交換はオンラインでは行いにくいと言われているが、職場などすでに関係性がある中ではオンラインでも意外とコミュニケーションが取れる。また、目の前に部下がいないと業務管理ができないという話もよくあるが、課長が部下を毎日常時監視してるかというとそうでもない。大きい課であれば、今日は課長と何の話もしなかったという部下がいるということは結構あるのではないか。週5日ともテレワークならば困ることも多いが、週1日や2日のテレワークならば問題は少ないであろう。一方、会議や打ち合わせについていえば、これまで日程調整が大変だったのがオンラインでは時間調整が容易になり、打ち合わせの機会が増えるという効果もある。

テレワークには情報管理に問題があるとの話もある。しかし最近はシンクライアント端末のように、それ自体は情報を持たないことでセキュリティを強化した端末の利用も増えている。情報漏洩はテレワークの問題ではなく実は人の問題で、社員教育の問題である。

テレワークが労働強化につながるとの懸念がある。実際、テレワークにより時間管理から成果管理になると、仕事の種類によってはどうしても長時間になる傾向がある。例えば、プロジェクトの企画を考えるような仕事の場合、もっと時間をかけるとより良いものができるのではないかと考えて残業してしまう。この問題を解決するには各人の意識を変える必要がある。緊急事態宣言の際には帝京大学でもテレワークが行われたが、その際にテレワークで働く時間帯のアンケートを取ったところ、事務職員は通常の勤務時間内で働く人が多かったが、もともと勤務時間を意識して働いていなかった教員には深夜にも働いている人が多かった。この調査結果は、働く時間に対する日常的な意識を変えることがテレワークによる長時間労働を抑えるには必要であることを示唆している。

テレワークで省エネ効果を発揮するには条件がある。例えば10人いるオフィスを考えてみる。うち2人がテレワークにより家で仕事をしている。その時、オフィスには8人いるので照明やエアコンは消えていない。ところが家では2人が照明やエアコンをつけている。すると総エネルギーはかえって増えてしまう。テレワークで省エネをするには、完全にオフィスを閉鎖して電気を消すことが条件になるのだ。完全テレワークの場合は家庭用機器とオフィス用機器のエネルギー効率の比較になるが、最近の家庭用機器は省エネが進んでいるので、その分の省エネの可能性は出てくる。通勤に自動車を使用している場合はその分のエネルギーは節約できるが、日本では公共交通機関の利用が多い。いずれにしてもテレワークの省エネ効果は限定的である。

テレワークに期待される効果で大きいものは業務改革効果である。これはテレワークの直接的効果というよりは、テレワークを進めるために書類を電子化したり業務を明確化したりということで結果として業務改革が進むという効果である。すなわちテレワークの必要条件として業務改革が進むということで、このことがテレワークの効果としては非常に大きい。

5. 新しい働き方のかたち

昨今、働き方の形が非常に変化してきている。まず一つには、組織の壁が低くなってきている。日本テレワーク学会ではトランスボーダーという言い方をしているが[6]、組織のボーダーは今もあるものの簡単に乗り越えられるようにようになってきている。

実際、内部の社員と外部の人たちとの間の境界が低くなってきている中で、クラウドソーシングという働き方が増えている。従来は社内で行っていた業務の一部を、世間（クラウド）に委託して行うというものでテレワークの一つのかたちである。そこには2つのタイプがあって、一つは社内で解決できない問題の答えをクラウドに求めるタイプである。これにはコルゲート社の事例がある。同社はチューブの中にフッ化物の粒子を注入する方法を求めていた。化学系が中心の社内の技術者ではうまくいかず解決策を社外に公募したところ、物理学を専攻した人が粒子に電荷をかけてチューブに吸い込ませるという案を出して解決したという話がある[7]。このように社内の課題の解決策を外部に広く求めていく、というタイプのクラウドソーシングがある。

もう一つのタイプは、クラウド上の多くの人が少しずつデータを提供するというタイプである。2014年に、インド洋でマレーシア機が行方不明になった事件があったが、その際には、行方不明になった海域の衛星写真が公開された。多くの人が衛星写真をチェックしその結果が報告された。膨大な枚数の衛星写真から航空機の残骸や浮いた油を見つける作業は、少ない人数で行うと単調で大変な作業だが、10万人を超える人が行えば早く解決する。他にも、NASAが、火星の観測データから火星の雲を分類する作業をクラウドソーシングで行っている例もある。

いわゆるZ世代（1990年代後半から2010年代初め生まれ）の人たちはスマホで育っている。家でも固定電話を持っていない人が多数派で、そういう人たちは全く抵抗感なくスマホを使いこなせる。対面でもスマホでコミュニケーションをする人がいるし、最近はアバターを使ってコミュニケーションをとる人もいる。複数の高校でプロジェクトを行った際に、対面では普段おとなしい人がアバター空間ではすごく元気に発言をして議論をリードしていたというはなしもある。

このように最近は、リアルの世界とは異なるテレワークを前提とするバーチャルな空間の活動領域が大きくなっている。将来、Z世代の下のα世代（2010年代以降生まれ）が大人になり会社の中核を占めるようになると、また働き方は変わってくるだろう。テレワークの是非についての議論は過去のことになり、テレワークによる仕事が当たり前で、補完的に対面で仕事をするという時代がやってくるのかもしれない。

参考文献

[1] 厚生労働省、「テレワークの定義」、テレワーク総合ポータルサイト、https://telework.mhlw.go.jp/telework/about/

[2] Nilles, Jack M (1975), Telecommunications and Organizational Decentralization, IEEE Transactions on Communications, Volume COM-23, No. 10, pages 1142-1147.

[3] アルビン・トフラー (1980)、「第三の波」、日本放送出版協会（徳山二郎監修）.

[4] 東京都産業労働局 (2023)、テレワーク実施率調査結果4月、2023年5月15日報道発表資料、https://www.metro.tokyo.lg.jp/tosei/hodohappyo/press/2023/05/15/10.html

[5] 日本経済新聞 (2021)、2021年3月6日版、「リモート副業、地方潤す」.

[6] 日本テレワーク学会 (2015)、「テレワークが未来を創る－働き方改革で実現するトランスボーダー社会」、インプレスR&D.

[7] Howe, Jeff (2006), The rise of crowdsourcing, Wired Magazine, Issue 14.06, June 1, 2006.

・Immanuel Kant『純粋理性批判 Kritik der reinen Vernunft』1. Aufl.1781,2.Aufl.1787.
篠田英雄訳　岩波書店　1997年（岩波文庫『純粋理性批判　上』）

中西 穂高（なかにし・ほだか）

帝京大学先端総合研究機構社会連携部門特任教授。東京大学理学部卒、東京工業大学大学院イノベーションマネジメント研究科修了。専門はテレワーク、地域活性化、産学連携。通商産業省（現　経済産業省）、高知県副知事、内閣官房内閣参事官、東京工業大学教授等を歴任。

ロールズとセンによる新厚生経済学の批判的展開

後藤 玲子
ヒューマニティーズ研究部門 教授

アマルティア・センによる規範経済学は、哲学と社会的選択理論という、二つの異なる理由の系列を起因とした幸運な出会いから生まれた学問。これを手がかりにして、「経世済民」たる経済学の未来を展望していきたい。

1. はじめに

経済学には「厚生経済学（welfare economics）」と呼ばれる一分野がある。その特徴は、人間の側から経済を眺めることにある。大変当たり前のことだが、財や貨幣の流通の始まりにも、終わりにも人がいて、人の欲望やら意思やらが、経済活動を通して、人自身の生を形づくっていく。「厚生（welfare）」はもともと人の暮らし向きとか、生の厚みを意味する言葉であった。1920年代、厚生経済学の騎手の一人とされるアルフレッド・マーシャルは「生を措いて富はなし（No wealth but life）」というフレーズを残している。富（wealth）は豊かさの源泉ではあっても目的ではない。経済学が、富の頂きを越えて、その先に在る人の生（life）の地平にこそ関心を寄せることは当たり前のことだった。

第二次世界大戦前後より、価値判断の中立性と科学的な論証可能性の要請が強まると、厚生経済学の主要な関心も、人の厚生をもたらすシステムの解明から、システムの機能的性質の解明へと移行する。人はもっぱら個人間の比較が不可能で序数的な「効用関数」の添え字と見なされ、人の効用（厚生）の絶対的水準を論ずることは学問的には意味のないこととされた。ある個人の厚生は別の個人の厚生より高いのか低いのか、その絶対的水準が十分なものか、不十分なものかは本人のみぞ知る。科学としての経済学の関心は、もっぱら、所与の制約条件（環境や制度、他者の選好など）のもとでなされる個人の選択行動と、均衡においてパレート効率性――すなわち、これ以上誰かの厚生を高めるためには別の誰かの厚生を低めないとならない状態――が実現されるかどうかに向かうこととなった。

新厚生経済学への華麗なる転身である。とはいえ、新厚生経済学もまた、〈個人〉を効用（快であれ、欲求充足であれ、善き生であれ、他者の幸せであれ、世界平和であれ）最大化を図る目的主体と見なす点、そして、個人を越えた何ものか、例えば〈全体〉を目的主体として措定しない点では、厚生経済学と変わりがなかった。本章では、個人尊重の視点を共有する経済学の到達点と限界、そして可能性を簡単に描写する。その主要な関心は、焦点を人々の生（life）に引き戻しながら、科学であることを止めない経済学を展望することにある。

1998年にノーベル経済学賞を受賞したアマルティア・センに、こう聞いたことがある。「今のあなたの経済学を何という名で呼びますか」と。いつもは即座に明晰な答えを返す彼が言いよどむ。「う〜ん……」。すかさず、こう畳みかけた。「新・新厚生経済学でしょうか？」と。彼が、新厚生経済学の想定する人間観の窮屈さと一元論的な理論枠組みを鋭く批判していることを知っていたから。予想通り彼は笑った。そこで、私は用意しておいた言葉を出した。「規範経済学はどうですか？」。規範経済学は、哲学と社会的選択理論という、二つの異なる理由を起因とした幸運な出会いから生まれた学問である。すると、センは即座に応答した、慎重にけれども眼光鋭く。「そうだ。それがあったね」と。

以下では、このセンの規範経済学を手がかりとして、経済学の未来を展望したい。この文章の副題は、「民をたすけて（済民）、世をつねならしめる（経世）」学問にようこそ、でいかがだろうか。

2. 研究上の問い

学問としての経済学は、「自己利益を追求する合理的個人」という小さな仮定から出発して、個人間の協力や合意形成、集団や社会における秩序や均衡、そして安定という大きな問題へと向かう。その基本的な仮説であり命題は、進化経済学に代表される強力な一元化論理にある。その特徴は次のように記述される。

「(「進化論的ゲーム理論家」たちによれば) 表面的には利己的な行動動機と両立不可能な倫理的動機に根差す行動ですら、実際には利己的な動機を長期的に実現するための均衡戦略にすぎない。十分な時間さえ与えれば、行動は環境に適応して利己的な動機に基づく人間行動も倫理的な解釈を許す長期均衡を発見し、それを維持するための社会的な調整メカニズムを誕生させる」(鈴村＝後藤、2002、137)。

「倫理的動機」として、通常、考えられるのは、共感・憐憫などに根差した利他的な行動などであろう。これらが「利己的な動機を長期的に実現するための均衡戦略にすぎない」とはどういうことだろうか。解釈するに当たって、「情けは人のためならず」という日本のことわざを手がかりとしよう。その意味は、「情を人にかけておけば、巡り巡って自分によい報いが来るということ」(「大辞林 第3版」、2006、三省堂)とある。因果関係を記述するにすぎないが、ここに、「よい報い」を目的として行動する合理的な個人を仮定すると、その意味は上記の引用に限りなく近づくことに気づくだろう。「情けを人にかけ」る倫理的行為は、とどのつまり、「よい報い」を得るための「均衡戦略」にすぎないと。

この論理は、「情を人にかけ」る行為のハードルを格段に下げるように思える。実際に、「よい報い」を目的として「情を人にかけ」ることが、結果的に、功を奏する局面も少なくないだろう。だが、その一方で、この論理は、「よい報い」についてのハードルを引き上げることにはならないだろうか。「情を人にかけ」る行為の後に、それがあたかも「利己的な動機」であったかのような装いを取りはしないか。例えば、もともと独りで考えることを無上の喜びとする人が、それとは別の事柄を——例えば、多くの人との交流を——「よい報い」と見なすことになりはしないか。あるいは、「プロクルーステースの寝床」の比喩のように、本来、豊かであったはずの倫理的動機を利己的な動機に合わせて切り詰めることになりはしないか。センの論文〝Rational Fools〟(Sen, 1977) に出された例を少し改変して問題点を抽出しよう。

1つのおもちゃを前にした兄と弟がいる。2人はじっと沈黙している。先にその沈黙を破ったのは兄である。彼はさっと手を延ばしておもちゃを取った。すると、弟は思わず叫ぶ。

「お兄ちゃん。ずるいよ!」。すかさず兄は応える。

「ずるい?お前だったらどうするっていうんだい?」、

弟「ぼくだったら…、うーん、お兄ちゃんにゆずろうとすると思うよ」、

兄「じゃあいいじゃないか、お前がしたいと思った通りになったんだから」、

弟「ぼくがしたいと思った通り?…」。

弟は語る言葉を失い、おもちゃは兄のものになった。

二人の会話はかみ合わない。このかみ合わなさはどこからくるのだろうか。兄は極めて

明確に自己利益最大化行動を取った。弟は態度を保留していた。彼には、自分と同じように欲しがっている人がいるときに、いったい自分はどう振る舞いたいのか、振る舞うべきなのか、わからなかった。また、そもそも人はどう振る舞うものなのか、わからなかった。さらに、そもそも互いの振る舞い方を、どうやって決めたらよいのか、わからなかった。加えて、これらのわからない事柄を、いまこの場で、問うてよいものかどうかもわからなかった。

だが、兄は、これらのたくさんの問いを含んだ弟の態度保留の意味を一顧だにしなかった。それどころか、「ぼくだったら……、ゆずろうとすると思うよ」というフレーズを、欲求言語（「ぼくは、ゆずりたいよ」）に変換し、結局のところ、兄自身が採用する自己利益最大化の論理（何であれ、本人の欲求の充足による利益の増大）に還元してしまった。しかも、その彼自身の解釈を弟に押しつけようとしたのだ。

弟は、ここで、いわば一元化論理の暴力にさらされた、とはいえないだろうか。「取る」と「ゆずる」の違いを抹消し、振る舞い方・分け方・決め方・問い方に関する問いを封じ込める一元化論理の暴力にさらされたと。果たして、「欲する」という欲求言語ですべてを洗い流そうとするこの恐るべき一元化論理から、「ゆずろうとする・べし」という倫理的判断のきざしをすくい取ることができるのだろうか。果たして、この先、弟は彼自身の倫理的動機と「よい報い」をめぐる問いを、再開できるだろうか。

以下では、新厚生経済学と深い影響関係を持ちながらも経済学が措定する人間像を再編し、「欲する」と「すべし」を区別しながら、この難問への応答を試みたジョン・ロールズの正義理論、そして、その批判的展開を図ったアマルティア・センの規範経済学を手がかりとして、「脱」一元化論理の可能性を探る。

3. ロールズの政治的構成主義

現実には、悪（evil）や不正義に対する義憤（resentment）や公憤（indignation）は、利己的な動機はおろか、共感や憐憫、利他心などの関係性倫理にも還元できない行為に、人を関与させることがある。上述したような一元化論理の暴力は、これら義憤や公憤を動機として他者の権利主張を代弁し、彼らの生を支援しようとする人の人間性を捉え損ねる恐れがある。それればかりではない。そもそも悪や不正義の深刻さと、逆境（adversity）に直面して苦悩する人の絶望を捉え損ねかねない。

1971年にA Theory of Justice（『正義論』）を著して、社会の基礎構造を規定する正義原理を提唱した政治哲学者ジョン・ロールズは、立論にあたって、脱一元論的枠組みを取った。すなわち、人は自己の善を追求する「合理性」のみならず、「正義の感覚（a sense of justice)」を持つ。「正義の感覚」は好みや能力、地位など一切の私的情報が遮断される（「無知のヴェール」, Rawls, 1971）などの一定の条件下で、正義原理を形成し、受容し、順守する「公正性」へと発展する、と。加えて、人には「相互性（reciprocity)」の論理に従う傾向があることに着目した。

一元化論理を脱することの困難さは、ロールズの言葉を借りれば、「道徳的動機付けテーゼ」の問いかけ、すなわち、「いかなる欲望が私たちを導いて正しいことを為さしめるのか」にうまく答えられない点にある。果たして、理論なるものが、利己的欲望以上に確かな動機を措定し得るのだろうか？　果たして、一元論的枠組みから脱して、小さな仮定から出発して大きな結論に至る、という科学の野望を維持することができるのだろうか？

ロールズは、これらの問いに直接、答えるのではなく、ひとまず関心を「認識論的テーゼ」の問いかけに移したうえで、再度、道徳的動機付けテーゼとの関連を探る方法を取った。「認識論的テーゼ」は、「わたしたちはいかにして、適切な諸概念を整合的な仕方で、お互いの意見を一般に一致させせつつ用いることができるのか」(Rawls, 2000, 116-117)を問う。この問いは、ロールズの「政治的構成主義」という方法的枠組みに結晶化される。その要点は、現実の個人と「ありうべき制度」を直接結ぶのではなく、間に「ありうべき個人」を挟むことにある。「ありうべき個人」と「ありうべき制度」は、いずれか一方が他を基礎づけるのではなく、実践理性によって具体的な事象と照合されながら、整合性が図られる。換言すれば、2つの概念はいずれも他を基礎づけるほどの圧倒的な真理性や確実性を持たない、ただ、具体的事象との照合ならびに論理的整合性のみが双方の妥当性を担保し得るという。そのように妥当性を担保された「ありうべき制度」が、自己の善の観念を追求する現実の個人の意識と行動をけん引して、現実の制度を改変していく。後に、ロールズが「現実的ユートピア」(Rawls, 1999)の語で捉えたように、ユートピアを実行可能(feasible)とするかぎは、自己の善を追求する人々自身の意識と行動の変容にある。

次の二つの図は、ロールズの政治的構成主義と2節の冒頭で紹介した進化経済学の方法を対置させたものである。生物学の進化論の影響を受けた進化経済学の特徴は、既存の制度の影響をいや応なく受ける「あるがままの個人」と、制度の進化プロセスを直接結び付ける点にある。

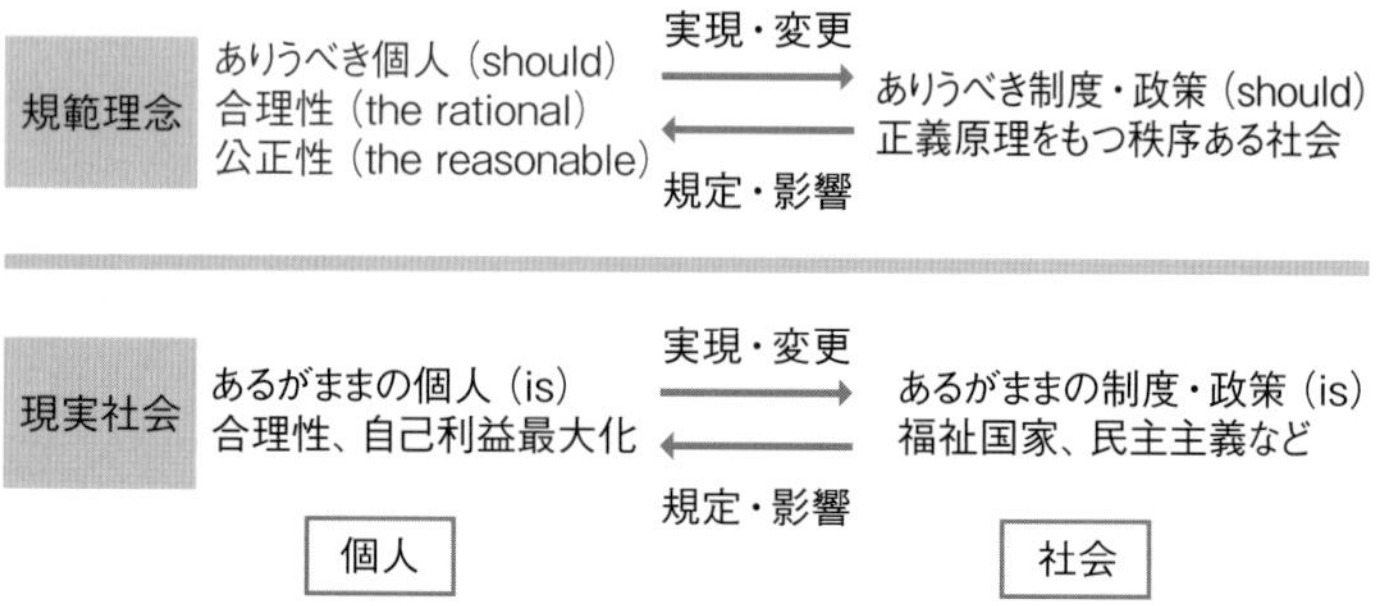

図1　ロールズ「政治的構成主義」

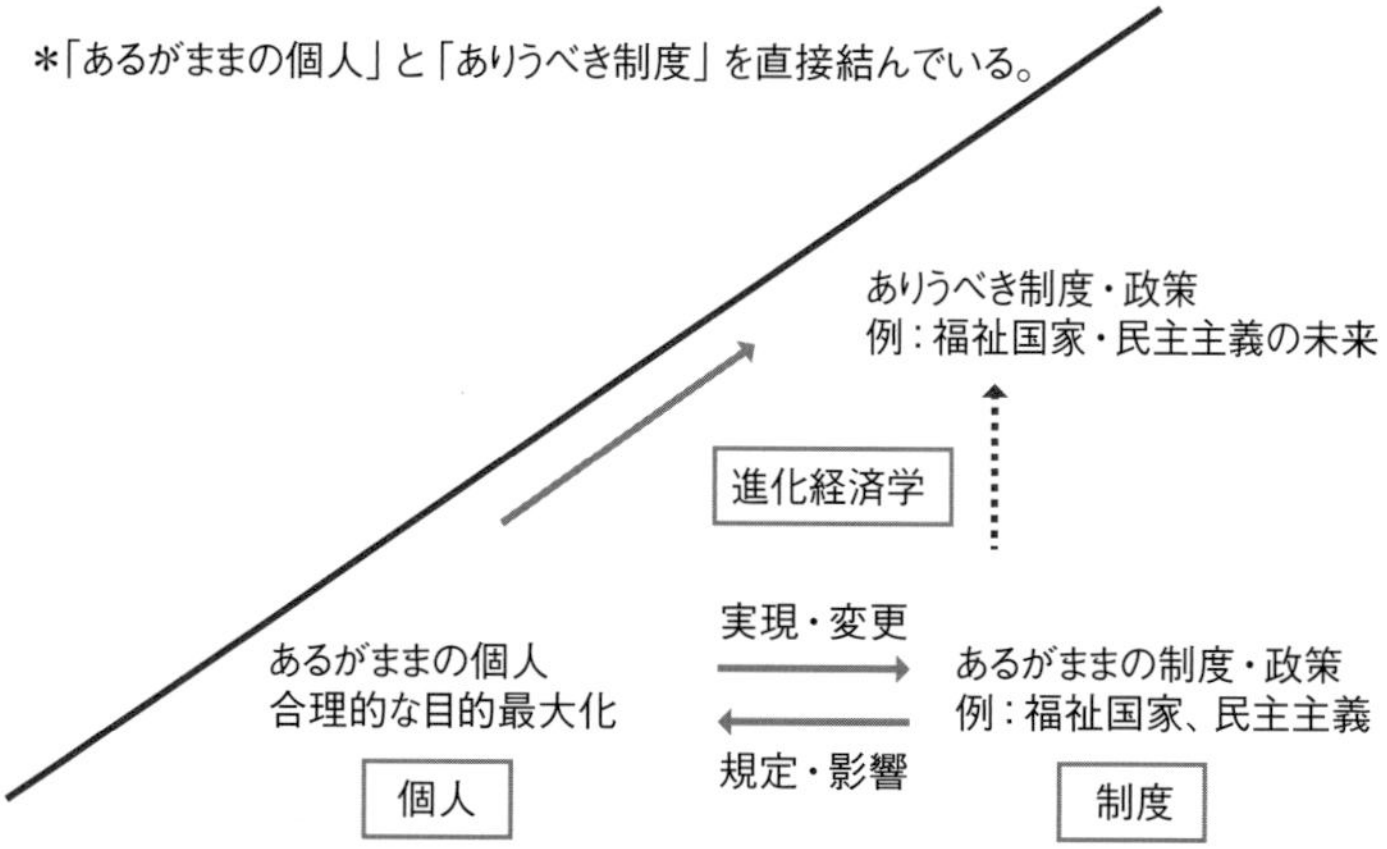

図2　進化経済学の方法的枠組み

個人の理想と制度の理想の具体的内容には、さまざまなバリエーションがあり得よう。ロールズ自身は、上述した「合理性」と「公正性」という二つの能力を備えた「道徳的人格」を個人の理想に置いた。対応して、「基本的諸自由の平等な保証」の優先性のもと、「政治的自由ならびに教育・就労機会の実質的平等」、さらには、「最も不遇な人々の期待の最大化」(格差原理)を要請する「正義の二原理」を構想した。このようなロールズの正義理論は、新厚生経済学の格好の素材とされた。例えば、諸個人の選好評価を集計して正義原理が合意形成されるプロセスは、社会的選択理論の関心を引いた。集計手続きにどのような条件を課すと、格差原理が導出されるのか、されないのか、より基礎的な諸基準(公理)の組み合わせが探求された。また、次のような制度と個人の入れ子構造は、最適課税率の関心を引いた。個人は制度をパラメータとして私的効用最大化行動を取り、制度は諸個人の私的効用最大化行動をパラメータとして、社会的目標の最大化を図る。「格差原理」は、さらに、分配理論や意思決定理論の関心を引いた。功利主義や期待効用最大化と並ぶ原理として、すなわち、最小所得の最大化を図る「社会厚生関数」の一つとして、あるいは、不確実性下で最悪な事態の回避を図る「マキシミン原理」として定式化された。

これらの研究成果は、現実のリベラルな福祉国家の到達点と限界を端的に示すことに大きく貢献した、といえるであろう。だが、容易にわかるように、これらの研究の焦点は、もっぱら図1で紹介したロールズ正義理論の右下三角形に当てられた。このままでは、せっかくの立方体がひしゃげてしまいかねない。ロールズ正義理論の左上三角形にあったはずの「ありうべき個人」はどこに行った？

4. センの規範経済学——新厚生経済学への挑戦——

結論を急ぐと、センの規範経済学は、新厚生経済学のツールを拡張しながら、ロールズ正義理論にあった「ありうべき個人」を奪還する。センの新厚生経済学への挑戦は、第一に、合理性概念の拡張という形を取った。経済学は合理性概念を、内的整合性と自己利益最大化原理に収れんさせる傾向があった。それに対して、センは次の行動を合理性に含める。人は他者の効用をあたかも自分の効用であるかのように「共感」することがある。人は自己の不利益を顧みないで不正義を阻止する行為にコミットすることがある。人は立場の弱い人（例えば、友人の遺子）を前にして、信託（fiduciary）責任を実行する、すなわち、他者の目的を尊重して意思決定するために、自己の取りうる行為を制限することがある。さらに、人は当事者の意向を尊重して、私的選好とは矛盾する意見を公共的判断として表明することがある（ロールズとセンの接続に関しては図3参照のこと。またGotoh, 2020参照のこと）。

センの新厚生経済学への挑戦は、第二に、のっぺりとした普遍性の解体という形を取った。経済学は特殊なケースを排除した一般理論を求める傾向があった。それに対して、センは理論に包括性を求める一方で完備性までは求めない。包括性とは、善を捉える次元が十分豊かであることを指す。完備性とは、あらゆる社会状態をランク付けることを指す。例えば、自由な移動を促進すべきか、それとも居場所づくりを進めるべきか、あるいは、ランダムな割り当てをなすべきか、経路の違いを尊重して分配をすべきか、などの対立は、善や分配方法の複数性を示す。善の複数性を一望しながら、文脈や主題に応じて、より適した分配方法を採用しようとしたら、複数の非完備的な理論が必要となるであろう。「誰一人取り残さない」というSDGｓの目標は、このような複数性なくして実現し得ない。

ここでは詳細を省くが、これらの挑戦に対する彼自身の応答として、センは潜在能力（ケイパビリティ）・アプローチとそれを支える社会的選択理論を提示した。潜在能力（ケイパビリティ）・アプローチの特徴は、所得や資源を本人の利用能力で変換することにより、実現可能となる諸機能（行いや在りよう）ベクトルの集合により個人の「自由」を捉える点にある（後藤、2015; Gotoh, 2020）。センの社会的選択理論の特徴は、個人の私的選好の多様性を尊重する一方で、個人が形成する公共的推論こそを社会的意思決定の情報的基礎とする点にある。経済学の焦点を人々の生（life）に引き戻しながら、科学であることを止めない、経済学の未来がここにある。

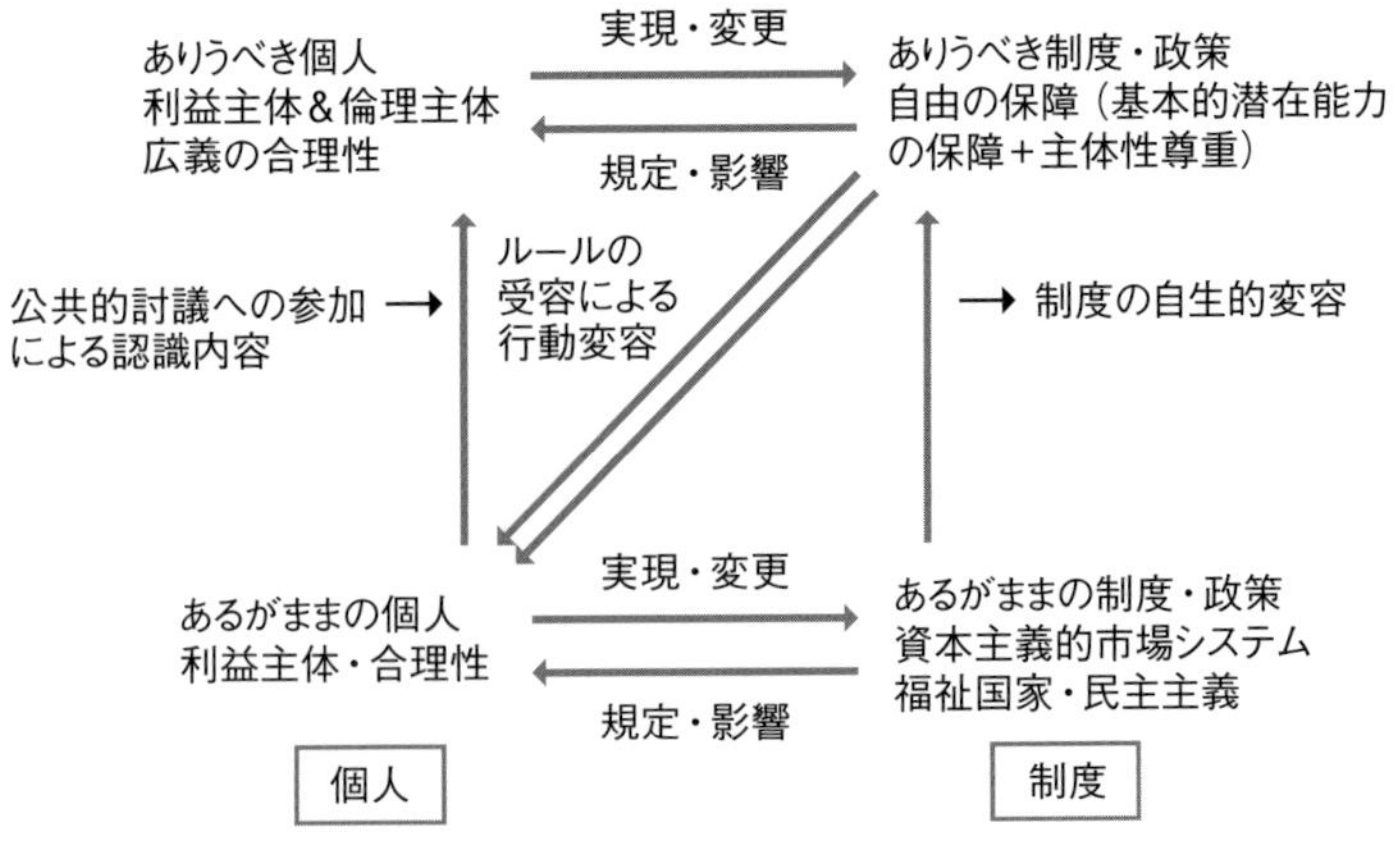

図3　ロールズ正義理論とセン経済学の接続

参考文献

後藤玲子『福祉の経済哲学』、ミネルヴァ書房、2015年

後藤玲子『潜在能力アプローチ―倫理と経済―』、岩波書店、2017年

Gotoh, R. (2020): The Ethics and Economics of the Capability Approach, Springer.

Rawls, J. (1971a): A Theory of Justice, Cambridge, Mass.: Harvard University Press. (川本隆史・福間聡・神島裕子訳『正義論』、紀伊國屋書店、2010)

Rawls, J. (2000): Lectures on the History of Moral Philosophy, ed., B., Herman: Cambridge, Harvard University Press.（坂部恵監訳、久保田顕二・下野正俊・山根雄一郎訳『ロールズ 哲学史講義 上』、みすず書房、2005)

Rawls, J. (1999): The Law of Peoples, Cambridge, Mass.: Harvard University Press（中山竜一訳『万民の法』、岩波書店、2006)

Sen, A. K. (1977): "Rational fools: A Critique of the Behavioral Foundations of Economic Theory," Philosophy and Public Affairs, 6, 317-344.

Sen, A. K. (1982/1997): Choice, Welfare and Measurement, Basil Blackwell, Oxford.（大庭健・川本隆史訳『合理的な愚か者―経済学＝倫理学的探究―』、勁草書房、1990に抄訳あり）

Sen, A. K. (1985a): Commodities and Capabilities, Amsterdam: North-Holland. (鈴村興太郎訳、『福祉の経済学―財と潜在能力』、岩波書店、1988)

鈴村興太郎・後藤玲子『アマルティア・セン：経済学と倫理学』、実教出版、2001年（2002改装新版）。

後藤 玲子（ごとう・れいこ）

立命館大学大学院先端総合学術研究科教授・一橋大学経済研究所教授を経て、帝京大学教授、一橋大学名誉教授。1958年生まれ。一橋大学大学院経済学研究科博士課程修了、博士（経済学）。著書に『潜在能力アプローチ　倫理と経済』（岩波書店）など

災害時地域医療支援ツールの開発

危機管理研究部門 教授
医学部 救急医学講座 主任教授
森村 尚登

わが国の想定大規模自然災害が、被災地域内の各医療機関にもたらす診療への負荷の程度は一律ではない。地域医療対応計画策定にあたっては医療機関毎の対応力の客観的な指標が必要になる。近年、各医療機関の診療対応力とカバーエリア内予測傷病者数を用いた需給均衡の定量的指標とともに、災害時医療のデジタルトランスフォーメーション（DX）に関する研究が進められている。

自然災害が頻発するわが国において、実効性の高い災害時対応計画の策定は必須である。ここ10年では、行政が掲げた国土強靭化計画の大方針を基軸に、関連機関・組織が連携して多角的、多面的に計画の策定が進められてきた。災害時の医療対応計画もその必要不可欠な要素の一つであり、医療リスク評価に基づく計画の立案が求められている。このことから、計画策定時の支援ツールの一つとして『医療リスク評価の客観的指標』の開発に関する研究が期待されている。

わが国では災害時の医療対応計画の質や妥当性に関する研究は乏しく、それらを推し量るための客観的な指標に関する検討の蓄積がない。一般に医療リスクの増大は、医療リソースの絶対的あるいは相対的不足によってもたらされる。そこで、特に急性期の災害時医療の需要と供給の均衡の度合いを示す客観的な指標について検討を重ねてきた。研究に際し、まず災害ならびに災害時の医療の定義を再確認する必要がある。『災害』という用語は社会全体のそこかしこで汎用されてきたために、その意味するところは却って広く共有されていない。まずこの用語の概念と定義を共有した上で、医療リスク評価のための客観的指標に関する研究の進捗を概説する。併せて、喫緊の課題の一つである実災害時の医療情報共有体制の強化に係る研究の方向性について言及する。

1. 『災害』の定義と災害時の医療対応の要素

従前から使用されている、『災害』という用語は、台風、洪水、大規模火災、火山爆発、飛行機事故、群衆雪崩など社会に多大な影響を与える脅威、といった意味合いを持つ[1]。他方、医療面から見た『災害』の定義は、医療需要と供給の絶対的・相対的不均衡、あるいは量的・質的不足と組織・計画不足[2]、被災地域外からの支援が必要な状況、地域保健医療への重大な脅威あるいは継続に支障を来す状況[3][4]である。また近年は、高い専門性と特殊性を想起させる従前から汎用されてきた『災害医療』ではなく、『災害時の医療』という用語の使用が散見されている。この用語は平常時の医療の継続を災害時においても目指すことを色濃く表現するものであり、病院や地域のBusiness Continuity Plan（BCP：事業継続計画）の考え方と符合するものである。

災害時の医療対応の要素は、体系化されたオールハザードアプローチの視座から、予防（転ばぬ先の杖）」、「減災（転んだ床のやわらかさ）」、「支援（立ち上がりの介助）」の3つである。これらを見据えて、『リスク評価』と『平常時の体制強化』を基軸とした計画

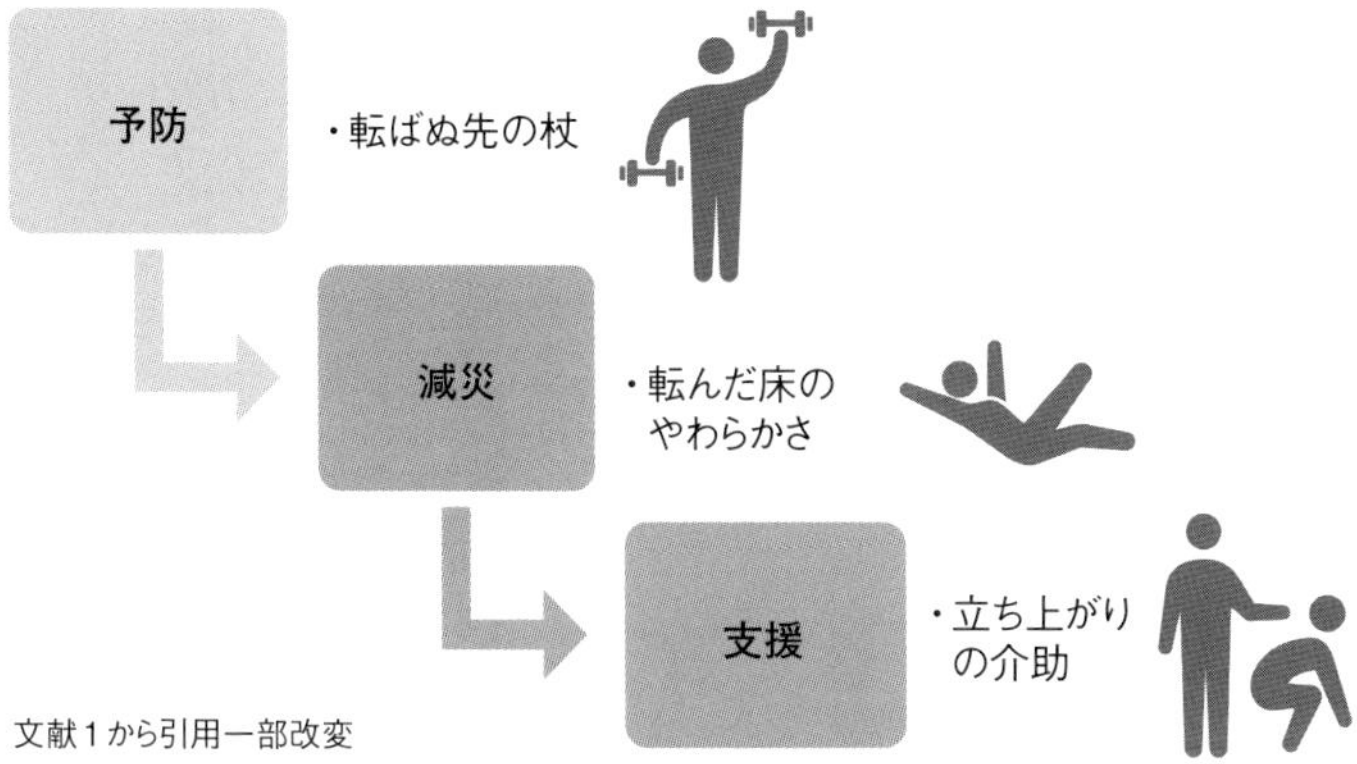

文献1から引用一部改変

図1　災害時の医療対応の要素
災害時の医療対応の要素は、予防（転ばぬ先の杖）」、「減災（転んだ床のやわらかさ）」、「支援（立ち上がりの介助）」の3つである。これらを見据えて、『リスク評価』と『平常時の体制強化』を基軸とした計画を作る必要がある。

- C：Command and Control　指揮・統制
- S：Safety　安全
- C：Communication　情報伝達
- A：Assessment　評価

→ メディカルマネージメント CSCA

- T：Triage　トリアージ
- T：Treatment　治療
- T：Transport　搬送

→ メディカルサポート TTT

図2　大災害への体系的アプローチ[4]
英国ALSG（Advanced Life Support Group）[3]が提唱する、大災害への体系的アプローチに重要な7つの構成要素である。英国の大事故災害への医療対応（Major Incident Medical Management and Support：MIMMS（ミムス））の根幹を成す。各要素の英語の頭文字を集めて"CSCATTT（シーエスシーエーティーティーティー）"と呼ばれている。

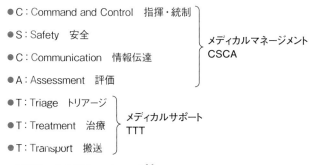

を作る必要がある[5]（図1）。

英国ALSGは、2000年の初めに、大災害への体系的アプローチに重要な7つの構成要素を提唱し、わが国でも多く取り入れられている。各要素の英語の頭文字を集めてCSCATTTと呼称され、いわゆる対応の「ABC」、「いろは」である（図2）[4]。

2. 医療需給均衡に着目したリスク評価

一般にリスク管理（リスク・マネジメント）をするためには、大前提としてリスク評価が必要になる。リスク管理には2つの重要な段階があり、第一段階が「発生するかもしれないリスクの洗い出しと整理」、すなわちリスク評価であり、第二段階は「それらのリスクを回避するための管理活動」である。例えば地震自体をなくすことはできないので、ここで言うリスクとは、災害そのものではなく、発災後に起こり得る一連の関連事象の予防・減災・発生後の支援策のいずれかの実践を妨げるものを意味している。

「準備をして、正しく恐れる」という先人の言葉（寺田寅彦．『天災と国防』（岩波新書．1938年））を借りるまでもなく、リスク評価はできる限り客観的に行う必要があることは言うまでもない。従前より災害時の医療リスク評価は概して過去の死亡者数や重症者数あるいは総傷病者数を以て総括的に行われることが多い。災害が起こる頻度は平時の救急医療とは全く比較できないほど低いため、予測傷病者数の算出に用いられるデータは、過去のあらゆる異なる災害種別の事例の合算か、多くは１９９５年の阪神・淡路大震災のデータの転用に依存している。この点については災害発生事例を積極的に増やさない限り精度の高い予測需要算出は難しいので、当面はこれらの数値の使用に頼らざるを得ない。しかしこれでは医療に係るリスクが漠然としていて課題が不明瞭である。翻って、医療面からみた災害時のニーズは地域ごとに異なり、対応する各医療機関の体制も一様ではない。従って、実災害は地域ごとの災害医療体制に応じて異なるインパクトを与えるであろうことは容易に予想できる。これを踏まえ、傷病者数でしばしば説明される災害時の医療需要だけではなく、需給均衡の度合いを示す客観的指標の策定が必要になる。指標を数値化することによって地域間・地域内比較が容易に可能になり、具体的な強化策の立案の一助となる。

災害時の医療需給の均衡の度合いを比較する際、地域の最小範囲（基本エリア）を、災害拠点病院を中心に置いたエリアとする場合と、行政区分に基づくエリアとする場合とに大きく分けることができる。担当行政が計画策定する際には多くの場合後者を用いる傾向にあるが、病院を中心にして区分したエリア間の比較こそが、受療ならびに医療提供という観点から考えると本来的と考えられる。そこで、災害時の需要量と医療供給力のそれぞれについいて、選択した指標を用いて数値化した上で、各災害拠点病院の担当エリア内の医療需給均衡の度合いを数値として算出し、加えてエリア内需給均衡改善のために必要なエリア外からの支援量の数値化ならびにエリア外からの支援の優先度の類型定義を策定した。外部支援の優先度類型は災害拠点病院の担当エリアごとに割り付けた。2015年4月からの東京都・神奈川県の災害拠点病院機能を有する大学病院研究者有志による「災害医療のリスクとリソースに係わる学術的検討会（RRR研究会）」の初期の検討においては、災害時の医療需要（リスク）を首都直下地震想定の内閣府計算による推定傷病者数ならびに推定重症傷病者数と定義し、要援護者定義に基づく要援護者数の割合を加味して修正リスク値を算出した。災害時の医療供給（リソース）の指標には、単純かつ試行的に一律85％の平時ベッド稼働率の状況と仮定した各災害拠点病院の空床数および重症用ベッド数を算出した。

これらの比をリスクリソース比（Risk-Resource Ratio：RRR）と呼称し、横浜市に当てはめて地域間比較を試みた。RRRは「発災直後（超急性期）に1ベッド当たり診なければならない傷病者の数」を示している。いうまでもなく実際には1つのベッドに1人しか収容できないので、このRRRの絶対値に本来的な意味はない。RRRは、各病院がカバーするエリア内において、ベッド数をはるかに超える傷病者数をすべて同時に収容した場合を想定したものであり、数値が大きいほどそのエリアにかかっている負荷が大きいことを示す。従ってRRRは病院間比較のための相対的な指標である。最初の検討においては、市内13の災害拠点病院のRRRの平均値は49（1ベッド当たり49人収容を要する）であり、そのうち3病院がRRR＝10の最小値を、また3病院が60以上の高値を示し、需給均衡が特に大きく崩れるエリアの抽出を可能にした[6]。併せて被災地域外からの医療支援の必要量・支援配分割合も検討した。対象地域の災害拠点病院ごとの医療支援必要量（NMR）を定義するに当たって、まず病院ごとのRRRを外部支援によって2以下にする、すなわち総ベッド数の2倍までの傷病者を受け入れる状況を目標値に設定した。厚生労働省が災害拠点病院に要望しているところのベッド数の2倍の被災者への対応を念頭に置いた数値である。例えば予測として、400床のA病院がカバーエリア内で発生すると予測される8000人の傷病者に対応するならば、その際の需給均衡の度合いを示すＲＲＲは８０００／４００＝20である。ＲＲＲが２の状態で傷病者に対応できるようにするには全部で４０００ベッドが必要になる。従って仮想外部支援ベッド数は４０００−４００＝３６００という計算になる。この３６００がＮＭＲであるが、ＲＲＲと同様にその絶対値に意味を持たせるのではなく、病院間比較のための定量指標として用いるものとした。すなわち、ＮＭＲが大きい病

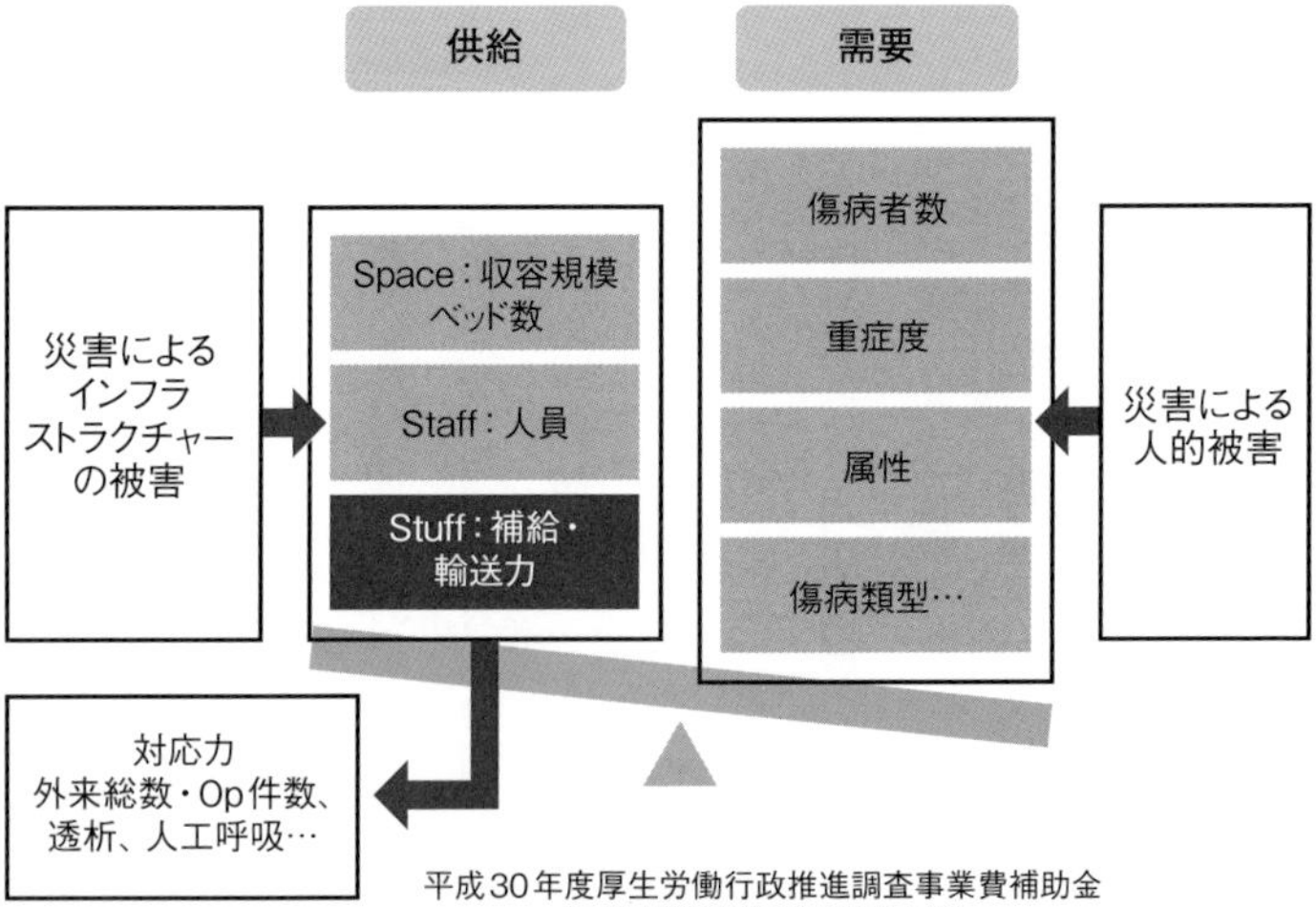

平成30年度厚生労働行政推進調査事業費補助金
（厚生労働科学特別研究事業）
大規模災害に対する地域災害医療計画策定のための新たな災害医療需給均衡指標
（災害医療リスクリソース比）の導入に関する研究

図３　災害時の医療需給の構成因子

一般に災害時の医療需要は、傷病者数、重症度などの定量化あるいは定性化指標を用いて評価される。他方、医療供給、すなわち対応力については広く合意を得た指標に乏しく、筆者らは人員、ベッド数などに加えて、補給・輸送力の視点から道路状況などの医療機関へのアクセス困難度の因子によって客観評価を試みている。

院ほど多くの支援量を要するという解釈である。後の研究につながる考え方であるが、各病院のNMRとRRRの値を組み合わせて類型化し、医療支援の優先度を考える上での指標の開発を図った。まず、対象地域内の各病院の仮想のNMR値とRRR値を、それらの全体の中の中央値をカットオフ値にした2×2表に割り付けて類型化した。その中で特にRRRが中央値以上（需給の不均衡の程度が大きい病院）かつ支援量が中央値以上（需給均衡を戻すために より多くの支援を受けなければな

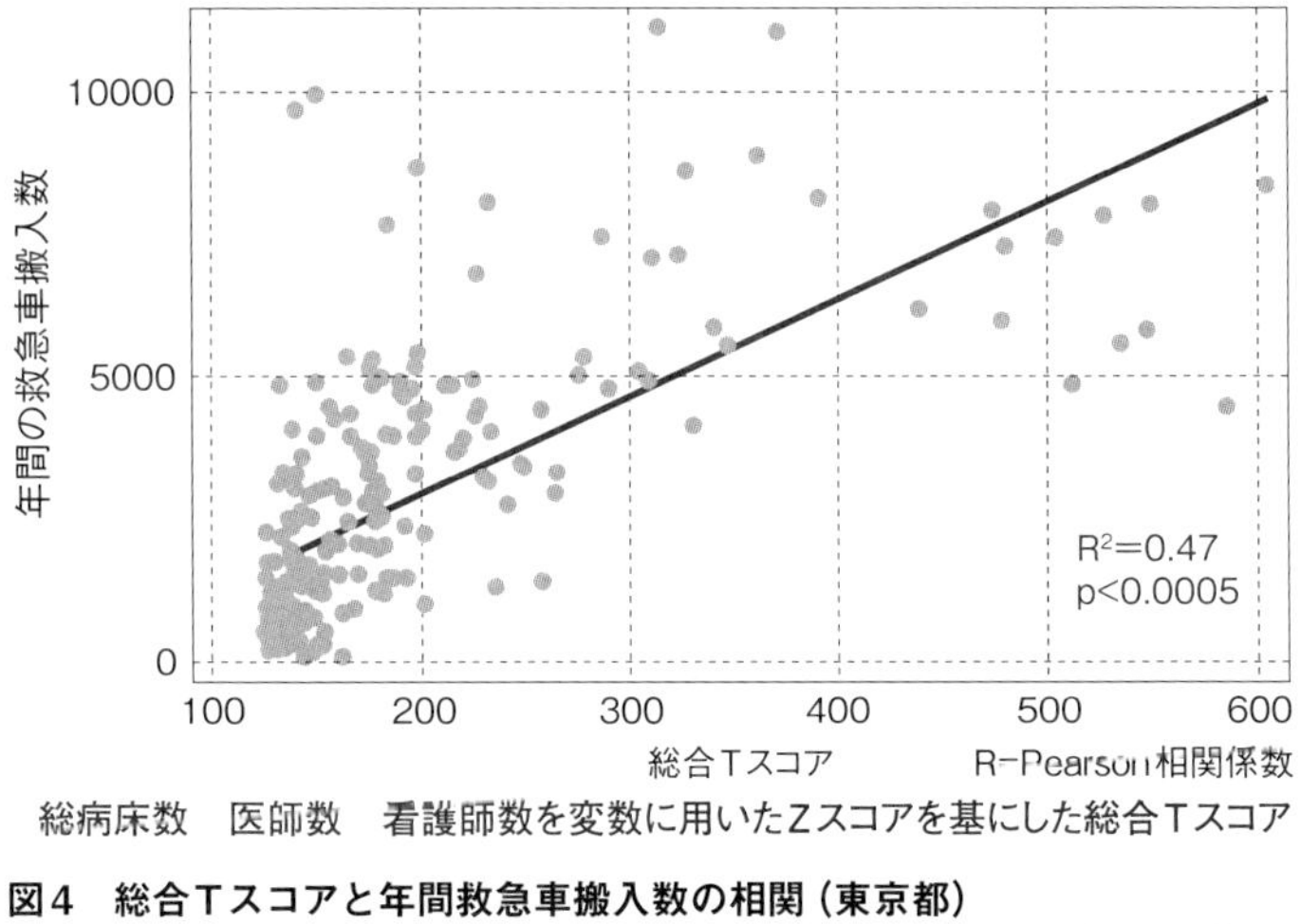

図4　総合Tスコアと年間救急車搬入数の相関（東京都）
東京都の救急医療施設246医療機関データを用いて医療供給力評価指標の妥当性を検証した。各病院の総病床数、医師数、看護師数を変数に用いたZスコアから算出した総合Tスコアを以て、各医療機関の平時の医療供給力の評価指標と暫定し、年間の救急車受入数との関係を調べたところ、統計学的に有意な正の相関関係を認めた。

総傷病者対象	a-Tスコア High >=12831.52	a-Tスコア Low <12831.52
Hospital RRR High >=9.69	1st (n=34)	2nd (n=5)
Hospital RRR Low <9.69	2nd (n=5)	3rd (n=30) 4th (n=4)

図5　首都直下地震想定の災害時の病院支援優先度（東京都）

病院ごとの医療需給比（Hospital RRR）と災害時の医療支援必要量（a-Tスコア）による分割表に基づく災害時の病院支援優先度の可視化（総傷病者数）を試みた。円が大きい病院ほど支援必要量が大きい。また分割表に基づく支援優先度は、支援必要量が中央値より大きいかつ病院の需給比(RRR)が大きい場合を第1優先類型(1st)とし、逆に双方とも中央値よりも低い病院を第3（3rd）ないし第4優先（4th）の範疇とし、残りを第2優先（2nd）として図示している。

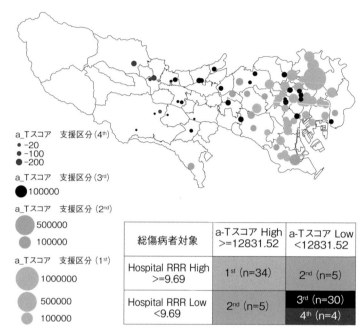

らない病院）を優先的に外部支援の傾斜配分を行う類型として定義し、災害時医療対応計画策定時に事前の外部支援策の強化につながるようにした。

以降の研究において、医療需要ならびに医療供給の修飾因子（図3）について検討を重ね、これらの要素をそれぞれ定量あるいは半定量化して、その比を以て災害拠点病院担当エリアごとのＲＲＲ（Ｈｏｓｐｉｔａｌ ＲＲＲ）を算出してきた。現時点では各病院の看護師数、医師数、ベッド総数を用いて医療供給力のスコア化を図り（Ｔ-スコア）、同スコア値と救急患者受入数の相関関係（図4）を以て供給力指標として暫定している。また、需給の不均衡度を改善するために要するスコア値（additional T-Score：ａ-Ｔスコア）を算出し、東京都の主たる災害対応病院ごとのＨｏｓｐｉｔａｌ ＲＲＲとともにマッピングを試みている（図5）。

3．ＩｏＴを活用した災害時医療情報共有

最後にInternet of Things（ＩｏＴ）を活用し災害時医療情報共有の研究についての進捗を紹介する。情報共有システム構築に係る検討を行うに当たっては、必要な人が必要な情

報を得ることを目的とした上で、情報共有システム（データバンクのような情報を集める場所）を作ることと、情報入力ならび情報取得の支援システム（情報の入力の仕方、受け取り方）を分けて検討することが極めて重要である。どんなに素晴らしい情報プラットフォームを作ったとしてもそこにデータを集める、あるいは入力する手間が膨大であれば機能しない。まして災害時の急性期という時間との闘いの場では機能しない。近年はデジタルトランスフォーメーション（DX）が注目されているところであるが、DXの一番重要な点は、重複入力作業を如何に減らすかという事に尽きる。この点に鑑みてもIoTの活用は必須と言える。この考えに基づき、2017年の二つの学術集会開催時に学会の会場を災害の被災地域に見立てて、IoTを活用した情報共有プラットフォームの構築を2大学7企業合同で実験的に行った（図6）。学術集会は通常通り進行している中で、仮に学会の第1会場を被災地の県庁本部とし、第2会場を保健所に、また第3会場は病院に見立てて情報共有システムの有用性を検証した。IoTの活用によってストレスなく情報を取得しリアルタイムに共有することが可能であった。例えばランチョンセミナーの弁当の箱に付けたコードを会場入り口のセンサーが読み取ることによって同会場の参加人数と弁当の残数がリアルタイムで共有可能であり、またトイレのドアに付けたセンサードアの

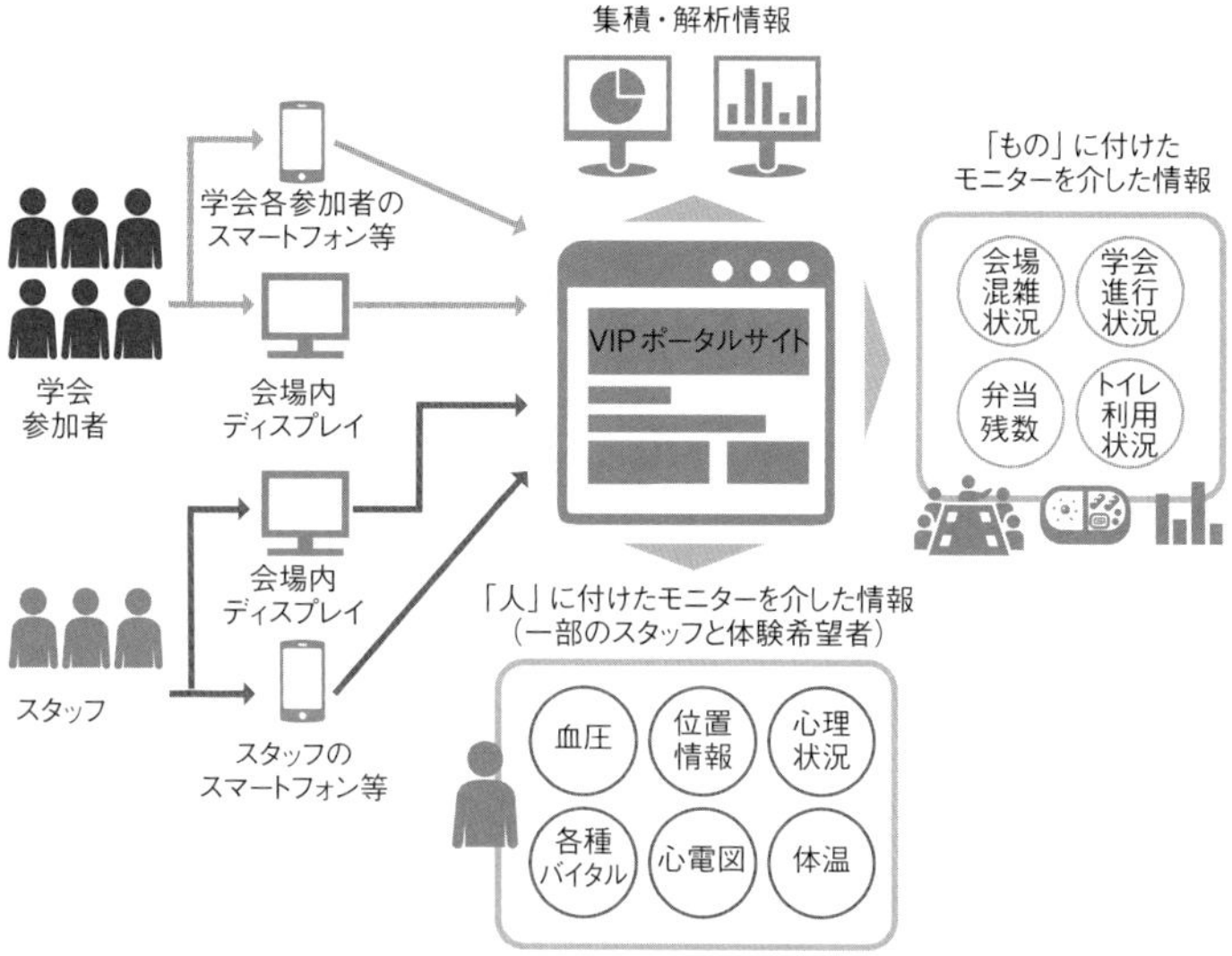

図 6　Virtual emergency/disaster medical Intelligence Platform（VIP）プロジェクトの概要

VIPプロジェクトと称して、学術集会会場を仮想都市・被災地域に見立てて救急・災害医療情報プラットフォームの構築を試みた。学術集会は通常通り進行している中で、仮に学会の第1会場を被災地の県庁本部とし、第2会場を保健所に、また第3会場は病院に見立てて情報共有システムの有用性を検証した。

開と閉を感知することによって使用中の判断をするように設定したことによって、全エリアのトイレの使用状況をリアルタイムに把握可能となった。近年では識別情報を印刷したシールを貼付したドクターカー車載医療物品の使用数確認のために、後部トランクを開けた状態でガンショットタイプのセンサーを向けることによって、使用物品一覧が提示されるシステムも開発されている。このシステムはすでに大手衣料販売店の会計時のシステムと同様の仕組みである。今後本領域の研究結果を活かして社会実装していくためにはいわゆるベンダーコンソーシアムと行政の理解が不可欠である。

参考文献

[1] Lynn M. Mass Casualty Incidents. The nuts and bolts of preparedness and response for acute disaster. pp1. Springer Science+Business Media New York.2016. DOI 10.1007/978-1-4939-3496-6_1

[2] Task Force on Quality Control of Disaster Management World Association for Disaster and Emergency Medicine. Disaster medical response research: a template in the Utstein style. Prehosp Disaster Med. 1996;11:82-90.

[3] Advanced Life Support Group. https://www.alsg.org [Accessed on September 19, 2023]

[4] MIMMS 英国における大事故災害への医療対応http://www.mimms-jp.net/ [Accessed on September 19, 2023]

[5] 森村尚登：災害時の医療：高齢者の災害対策. Geriatric Medicine (老年医学) 2018;56: 965 -968.

[6] 森村尚登、問田千晶、安部 猛他：地域災害医療計画策定のための新たな災害医療需給均衡指標(災害医療リスクリソース比)の導入. 日本集団災害医学会雑誌 2016;21:10-17.

森村 尚登（もりむら・なおと）

横浜市立大学医学部卒業。帝京大学医学部救急医学講座准教授、横浜市立大学大学院医学研究科救急医学主任教授、東京大学大学院医学系研究科救急医学教授を経て現職。専門は救急医学分野、災害医学分野。救急医療体制に係る課題についての研究に取り組む。

ＡＩによる境界領域からの突破口

ＡＩ活用部門 教授
城戸 隆

人工知能と遺伝子解析技術の活用で病気のリスクを早期に知ることができるようになり、さらには個人の行動特性など自分自身をより深く理解することが可能になりつつある。多様な価値観や考えを持った人が共に生きる時代に、これらの技術はどのように貢献するのだろうか。

人工知能（ＡＩ）技術と遺伝子解析技術を用いて新たな研究領域の開拓を目指す取り組みと、それによって生まれた新しい情報技術が人々の幸福にどう影響するかについて考察する。私のＡＩと遺伝子解析の研究の問題意識を紹介し、遺伝子を通じて自己を理解する技術の可能性や社会的な課題について問題を提起する。

まず、「境界領域からの突破口を求めて」という切り口で、私の遺伝的アルゴリズムの研究と遺伝子解析に関連する研究テーマを紹介する。次に、ＡＩと幸福学の接点として、スタンフォード大学で主催してきた米国人工知能学会（ＡＡＡＩ）の国際シンポジウムでの議論を紹介する。その後、ＡＩと人の関係に焦点を当て、自分を知る技術に着目しＡＩと人類の未来について議論する。最後に、ＡＩや遺伝子研究が進み個性の違いが科学的に解明されていくと、それらの科学的発見は社会にどういう影響を与えうるのか、多様性の尊重という観点から問題を提起する。

1. はじめに：境界領域からの突破口を求めて

フリーダム トゥ フェイル

「フリーダム トゥ フェイル」とは、シリコンバレーの開拓者精神を象徴する言葉で、「失敗しても新たな挑戦が許容される」という意味である。私はこの考えに共感し、ＡＩとライフサイエンスの境界領域を開拓し、さまざまな挑戦を試みたいと考えている（図１）。図１はその挑戦を示す概念図で、私は人工知能とライフサイエンスの境界領域から、さまざまな新しい発見や、新しい産業が生まれてくると予測している。

生物の進化にならったコンピューティング：遺伝的アルゴリズム

遺伝的アルゴリズム（Genetic Algorithm：GA）とは、生物進化（選択淘汰・交叉・突然変異）の原理に着想を得た探索アルゴリズムである[1]。**図2**にGAの概念図を示す。丸（白、黒、斜線）や四角（白、黒、斜線）の3つの形質でできた4つの個体からなる集団が、GAの選択淘汰・交叉・突然変異により進化していく様子を示している。最も左側が初期集団である。丸の多い方が適応度が高いとすると、2番目の個体が最も適応度の高い個体として選ばれる。次に2番目と

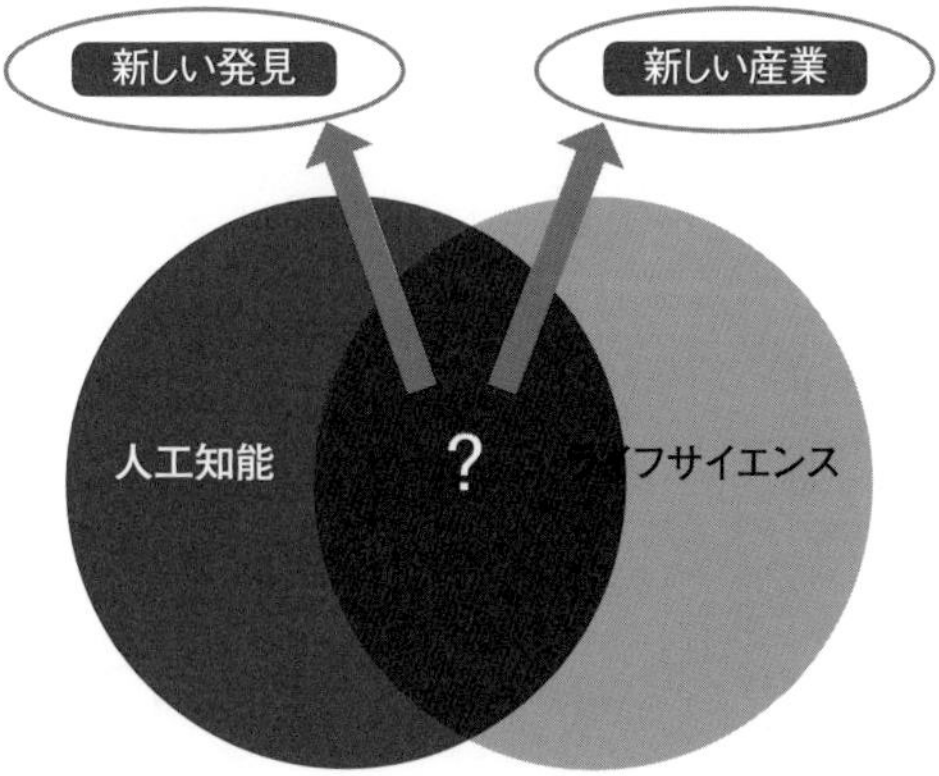

図1　人工知能とライフサイエンスの境界領域の開拓

3番目、2番目と4番目の個体の交叉が起きている。縦線が交叉位置を表している。次に突然変異を加える。◎が突然変異部分である。この一番右側の新たな集団に対して、また適応度評価、選択交配、突然変異を行い新たな世代を作っていく。

私は、1996年に慶應義塾大学で「遺伝的アルゴリズムを用いたハイブリッド探索」というテーマで博士号を取得した。数多くの最適化問題に対してさまざまなヒューリスティックアルゴリズムが存在するが、さらに複数の探索アルゴリズムを組み合わせることによって、探索能力が向上する場合がある。私は、複数の探索アルゴリズムを組み合わせ、探索の精度や効率を向上させる手法を提案した[1]。

図3は遺伝的アルゴリズム（GA）を用いたハイブリッド探索の概念図である。図3の左図にこのアイデアを示す。各低レベルのアルゴリズムをある特定の時間内実行させせ、こ

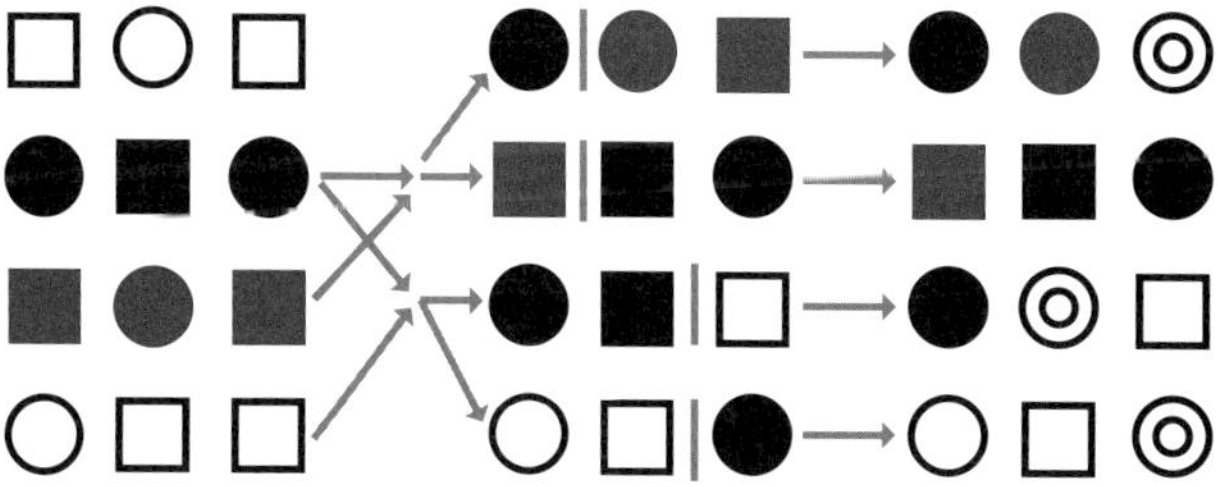

図2　遺伝的アルゴリズム（GA）の概念図

の結果を高レベルのアルゴリズムが評価するというものである。このことによって、低レベルのアルゴリズムは、より有望な領域を探索することができる。私は、高レベルのアルゴリズムとして遺伝的アルゴリズム（GA）を導入しハイブリッドGAと名付けた。ハイブリッドGAでは、大域的探索をGAで行い、局所探索をヒューリスティックアルゴリズムで行う。一般にGAは、最適解の周辺には早く近づくが、局所探索能力が弱いという問題が指摘されていた。ハイブリッドGAでは、GAの苦手な解の近傍から最適解への山登りをヒューリスティックアルゴリズムで行う。図2の右図にこのアイデアを示す。GAのみで探索を行う場合には、探索空間が非常に広く連続的なので、最適解を見つけるのは困難である。それに対してハイブリッドGAでは、局所探索によって得られた有限個の局所解の集合に対して探索を行うので、

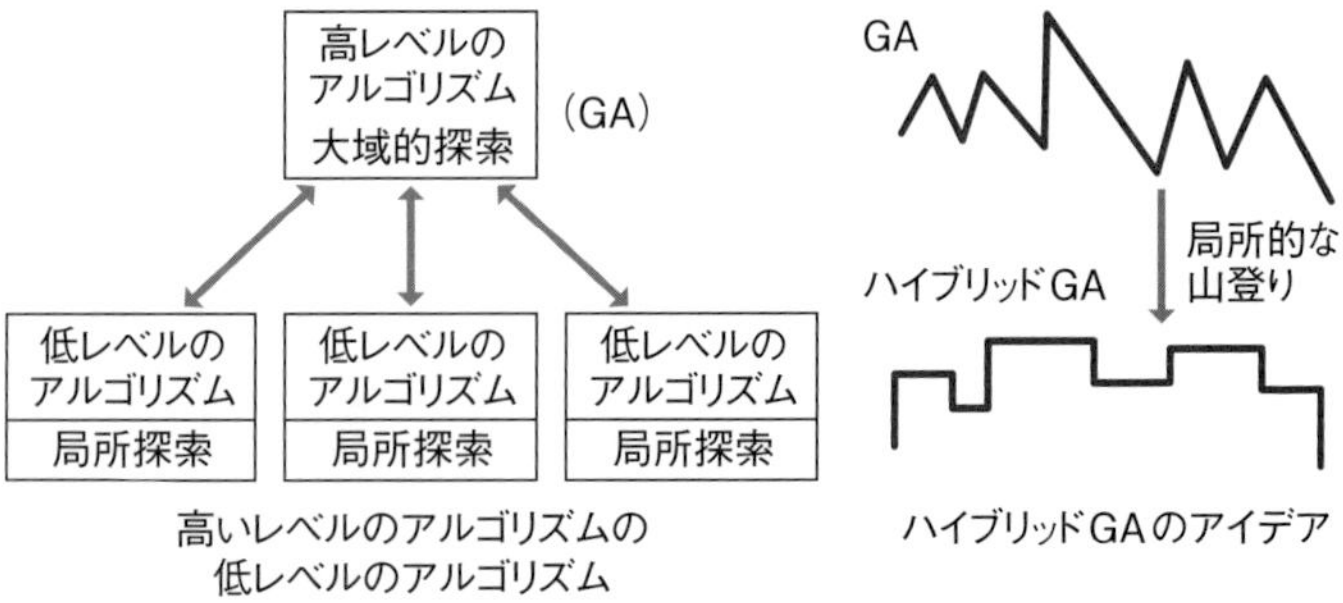

高いレベルのアルゴリズムの低レベルのアルゴリズム

図3　遺伝的アルゴリズム（GA）を用いたハイブリッド探索

その中から最適解を見つけ出すのは、ＧＡのみの場合よりも困難ではなくなるのである。

私は低レベルのアルゴリズムとして焼きなまし法（Simulated Annealing：ＳＡ）とタブー探索（TABU Search：ＴＡＢＵ）を組み合わせ、巡回セールスマン問題（Traveling Salesman Problem：ＴＳＰ）と呼ばれる組み合わせ最適化問題を解いた。局所探索の基本は山登り法（Hill-Climbing：ＨＣ）と呼ばれる手法で、可能性のある候補点の中で最も有望な点を選んで探索をすすめていく。しかしこの手法ではすぐに局所解に陥ってしまう。これを防ぐための工夫が焼きなまし法（ＳＡ）とタブー探索（ＴＡＢＵ）である。

ＳＡは統計力学において、溶解状態にある物質を冷却して結晶状態に到達させるプロセスからヒントを得たアルゴリズムである。ＳＡはＨＣに確率的な遷移を導入し、局所解に陥るのを防ぐ。改善しない解でも、確率$e^{-\delta C/T}$で更新する。δＣは評価値の改悪量、Ｔは適当な定数で温度と呼ばれ、Ｔが大きいほど、解が改悪されて置き換えられる確率が大きくなる。収束を速めるために、最初はＴを大きくし、次第に減少させる。このプロセスを焼きなまし（アニーリング）という。

ＴＡＢＵは、最近の探索操作を記録し、それに基づいて制約（タブー）を作成し探索操作に制限をかけることによって、局所解に陥るのを防ぐ。「タブー」を侵さない範囲で探索操作が実行されるのである。タブーの制約例には、例えば「特定の都市の移動を禁止」などがある。記憶するべき過去の履歴の大きさ（tabu list size）は、小さすぎると後戻りを繰り返して同じ領域を探索してしまう可能性があり、大きすぎても局所解の近傍の探索を行わなくなってしまう可能性がある。これらのパラメータは経験的に定める必要がある。

TSPとは、与えられたすべての都市をそれぞれ一度ずつ訪れてできる経路の中で最短の経路を求めるという問題である。その結果、ハイブリッドGAにより、個々のアルゴリズム（SA，TABU）よりもよい評価が得られることが、実験により確認された。さらに適切な交叉オペレータを用いることによって、局所解の選択と交換のみの方法よりも、最良解を見つけ出す確率を高くできることが分かった。また、局所探索に複数の異なる探索を用いる（GA＋SA＋TABU）ことによって探索能力を向上させることが可能であることが分かった。

遺伝的アルゴリズムのように、生命の進化にならった計算モデル、または、生命科学から着想を得た知的システムを構築し工学的に応用していくことは、AI研究に大きなブレイクスルーをもたらすチャレンジの一つであると考えている[1，4]。

人工知能（AI）と遺伝子解析

近い将来、多くの人が自分の遺伝子情報を解析し、それを予防医療に役立てていくことができるようになると言われている。人の遺伝子には個人差があり、この個人差が病気のなりやすさや薬の効き方に関連している。この遺伝子の個人差を医療に生かそうというのが「オーダーメード医療」の考え方である[2]。

遺伝子の個人差は遺伝子の塩基配列の違いによるが、その中でもSNPs（Single Nucleotide Polymorphisms：一塩基多型）が特に注目されている。人の遺伝子情報はDNAにA，T，G，Cからなる30億の文字列として記録されているが、99・9％はどんな人でも同じである。しかし、0・1％の部分が、人類進化の過程で起こった突然変異によって違いが生じている。現在、このSNPsと病気との関連性や薬の効き方、副作用との関連性が世界中で研究されている。

図4に疾患と関連するSNPs（疾患関連遺伝子）を探索する基本的なアイデアを示す。図4は遺伝的多様性をもった集団の中から、病気の人の集団と健康な人の集団を比べることによって、疾患に関連している可能性があるSNP変異を検出する方法を示した概念図である。あるSNP（例えばSNP1）がGの人とAの人の2種類のタイプがあった

とする。健康な人の集団にはGタイプのSNP変異を持っている人が少数で、病気の人の集団では健康な人の集団よりGタイプの(青色)SNP変異を持っている人の割合が高かったとすると、このSNP変異が病気に関係している可能性があるのではないかと考えるのである。

疾患関連遺伝子の探索には、遺伝統計学という数学理論が使われる。難しいのは、遺伝子以外の環境要因の影響との相互作用が大きく、たくさんの遺伝子が関与している場合である。遺伝病であれば、

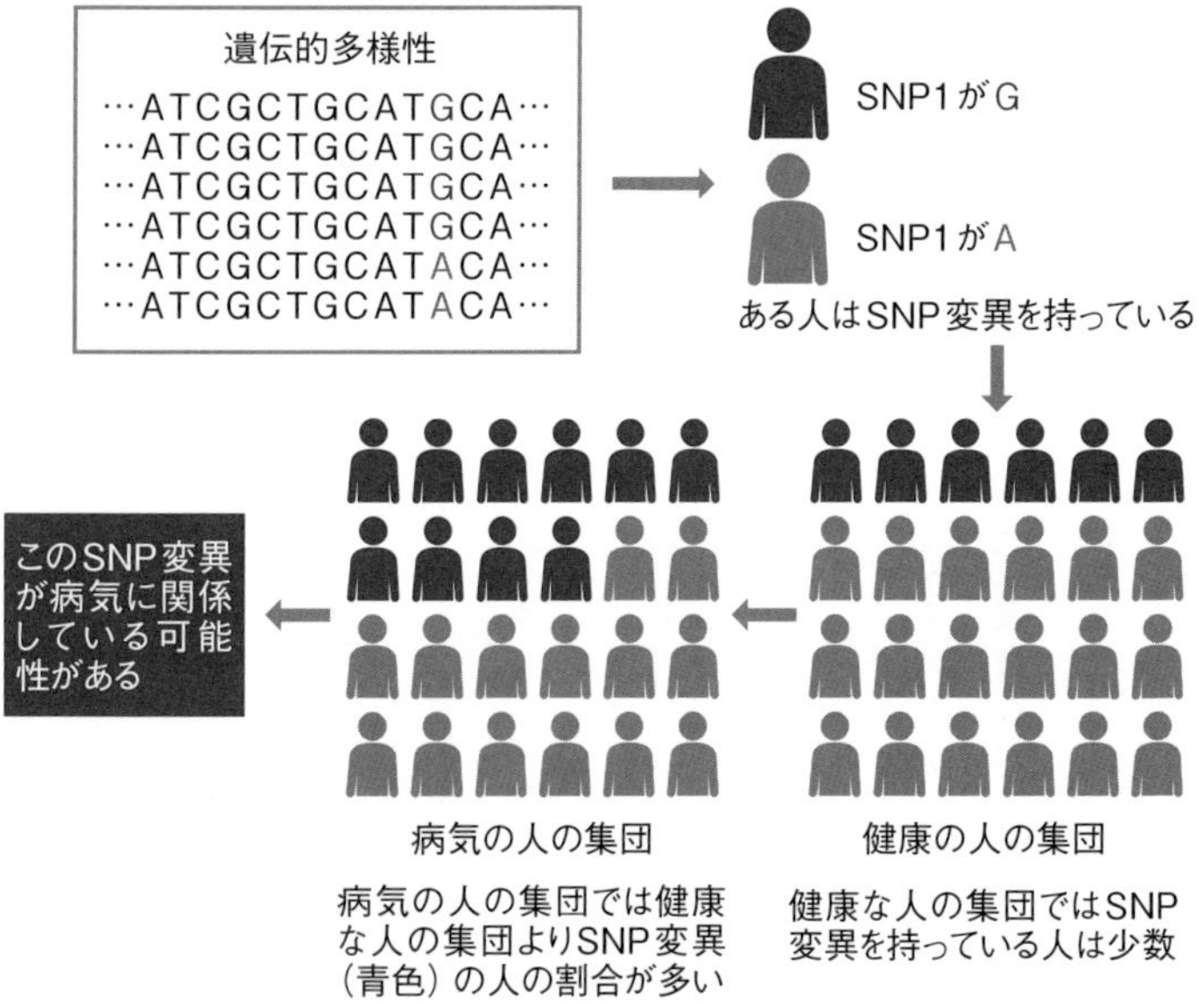
遺伝的多様性
…ATCGCTGCATGCA…
…ATCGCTGCATGCA…
…ATCGCTGCATGCA…
…ATCGCTGCATGCA…
…ATCGCTGCATACA…
…ATCGCTGCATACA…
SNP1がG
SNP1がA
ある人はSNP変異を持っている
このSNP変異が病気に関係している可能性がある
病気の人の集団
健康の人の集団
病気の人の集団では健康な人の集団よりSNP変異(青色)の人の割合が多い
健康な人の集団ではSNP変異を持っている人は少数

図4　遺伝子の個人差(SNPs)を予防医療に活かす

単一の遺伝子の異常が病気を引き起こすことが分かっていて、その遺伝子診断はかなり決定的である。しかし生活習慣病などの遺伝子診断は確率的で解釈が難しい。

ＡＩ技術を遺伝子解析に生かせないかという研究も注目されている。ＡＩ技術を用いて、いろいろな遺伝子の相互ネットワークを明らかにしようとするアプローチは、システムバイオロジーとも呼ばれている。例えば、機械学習技術を用いて疾患関連遺伝子を分類したり、確率の計算を重ねたりして、どれが一番もっともらしいかを推定していく確率推論という技術も開拓されつつある[2, 4]。

私は「人に気づきを与えるパーソナルゲノム情報環境」の実現を目指し、パーソナルデータと個人の遺伝子変異との関連性を解析し、病気のリスクや認知・行動特性を予測するパーソナルゲノム情報環境 を提案している[3, 4]（図5）。図5は、人工知能と遺伝子解析を用いたパーソナルゲノム情報環境の概念図を示している。ユーザーの個人属性や行動特性を知的エージェントがモニタリングして記録し、そのパーソナルデータから特徴的なパターンを見いだす。その特徴パターンとユーザーの遺伝子情報との関連性を遺伝子解析システムが解析し、ユーザーに疾患リスク予測や認知行動特性の特徴を伝える。さらに遺伝子データを含めた集合データをデータマイニングにより解析することによって疾患関連遺伝子などの科学発見に結びつくプラットホームを構築していこうという構想である。従来の遺伝子診断システムとは異なる特徴は、[1] われわれの食生活、睡眠、仕事のスタイル、時間の使い方、ソーシャルなインタラクションや趣向や好みなどを知的エージェントが観測し解析することにより、私たちの日々の物理的、化学的、心的なストレスをモニタリングし自己発見を促す情報環境であり、[2] 自発的な参加者によって参加型コミュニティー（クラウドソーシングによる）を形成し科学データの収集、解析、ツール開発を行いながら科学発見を目指す仕組みを有することである。私は、セルフトラッキングデータの取得、統合、可視化を支援するソフトウエア試作や、参加型のオンラインコミュニティー、科学発見を目指す参加型プロトタイププロジェクトを遂行し、候補遺伝子変異との関連性を解析していきたいと考えている [3]。

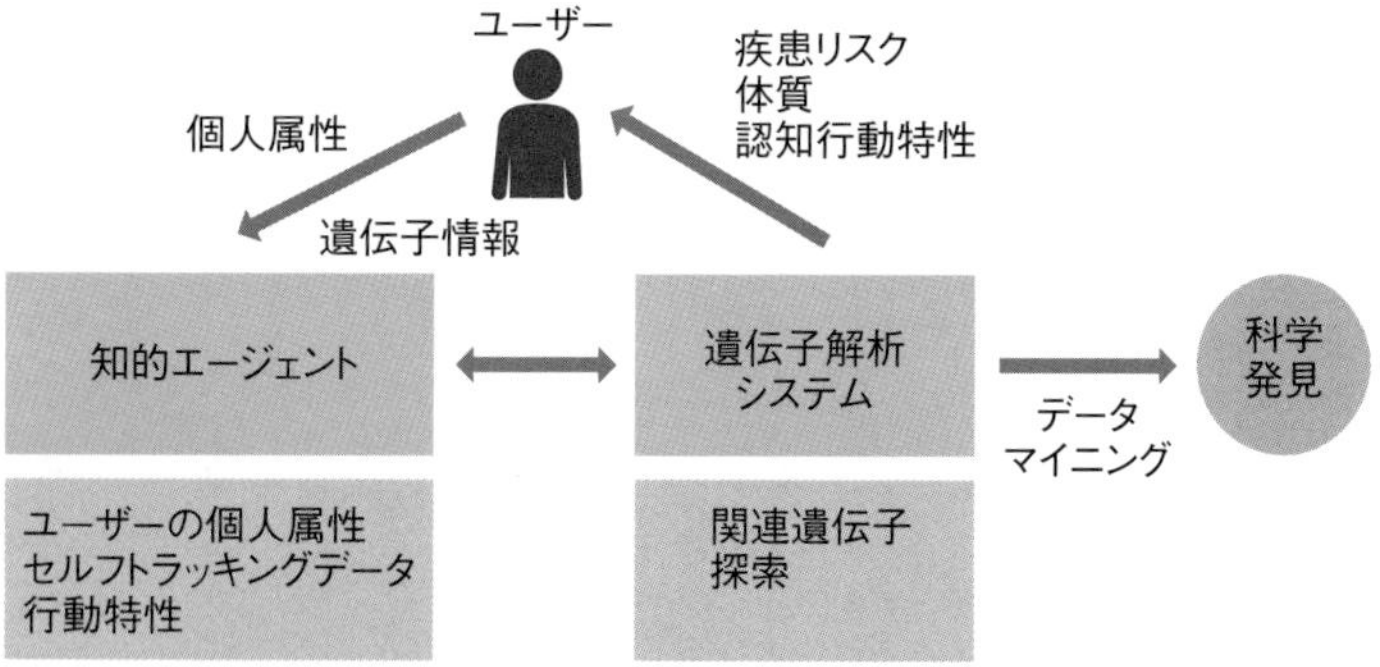

図5　人工知能と遺伝子解析を用いたパーソナルゲノム情報環境

2. ＡＩと人：ウェルビーイング

「ウェルビーイングＡＩ」とは、人の健康や幸福感、潜在能力を高めていくことを目的とした情報技術の研究パラダイムとして２０１６年頃から私たちがＡＩコミュニティーの中で提案しているものである[5,6,7]。デジタルテクノロジーが、人の健康や感性にどのような影響を及ぼしているのかを理解し、現代人のストレスや不健康（例えば、カフェイン、ファストフード、情報過多、孤独、睡眠不足）を改善する情報環境や、より健康的なライフスタイルやワークプレースを創出していくことを目指している。これは、ＡＩとヘルスケア・幸福学との境界領域の開拓につながるものである。ＡＩやデジタル情報環境が人間の認知、感性、健康に及ぼす影響や、何が真の幸福かという問題に私は深く関心を持っており、これらのテーマに取り組むことに社会的な意義を感じている[6]。

機械学習技術とその限界

機械学習は、コンピュータープログラムがデータから学習し、パターンや規則を抽出し、新しいデータを予測または分類する技術である。ディープラーニングは、多層ニューラルネットワークを使って高度な特徴抽出とパターン認識を行う機械学習の一種である。例えば、ロボットが円柱をつかむ方法をディープラーニングで学ぶことで、ルールの設計なしに高い成功率で円柱をつかむことができる。また、自動運転技術では、機械学習を使用して危険な状況を検出し、自動的に車を停止させる研究が進められている。

しかし、機械学習の限界を理解することは非常に重要である。最近の統計的機械学習やディープラーニングは、過去のデータに基づいて未来を予測する統計的手法であり、前例のない事象を予測するのは難しいことがある。機械学習があらゆる状況に適しているわけではないことを認識することが重要である[8]。例えば、訓練データの偏りやデータバイアスは重要な課題であり、敵対的サンプルと呼ばれる手法によってＡＩが誤った結果を出すこともある。敵対的サンプルとは、入力に微小な摂動を加え学習済みの機械学習モデルに誤った予測をさせるものである。人間の認知とコンピューターの認知は異なるメカニズムであり、小さなノイズでもコンピューターを欺くことができることが問題となっている。

このような問題に取り組むために、新たな研究領域の開拓を目指し、10年近くにわたり、スタンフォード大学でほぼ毎年、ＡＡＡＩ国際シンポジウムを主催してきた[7, 9, 10]。

AIと幸福学の接点

2016年には、AIと幸福学の接点を探る国際シンポジウムを主催した[6, 7]。その年にAIの創始者の一人であるミンスキーが亡くなり、彼の弟子たちが彼の追悼式に出席した。その場で、ミンスキー博士が「幸福」という言葉を嫌っていたことが明らかになった。ミンスキー博士は幸福を一時的な状態ではなく、常に成長し続けることと考えていた。

その後、私たちは「How Fair is Fair? Achieving Wellbeing AI」というテーマでシンポジウムを主催した[9]。このシンポジウムでは、公平性と信頼性の重要性について議論した。また、データバイアスの問題や真の公平性の評価方法についても議論した。さらに、人々の幸福とAIの関係性についても話し合った。

具体的な取り組みとしては、マルチタスクの状態が人に与える影響や、人とロボットの関係を研究するためにソフトバンクのロボットが活用された。機械学習のバイアスに関する新しい指標が必要であることが指摘された。

さらに、説明可能性も重要なテーマであった。ディープラーニングのブラックボックスな側面を解明し、予測の根拠を明示する研究も進められている。これにより、人々がAIの予測結果を理解しやすくなることが期待されている[8]。

3. 人工知能と人類の未来：自分を知る技術について考える

パーソナライゼーション技術

私が特に関心を持っているのは、パーソナライゼーション技術である。これは個人の情報を利用して、各ユーザーの好みや特徴を推定し、個別に適した情報や推薦を提供する技術である。例えば、Ｇｏｏｇｌｅの検索結果は個人の履歴に基づいて異なる結果が表示される。位置情報や過去の検索キーワードなどを考慮して、個々のユーザーに適切な情報を提示することができる。また、ソーシャルメディアやオンラインショッピングでも、過去の購入履歴などを活用して個別のレコメンデーションが行われる。

インターネット広告では、どのようにしてクリック率を上げるかが競われている。広告主は個別のユーザーに合わせた広告を表示するための方法を開発している。

最近の研究では、顔の特徴だけで支持政党をかなり高い精度で判別できることが示された。例えば、ディープラーニングを用いて１００万件以上の顔写真を収集し、共和党支持か民主党支持かを予測することが可能である。このような技術の進展は社会にどのような影響を与えていくのであろうか？

フェイクニュースとフィルターバブル、エコーチェンバー現象

現在、私はフェイクニュース現象に強い関心を持っている。誤った思い込みがなぜ生じるのか、認知バイアスを通じて、そのプロセスを解明することが重要だと考えている。これはデータサイエンス教育にも関連する問題である。新たな情報環境が人々の認知に与える影響について考えることは、人類の進化に関わる重要なテーマである。

例えば、Ｇｏｏｇｌｅの検索エンジンの登場により、記憶する能力よりも適切なキーワードを入力する能力が重要になった。情報環境の変化は人々の認知にどのような影響を与えていくのだろうか？

図6はパーソナライゼーション技術とフィルターバブルについての概念図である。インターネット等からの膨大な情報環境の中から、ユーザーの個人情報を学習したアルゴリズムによってフィルターがかけられ、その人にとって興味関心がありそうな情報を抽出するパーソナライゼーション技術が図式化されている（図6）。フィルターバブル現象では、パー個人情報を学習したアルゴリズムによって興味に特化した情報ばかりが提示される。パー

ソナライゼーションアルゴリズムが提示した情報が好まれると、その結果をまたアルゴリズムが学習し、このループが回り続けることで、フィルターが強化されていく。パーソナライゼーションは便利であるが、他の情報にアクセスする機会が減り、視野が狭くなる可能性もある。

SNSではエコーチェンバー現象（Echo Chamber）も知られている。例えばSNSに意見を発信すると自分と似た意見ばかりが返ってくるなど、自分と似た興味関心をもつユーザーのフォローにより、結果的に同じようなニュースや情報ばかりが流通する閉じた情報環境になりがちになる。このような状況はエコーチェンバー現象と言われる。同じ興味を持つ人々がつながることにより、特定の信念が強化されていくのである。これによって社会の分断が加速する可能性もある。

フィルターバブルやエコーチェンバー現象に関連する興味深い研究がFacebookの研究者らによってなされてい

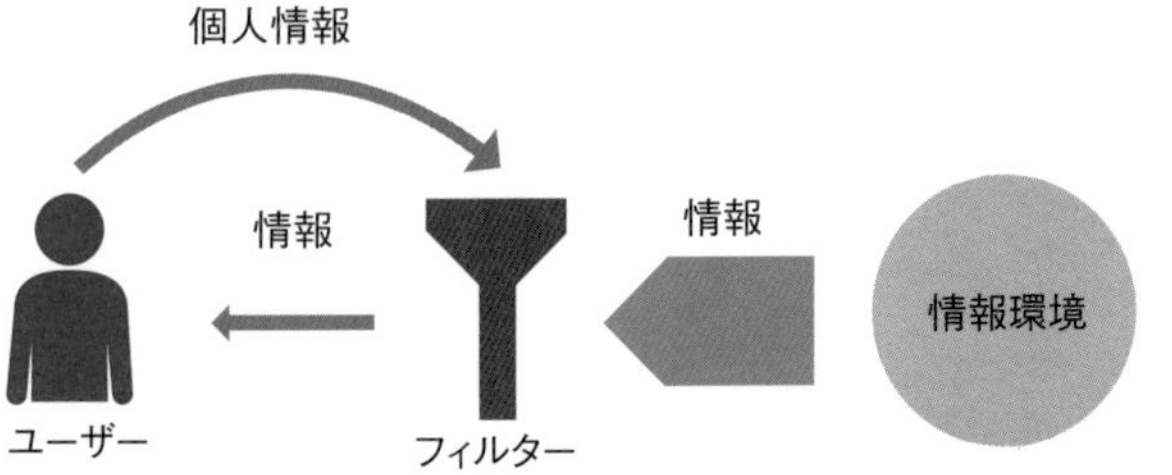

図5　人工知能と遺伝子解析を用いたパーソナルゲノム情報環境

るが、その結果はまだ明確ではない。異なる見解や仮説も存在するかもしれない。これらの問題を具体的に研究し、解明していくことが重要だと考えている。

自分を知る技術：自分を知ることは幸福につながるのだろうか？

自分を知る技術（パーソナライゼーション技術や遺伝子解析）が幸福につながるかは個人によって異なる。遺伝子解析では病気予測や薬の選択に活用され、医療費抑制も期待されるが、倫理的な議論も存在する。非医療分野では教育に生かす意見もあれば、規制を求める意見もある。これからの時代は技術革新の未来を想像し、多様な価値観を共有して問題解決に取り組む力が重要となろう。

4．終わりに：多様性を尊重する社会

最後に多様性についての問いかけをしたい。自閉スペクトラム症のテンプル・グランディン博士は、科学との出会いを通して自閉症の方々の知覚や思考特性の違いを明らかにし、それらを病気としてではなく、個性として社会が認め、多様性を生かしていこうというメッ

セージを送っている。これから脳科学や遺伝子の研究が進み、個性の違いが科学的に解明されていくとすると、それらの科学的発見は社会にどういう影響を与えていくのだろうか？

多様性を尊重しようという考え方がある。人々の異なる信念や価値観を認め、尊重しようという発想である。さまざまな視点やアイデアが持ち寄られることで革新的なアイデアが生まれる可能性が増し、社会的な連帯感や理解を深めるという意見もある。

差別・偏見のリスクを減少させようという考え方もある。差別や偏見は、ステレオタイプや固定概念に基づくことが多いという発想である。その結果として特定のグループや個人に社会的な不利益が生じて、社会の分断や緊張を生む原因となりうるという意見もある。

多様性の尊重は個人やグループの違いを価値として認める考え方で、差別・偏見はその違いを否定や差別の理由とする考え方である。このため、これらは対立する概念として捉えられることも多いが、実際の社会においては、多様性の尊重と差別・偏見は同時に存在することもあり、それぞれの概念が単純に「良い」または「悪い」というものでもない。

私自身は、違いを価値として認め、多様性を尊重していく方向（みんな違ってそれがいい）に向かうことが大切だと考えているが、さまざまな考え方があるだろう。今後も議論を続けていきたい。

参考文献

[1] 城戸　隆, 遺伝的アルゴリズムを用いたハイブリッド探索, 北野宏明 (編集), 遺伝的アルゴリズム I,　第三章, pp. 61 – pp. 88, 産業図書, (1993)

[2] 城戸　隆, ゲノムが解き明かす自分探し—僕はどんなふうに生きるのだろうか, 「単行本」, 星の環会, 2011.
城戸　隆, 生命科学概論第2版、第13章、早稲田大学先進理工学部生命医科学科編、朝倉書店, 2019, pp. 134-138.

[3] 城戸　隆, MyFinder構想:パーソナルゲノムによる自己の探究, 人工知能学会誌, 2013, 28巻6号, pp.840 -850.

[4] 城戸　隆,AI導入によるバイオテクノロジーの発展、第2章、遺伝子解析とAI技術を用いたパーソナルゲノム情報環境、監修　植田充美、シーエムシー出版、2018, pp.56-pp.63.

[5] 城戸　隆, 遺伝子を用いて疾患リスク、認知の偏り、幸福感を推定する情報技術, 人工知能学会誌,2015, 30巻6号, pp739-744.

[6] 城戸　隆,髙玉　圭樹,特集「Well-being Computing」にあたって, 人工知能学会誌,32巻1号,2017, pp. 79-80

[7] Takashi Kido, Melanie Swan, Machine Learning and Personal Genome Informatics C
ontribute to Happiness Science and Wellbeing Computing, The AAAI (The Association for the Advancement of Artificial Intelligence) 2016 Spring Symposia, Wellbeing computing: AI meets Health and Happiness Science, 2016.

[8] 丸山　宏,城戸　隆,機械学習工学へのいざない,人工知能学会誌,33巻2号,特集「AIとデータ　－データに基づく意思決定と社会イノベーション創出」(城戸隆, 早矢仕 晃章　編集), 2018, pp. 124-131

[9] Ioana Baldini, Clark Barrett, Antonio Chella, Carlos Cinelli, David Gamez, Leilani H. Gilpin,KnutHinkelmann, Dylan Holmes, Takashi Kido, Murat Kocaoglu, William F. Lawless,Alessio Lomuscio, Jamie C. Macbeth, Andreas Martin, Ranjeev Mittu, Evan Patterson,Donald Sofge, Prasad Tadepalli, Keiki Takadama, Shomir Wilson., AI Magazine.2019;VOL. 40 NO. 3,Reports of the AAAI 2019 Spring Symposium Series,FALL 2019, pp. 61 -62

[10] Takashi Kido, Keiki Takadama, AAAI 23 Spring Symposium Report on "Socially Responsible AI for Well-Bing", AI Magazine, Volume 44, Issue 2, Summer 2023, pp. 211-212

城戸 隆（きど・たかし）

慶應義塾大学大学院理工学研究科計算 機科学専攻にて博士号（工学）を取得。NTT情報通信研究所に勤務、在職中に海外R&D拠点立上げのためにマレーシアへ赴任。その後、遺伝子解析のベンチャー企業にて研究開発に従事し、スタンフォード大学客員研究員。Preferred Networks社を経て現在に至る。遺伝子の特徴と病気との関連性を明らかにする技術研究などに取り組む。

人工知能とこれからの社会

AI活用部門 特任教授
甘利俊一

脳と心についての数理の研究が進み、人工知能が急速に発展している。やがて人間の能力を超えるともいわれる人工知能はわれわれのように心を持つことも可能になるのだろうか。数理脳科学の第一人者が研究の変遷とこれからを語る。

いま社会を驚愕させているのは、人工知能（AI）の怒涛のごとき発展である。これは文明と社会を大きく変革するに違いない。それにどう対処し、私たちはどのような文明社会を築けるのか、これを考える。そのために、宇宙の始まり、地球と生命の誕生、人間の登場から始めて、脳の発達とそこに知能が宿るいきさつを洞察し、進化の秘密を垣間見よう。さらに、知能をコンピュータ上に実現しようとするAIの仕組みと歴史を眺め、その

能力とともに何がわれわれの知能と違うのかを考える。〔1〕

人間は心を持つ存在で、意識のもとで知的機能を営む。コンピュータに意識はあるのか、心は宿るのか、ここから考える。そして、ＡＩを活用し、素晴らしい生活を享受する未来社会における人間の在り方に論を進めよう。〔2〕そこに至るには、これから克服しなければいけない課題は多い。

1. 宇宙開闢《かいびゃく》から人類が生まれるまで

ある時突然に巨大エネルギー（物質）が生じた。これが１３７億年前のビッグバンである。ここに時間と空間が始まり、宇宙が誕生した。物理学の法則に沿って物質とエネルギーは急速に広がり、星系を作り、46億年前に地球が誕生し、そこに36億年前、生命と呼ぶ奇妙な物質が現れたという。

生命は物質であるが、そこには自己の構造を情報として保持する仕組みが備わっている。ＤＮＡ分子がこれである。この情報を使えば自己と同じものを複製できる。つまり、自己複製能力のある物質、生命が誕生した。しかし、ＤＮＡ分子の情報は時に揺らぎ、誤りを犯す。この誤りが環境で生き抜く上で前より有利に働くならば、その生命が生き残り仲間を増やしていく。この仕組みが進化である。生命は進化する。こうして宇宙の物質の法則に加えて、情報による生命の法則、すなわち進化の法則が世を支配することになる（図1）。

この仕組みによって生命が大躍進を遂げ、動物が現れる。恐竜から哺乳類へと時代は進み、ついに人類が誕生する。そこには環境の情報を感知し、これを記憶し処理して自己の行動を決定する器官、脳が誕生した。人類は700万年前にチンパンジーなどとの共通祖先から分かれ、猿人、原人、ネアンデルタール人などと分岐し、分離と交雑の複雑な過程を経て、われわれ現代人、ホモサピエンスに至る（図2）。

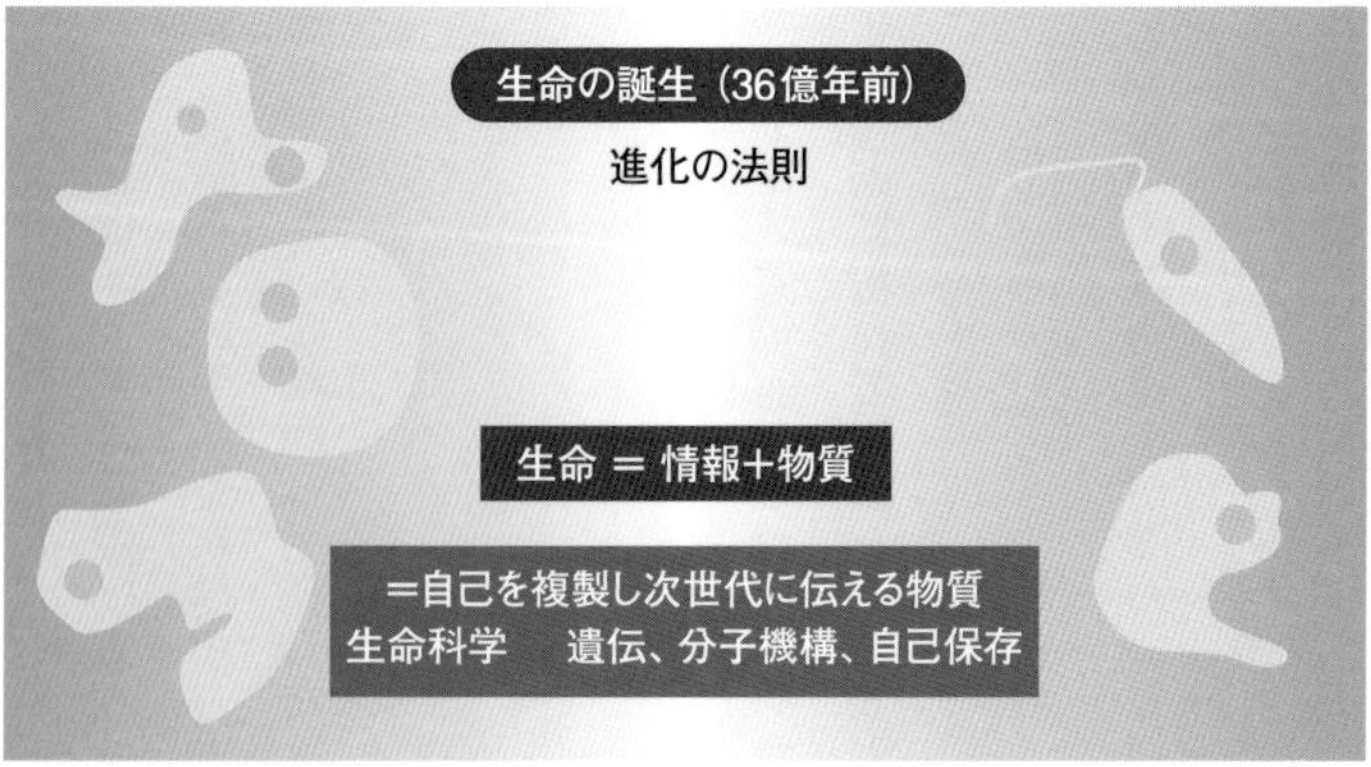

図1　生命の発生と進化

この過程で人類は優れた脳を獲得した。脳は意識を宿し、このもとで自己の行動を設計し、制御する。人は言語を持ち他者と交流し、共感する。人は心を持ち、心に応じて行動し、これを他者と共有して社会を築いた（図3）。ここに知能が生まれ、文明社会が誕生し、科学と技術を発展させて、コンピュータを作るまでに至った。

コンピュータは万能機械である。単に計算をするだけでなく、論理的な推論ができる。コンピュータが生まれて間もなく、その能力を生かして、人の持つ知的な機能をここに実現しようという企てが始まった。人工知能の誕生である。それが現代で大躍進した。われわれは今この時点にいる。人類の将来はどうなるであろう。人類はコンピュータによる人工知能に取って代わられるのか、それ

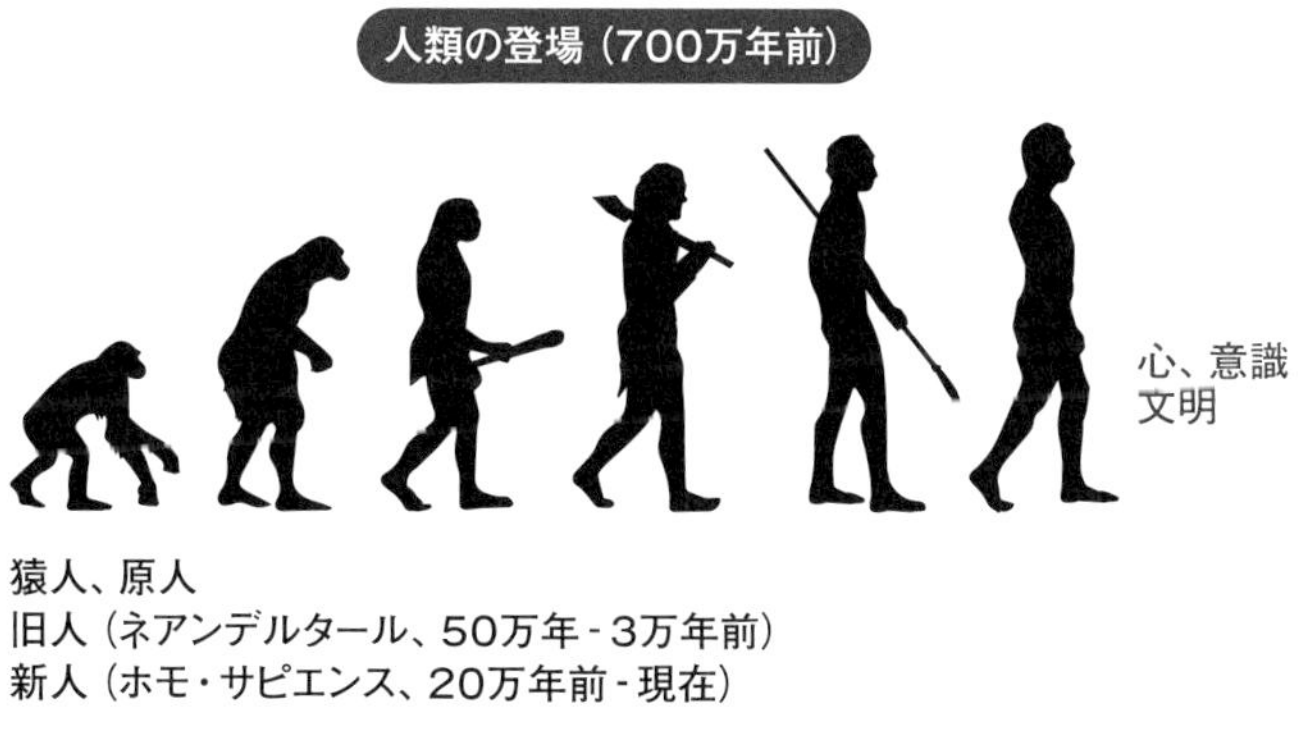

図2　人類の誕生

とも人類はこの技術を活用して新しい文明と社会を築き上げるのに成功するのか、われわれは今この岐路にいる。

2. 脳と人工知能

脳はニューロン（神経細胞）を10の10乗個という極めて多数結合した超複雑なシステムである。各ニューロンは興奮したりしなかったりすることで、情報を保持するとともに、他のニューロンにその情報を伝える。1個のニューロンは数千から数万個の他のニューロンと結合して、各ニューロンは他のニューロンの情報を受け取って、これを基に計算を行い、自分の情報を決定する。この時、ニューロン間の情報を受け渡しするシナプスという場所の強さが、脳の計算の

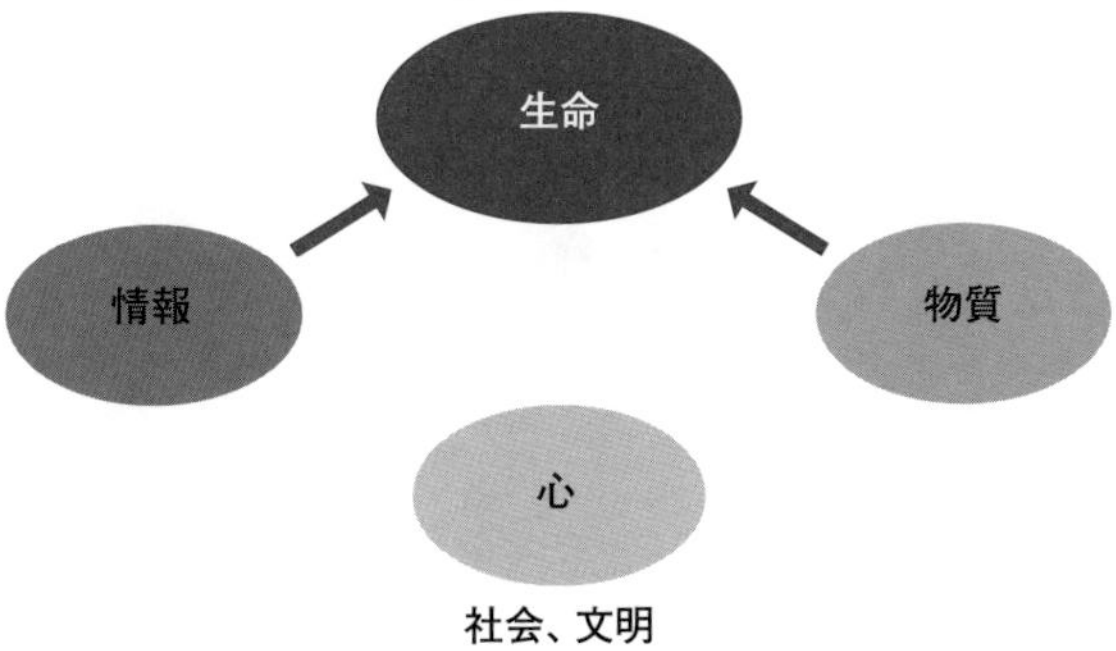

図3　物質、生命、情報、心

仕組みを決める（図４）。

脳は学習によって、その機能を変化させる。これはシナプスの強さを変えることで自動的に行える。こうして、乳幼児の時代から始まり、経験と学習によって成熟を重ね、ついには言語を操り、論理を駆使し、計画を練る素晴らしい成人の脳が出来上がる。

人は意識のもとで推論を行い、自己の行動を決定する。そうならば、こうした機能をコンピュータ上に実現すれば、人と同様の知的な機能を持った人工知能が出来上がるのではないか。こうしてコンピュータを用いて記号と論理の演算を行い、プログラムを与えて知的機能を実現する企てが始まった。これがＡＩの始まりで、１９５０年代末のことである。

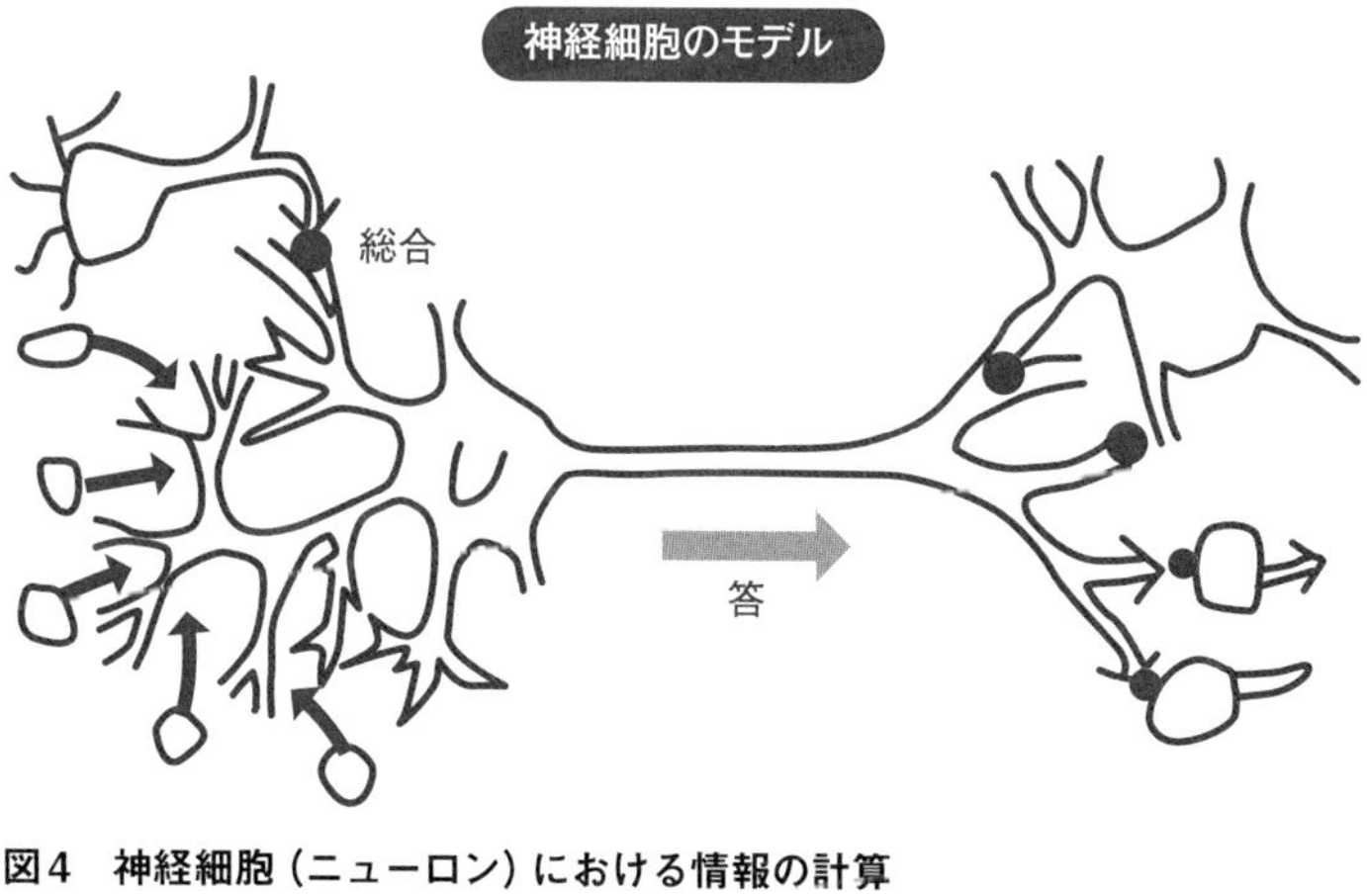

図４　神経細胞（ニューロン）における情報の計算

一方、人は初めから記号を使い論理を操るわけではない。学習によってその機能を獲得していく。だから、ニューロンのような働きのものをコンピュータ上に作り、ニューロン間の結合の強さを学習によって変えていくことで、万能で柔軟なシステムを作り上げた方が近道であるという考えも出てきた。1950年代のことである。これが学習機械パーセプトロンの提案である[3]。どちらももっともな話で、研究者は熱狂した。これが人工知能ブーム、ニューロブームの始まりであった。

しかし思い通りにはいかなかった。これを実現するにはコンピュータの能力が不足していたのである。数々の面白いアイデアは出たものの、10年ほどでブームは沈静化する。この間に、チェッカーのプログラム、積み木の世界など、多くの試みはあった。雌伏20年、再びブームが巻き起こる。1970、1980年代の第2次ブームである。コンピュータの性能も各段に進歩した。しかし今度こそはという期待もむなしく再び裏切られる。まだ機は熟していなかったのである。その間にも研究は進んだ。この間にコンピュータは、チェスで人間のチャンピオンに勝ち、テレビのクイズ番組で人間を差し置いて優勝するなどの快挙もあった。確率推論も具体化した。

さらに雌伏30年、コンピュータの性能は飛躍的に伸び、データベースも大規模なものが使えるようになった。ここで躍り出たのが深層学習を基にするニューロモデルである[4]。2000年代のことである。もちろんこれは昔のパーセプトロンを発展させたものにすぎないが、その規模が格段に大きくなり、深層という名の示すように、ニューロンを層にして数十段、今や数千段にも積み上げた巨大システムになった(図5)。これにものすごい量のデータを与えて学習させる。

情景の認識やパターンの認識についての国際コンテストで、これまでのプログラムを主体とするシステムを凌駕して、深層学習のシステムが優勝するようになり、人々を驚かせた。複雑な論理的なプログラムを組む必要がない。あなた任せでただ学習すればよいというのである。もちろん、そのためには多量の例題を含むデータベースが必要であるし、さらに深層神経回路網にも驚くべき工夫が数々必要であった。

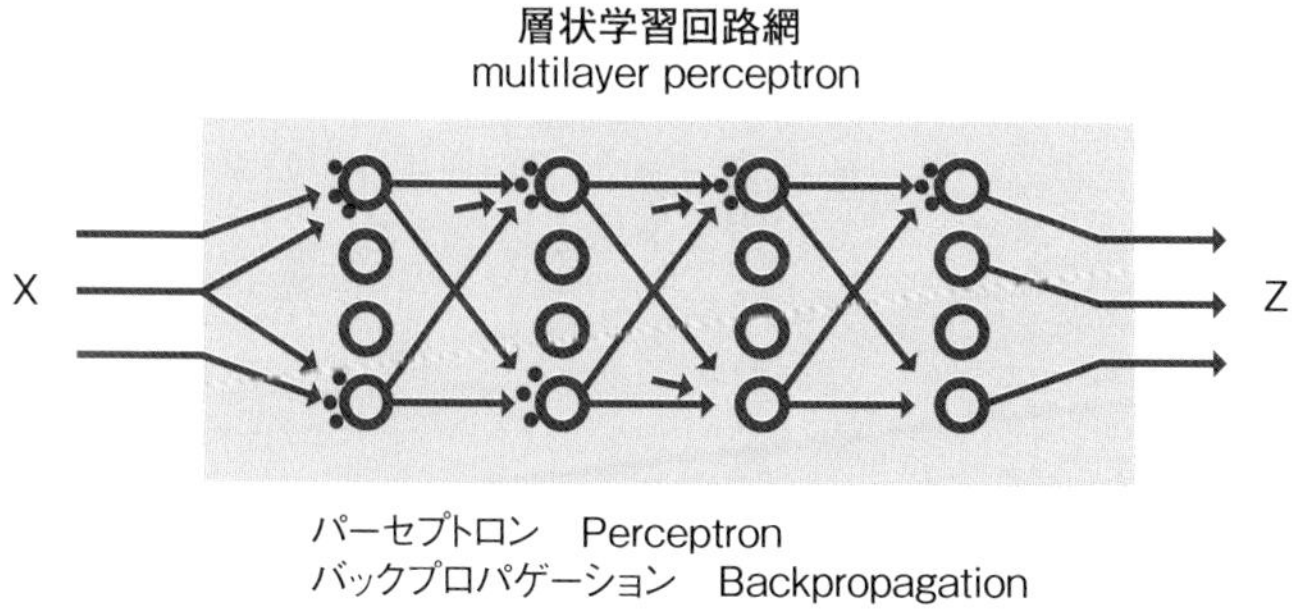

図5　深層学習神経回路網

そして、その成果は予想外のものであった。知的なゲームの王者といわれた囲碁で人間のプロを打ち破った。パターンの認識能力で人間を凌駕し、言語などの時系列を扱える。機械翻訳の分野でもこれまでには考えられなかったような好成績を示し、実用に供されるようになった。さらに、ＣｈａｔＧＴＰなどの生成モデルで人間と対話し、いろいろな知識を伝授してくれる。これは、絵画や音楽の分野にも進出するし、計画を作成し、プログラムを書くこともできる。

では学習の仕組みはどうなっているのだろう。ここで簡単に触れておきたい。多数のニューロンを層状に積み上げたシステムは入力情報を基に計算し、層を超えて次々と情報を変換していく。このようなシステムは計算論的に万能で、どんな関数でも計算できる。つまり、どんな入出力関係も、ニューロンの個数が多ければ実現できることが知られている。問題はこれが学習で実現できるかどうかであった。

学習の方式は簡単で、入力に対して希望する出力が出ないときは、ニューロン間の結合の強さを変えて、答えが少しずつ改善されるようにしていけばよい。このことは昔から知られていた。私が１９６７年に発表した論文[5]もこれを扱ったもので、簡単なシミュレーションも行った[6]。これが世界で最初の深層学習のシミュレーションであると自負している。

今の深層学習はもちろん多層の神経回路網からなるのだが、時系列を扱うトランスフォーマー、パターンを生成する拡散生成モデル、敵対的ネットワーク、強化学習など、多くの工夫が組み合わさって、巨大なシステムをなしている。

ではこれは、人間の知能のように働くのであろうか。そこには深刻な問題がある。こういう入力にはこういう答えを出力せよ、というのが学習データである。深層学習はここから入出力関係を学習し、学習用のデータにない新しい入力に対しても適切な答えを出してくれる。ただし、それはデータの入出力の関係を補完し、学習用に使ったデータには入っていないものもうまく埋め合わせるだけにすぎない。それでももちろん役に立つ。人間の脳もこういうことをやっている。

しかし、人間の認識はここにはとどまらない。人間はその奥に潜む仕組みを、できれば単純な整理された形で法則として知りたがる。知的好奇心である。人間は古来、天体の観測を行って有用な知見を蓄え、暦を作り、惑星の動きの予測ができた。しかし、惑星が太陽の周りを楕円軌道で回ることまでは分かっても、このままではそれがなぜかは分からない。ニュートンに至って、力、質量、速度、加速度などの概念を確立し、その間の関係としてニュートン力学を構成した。なんとこれは天体だけでなく地上の物体の運動までも含めて、あらゆる仕組みを説明する基本原理である。

ＡＩにこのような発見ができるだろうか。もちろん今のＡＩにはできない。では将来のＡＩならばどうだろう。いろいろな工夫が企てられてはいる。しかし、ＡＩには人間のように知的好奇心に駆られて、物事の本質を理解したいという欲求は今のところない。役に立てばよいというところで止まっている。これはわれわれに物事を理解するということは何なのかを逆に問いかける。ＡＩは原理を理解しなくとも、うまい出力を出し、質問に答える有用な道具ではある。

3. 人工知能に心はあるのか

われわれ人間は意識を持ち、心を持っている。意識とは何だろう。人類は集団生活を送り、共同作業をする。これが円滑に行えるためには、今自分のしようとしている意図を仲間に伝えなければならない。そのためには、自分の意図を自分で知らなければならない。自分の意図を知ること、これが意識の芽生えである。意識を持つことで、人は言語を発展させた。また、言語は論理の始まりでもある。

これは心の働きである。心は人類の進化の過程で発展した生物学的な実体であるが、それがどう働いているのか、いまだ分からないことは多い。われわれは心の命ずるままに心に沿って行動する。自分が心を持ち、また他の人も同様に心を持ち、心に従って行動することを知っている。人類社会はこの基礎の上に成立した。心は歓喜、悲嘆、楽しみ、燃えるような愛、さらに好奇心、使命感、倫理感などさまざまな様相を呈する。これを通じて人々は連帯する。

しかし、心は不条理である。過度に悲しんで落ち込むこともあれば、喜んでうつつを抜かすこともある。これも進化の過程で生じたもので、社会生活にとって意味のあることではあった。

ロボットは心を持つだろうか。人間は心を持ち心の赴くままに行動するという事実をロボットに教え込むことはできる。人と協調して働くロボットはこのことを理解し、人に寄り添って行動するだろう。ともに喜んだり、悲しんだりする振りをすることもできる。しかし、ＡＩが駆動するロボットは合理的である。すべてが計算であるから、喜んだり悲しんだりするのも計算で、極めて合理的に決定する。人間のように感情の間で葛藤し、不条理に悩む必要がない。人はロボットがあたかも心を持って、われわれに接するように感ずるかもしれない。しかし、それは不条理な人間の心とは全く違い極めて合理的なものである。不条理な心を持つような無駄をロボットはしない。

ではロボットは原理的に心のような機能を持てないのであろうか。人間は進化の過程で心を持つに至り、それが社会的にうまく機能した。だから原理的に不可能なことはないといえばそうであろう。ただ、ＡＩを設計するのは人間である。人間がＡＩに心を持たせるのはかえって不経済で、せっかくのＡＩの論理的な機能を損なう。人間はこのような設計はしない。人間のように意識や心をロボットが持つには、進化の長年の年月が必要であるのかもしれない。

4．ＡＩ時代の社会と文明の設計

ＡＩは素晴らしい躍進を遂げた。いま、ＣｈａｔＧＰＴなどの生成ＡＩが注目を集めている。もちろん、その性能にはいろいろな批判があり、致命的な欠点も数多く指摘されてはいる。だがそれは次第に改善されていくから、これが極めて有用であることに間違いはない。しかし、ＡＩには意識、自我、心がない。その応答は本質的な理解に基づくものではなくて、学習データに基づいたうまい寄せ集めにすぎないという限界は超えられない。それを知った上で、われわれが主体的に利用するならばこんなに便利なものはない。技術の革新は止まらない。私が今心配なのは、遺伝子操作技術とＡＩ技術である。前者は人間存在そのものに迫り、後者は人間の心に迫るからである。ＡＩ技術は素晴らしいから、使いこなせばこんなに役に立つものはない。まさに文明を変革しようとしている。しかし、これを使いこなして新しい文明を築くには克服しなければならない多くの障害がある。ＡＩの開発で世界的にしのぎを削る競争が行われている。企業も国家も血眼である。これは覇権を求め、軍事的にも経済的にも有利になろうという競争である。しかし、その優秀さと裏腹に、このまま放っておけば富の偏在は拡大し、格差をますます増大させるであろう。失業が増大するのはもちろんのこと、社会の混乱が広がる。

失われた30年といわれるように、日本はかつての大国の地位から凋落していった。政界、財界、そして学会もこの反省を行っていない。こんな時に再び軍事大国、経済大国を夢見て、場当たり的な借金づけの運営のまま負担を後の世代に残したままで、ＡＩ大国を目指すなどとんでもない誤りである。軍事、経済大国ではなく、学術、技術、文化に根を置いた文化大国、学術大国であってほしい（図6）。

ＡＩは生産性を限りなく上げる。その恩恵を人々が享受できる国になってほしい。ベーシックインカムなどの案がその一つの方策としてある。これはもちろん良い。しかし、それだけでは不十分である。働かずにただ暮らせというのならば、それは人間の家畜化である。人は働くことに喜びを感ずる。だから、やりがいのある仕事を創り出さなければいけない。それは何でもよいだろう。物づくりはもとよりアマチュア科学も良いし、園芸科、農業も良い。スポーツ、芸術、その他何でもよいから、やりがいのある仕事を人間がするようになりたい。ここでは遊びと仕事が一体となる。

各人が生きていることを十全に謳歌できるような文化大国を創りたい。このためには社会制度の、そして文明の大きな変革が必要になる。もちろん、自由、平等、そして民主主義といった基本的な価値を保持したままで、その道筋をどう付

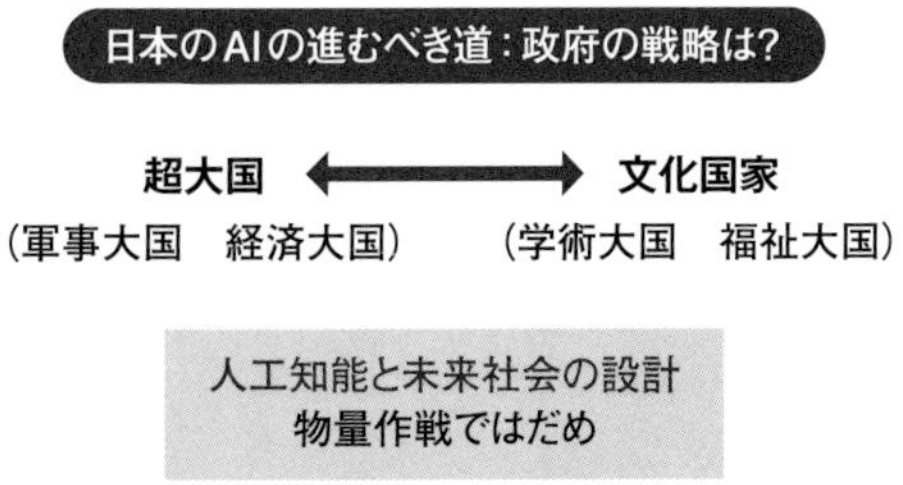
日本のAIの進むべき道：政府の戦略は?
超大国
(軍事大国　経済大国)
文化国家
(学術大国　福祉大国)
人工知能と未来社会の設計
物量作戦ではだめ

図6　文化大国への道

けたら良いのか、この大問題に人々が挑まなければならない。

参考文献

[1] 甘利俊一、脳・心・人工知能、講談社ブルーバックス、2016.

[2] ルトガー　ブレグマン（野中香方子訳）、希望の歴史、人類が良き未来をつくるための１８章、上下、文芸春秋社、2021.

[3] F. Rosenblatt, Principlels of Neurodynamics, Spartan, 1962.

[4] G. E. Hinton, S. Osindero, W. Y. Teh, A fast learning algorithm for deep belief nets. Neural Computation, 18, 1527-1554, 2006.

[5] S. Amari, A theory of adaptive pattern classifiers. IEEE Transactions EC-16, 279-307, 1967

[6] 甘利俊一、情報理論II,情報の幾何学的理論、共立出版、1968.

甘利 俊一（あまり・しゅんいち）

1936年東京生まれ。東京大学工学部卒業、同大大学院数物系研究科博士課程修了。工学博士。東京大学教授、パリ大学客員教授、ルーバン大学特任教授、理化学研究所脳科学総合研究センター長、東京大学名誉教授。神経回路網の数理的研究、および情報幾何学の研究において数々の業績を挙げ、IEEE Networksパイオニア賞（1992年）、文化勲章（2019年）など、多数の受賞がある。

あとがき

『未来を拓く「自分流」研究――がんの制圧から人工知能まで――』が大学創立60周年記念事業の一環として出版されることとなりました。

この本はシリーズ「帝京選書」の第1弾に当たり、帝京大学先端総合研究機構に所属する19人が執筆しています。本機構は学術的な研究の成果を社会と結び付けて共創社会を実現させるために2021年4月に創立されました。「AI活用部門」と「ヒューマニティーズ研究部門」の2部門を機構全体を貫く横断部門とし、機構の研究が常に人間と向き合い、未来に迫ることを目指しています。さらに縦断部門として「健康科学研究部門」「次世代教育研究部門」「複雑系認知研究部門」「危機管理研究部門」「オープンイノベーション部門」「社会連携部門」の6つを置き、文理融合型の学際的研究を進めています。

機構所属の研究者による多彩な分野の成果をここに集結しました。本書は機構で行われたセミナーをもとに文章化し、知的好奇心にあふれた高校生にも十分通じるように、各執筆者に推敲をお願いしてまとめたものです。図解を活用してできる限り分かりやすくなることを心がけました。各自の研究に対する熱い思いが読者の皆さまに伝わることを願ってやみません。

最後になりましたが、本書出版に際し、執筆者の方々には大変ご尽力いただきました。感謝申し上げます。また、日経BPコンサルティング編集部、帝京大学出版会の関係者の方にも厚くお礼を申し上げます。

2023年11月17日

帝京大学先端総合研究機構
機構長　浅島　誠

帝京選書 001

未来《みらい》を拓《ひら》く「自分流《じぶんりゅう》」研究《けんきゅう》

――がんの制圧《せいあつ》から人工知能《じんこうちのう》まで――

2023年12月15日　初版第1刷発行

編著者　帝京大学先端総合研究機構／浅島誠・岡ノ谷一夫・山下紘正
田沼唯士・光石衛・岡本康司・市川伸一・横堀壽光・植田利久
柴田茂・安部良・月田早智子・森川真大・羽入佐和子・中西穂高
後藤玲子・森村尚登・城戸隆・甘利俊一

発行者　岡田和幸

発　行　帝京大学出版会（株式会社 帝京サービス内）
〒173-0002　東京都板橋区稲荷台10-7
帝京大学 大学棟3号館
電話 03-3964-0121

発　売　星雲社（共同出版社・流通責任出版社）
〒112-0005　東京都文京区水道1-3-30
電話 03-3868-3275
FAX 03-3868-6588

企画・構成・編集　株式会社日経BPコンサルティング

印刷・製本　精文堂印刷株式会社

ISBN：978-4-434-33173-2